南京理工大学知识产权学院文库

新时代知识产权
发展与变革

戚　湧　董新凯◎主编

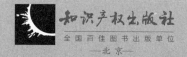

知识产权出版社

全国百佳图书出版单位

—北京—

图书在版编目（CIP）数据

新时代知识产权发展与变革／戚湧，董新凯主编 . —北京：知识产权出版社，2020. 11

ISBN 978-7-5130-7231-1

Ⅰ. ①新…　Ⅱ. ①戚…②董…　Ⅲ. ①知识产权—研究—中国　Ⅳ. ①D923. 404

中国版本图书馆 CIP 数据核字（2020）第 194209 号

责任编辑：刘　睿　刘　江　　　　　　责任校对：潘凤越

封面设计：SUN 工作室　　　　　　　　责任印制：刘译文

新时代知识产权发展与变革

戚　湧　董新凯　主编

出版发行：**知识产权出版社** 有限责任公司	网　　址：http：// www. ipph. cn
社　　址：北京市海淀区气象路 50 号院	邮　　编：100081
责编电话：010-82000860 转 8344	责编邮箱：liujiang@ cnipr. com
发行电话：010-82000860 转 8101/8102	发行传真：010-82000893/82005070/82000270
印　　刷：天津嘉恒印务有限公司	经　　销：各大网上书店、新华书店及相关专业书店
开　　本：720mm×960mm　1/16	印　　张：20
版　　次：2020 年 11 月第 1 版	印　　次：2020 年 11 月第 1 次印刷
字　　数：308 千字	定　　价：88. 00 元
ISBN 978-7-5130-7231-1	

谨以此书献给

为南京理工大学知识产权学院的建设作出贡献以及为之不懈奋斗的人们

研究支持单位：
江苏省知识产权发展研究中心
江苏省知识产权思想库
江苏省版权研究中心
知识产权与区域发展协同创新中心
南京理工大学国防知识产权研究中心

目　　录

第一编　知识产权与新媒体发展

第二编　实用性成果与知识产权保护

第一编

知识产权与新媒体发展

错误通知和恶意通知的界定

——结合《电子商务法》第 42 条第 3 款的分析

余常宏*

内容提要 《电子商务法》第 42 条第 3 款对"错误通知"和"恶意发出错误通知"两种情形的法律后果进行了规定。在适用该法条之前必须厘清"恶意"的内涵,主观过错对"错误通知"判定的影响,以及该条款推出之后对权利人维权可能造成的影响。构建出"通知—不移除"规则,避免加重投诉人的义务,同时有效保护平台内经营者的利益免受不法侵害。

关键词 错误通知;恶意通知;过错;通知—不移除

从 2013 年 12 月国家开始启动《电子商务法》的编纂工作,到 2019 年 1 月《电子商务法》正式生效,这五年的时间里随着我国电子商务产业日益成熟,人们对于一部专门的《电子商务法》的需要也日益迫切。新法的颁布,可以说在很多方面都填补了以往电子商务领域法律规定的空白,广大消费者的线上交易行为也有了赖以遵循的准则。《电子商务法》第 41~45 条是与知识产权保护有关的规定,其中最值得关注的是引入了"通知—删除—反通知—选择期间"这样的四步法来对权利人的合法权益进行保护。当然,新规的实施势必引起不少争议。其中,新法第 42 条第 3 款创造性地对错误通知和恶意通知的法律后果进行了规定,本文拟就该条款可能引起的争议进行剖析,并尝试提出完善的建议。

---

* 余常宏,南京理工大学知识产权学院研究生。

一、《电子商务法》第 42 条第 3 款存在的争议

根据阿里巴巴集团发布的《2018 阿里巴巴知识产权保护年度报告》❶，2018 年阿里巴巴知识产权保护平台收到的所有投诉中有 24% 为恶意投诉，也就是说，大约每四个投诉中就有一个是恶意投诉，足见形势之严峻。将《电子商务法》第 42 条第 3 款分成两部分来理解，前半部分是指平台内经营者若因权利人发出的错误通知而遭受损失，则权利人需承担民事责任；后半部分是指权利人不仅发出了错误通知，而且主观上表现为恶意，那么需承担的是惩罚性赔偿责任，即加倍赔偿。这一规定看似对以恶意投诉为代表的不正当商业竞争行为起到了一定的规制效果，但实际上司法机关在适用法律时会产生极大的困惑。首先，是否所有的错误通知人都无过错地承担赔偿责任？其次，"恶意发出错误通知"中对"恶意"该如何认定？最后，该规定是否会导致权利人出于害怕承担错误通知带来的民事责任而在维权时过于谨慎或者直接选择放弃维权？

二、对《电子商务法》实施后首例恶意投诉案的评析

（一）案情❷

2005 年 10 月，原告王某注册淘宝店铺"雷恩体育 Solestage"，雷恩体育 Solestage 公司持有合法营业执照，且从安德阿镆公司的授权代理商 JsportsInc 处进货。2016 年 12 月 31 日，王某经营的淘宝店铺在阿里巴巴知识产权保护平台遭到来自以"UnderArmour，INC"的名义提起的关于"UnderArmour"商标的知识产权诉讼，后台显示投诉使用的账号为邮箱 usaxxx@163.com，投诉使用的鉴定报告显示安德玛品牌持有人 UnderArmour，INC 鉴定后认为王某店铺所售产品系

---

❶ 《2018 阿里巴巴知识产权保护年度报告》发布 ［EB/OL］.［2019-06-25］. https：// ipp. alibabagroup. com/infoContent. htm？skyWindowUrl＝news-20190110-cn.

❷ 参见（2018）浙 8601 民初 868 号民事判决书。

假货（事后查明邮箱为被告江某所有，鉴定报告中所使用的印章系江某伪造）。2017 年 1 月 13 日，淘宝平台经过审核认定投诉成立，删除了王某经营店铺的涉案链接。而后 1 月中旬，王某向平台提交申诉材料，经过审核恢复了涉案链接。2017 年 2 月 24 日，王某经营的店铺又遭遇邮箱 usaxxx@163.com 发起的反申诉（实际上是江某伪造权利人的签名、盖章和中文翻译件出具了虚假的《终止业务关系函》），要求第三人淘宝公司删除链接并对涉案店铺进行处罚。2017 年 3 月 14 日，阿里平台根据反申诉中提交的文件认定王某的申诉不成立，判定王某所经营的店铺售假，不仅删除了涉案商品的链接，还对王某的店铺进行了降权处罚（降权会导致店铺的商品被搜索到的可能性降低，进而减少商品和店铺页面的访问流量）。处罚措施一直持续到开庭之日尚未撤销。王某所经营的雷恩体育公司的销售额从 2017 年 3 月的 843 万元直接下降到 2017 年 4 月的 482 万元，下降累计超过 300 万元。这与江某的恶意投诉存在直接的因果关系。

王某所经营的店铺不仅商业信誉受损，销售额也大不如前，而且店铺被降权处罚的后果是不可逆的。王某遂于 2018 年 9 月向杭州铁路运输法院提起诉讼。法院经过审理认定：江某在投诉和反申诉过程中伪造签名、印章和文件的有关事实均属实，其通过一系列违法手段虚构事实使得王某所售商品被删除链接，所经营的店铺被降权，导致店铺销量急剧下滑，属于典型的利用知识产权保护机制恶意投诉、打击同业竞争者的行为。2017 年 3 ~ 4 月这短短的一个月时间里，王某所经营的店铺销售额下降 40%，并且直至 2018 年 10 月销售额也仅为 349 万元，与被投诉之前相去甚远。最终，法院依法作出判决：被告赔偿原告经济损失 210 万元。

（二）评析

1. 江某是否属于恶意发出错误通知

经法院调查，被告江某从 2017 年 3 月就开始销售假冒 UnderArmour 商标的服装，累计销售额达到 31 万余元，获利 12 万余元，其也因此于 2018 年被判处了刑罚。而江某所销售的假冒商品正好就是其恶意投诉的王某所代表销售的商品。江某所伪造的印章和签名不仅用来应付自己的网店受到的投诉和阿里巴巴平台的日常检查，同时也是对付其他同行业竞争者的重要工具。江某专门针对那些业绩好、排名靠前的网店发起投诉，由于电商平台在审核材料方面的能力限制，对于此类伪造公文印章的情形是难以识别的，所以本来阿里巴巴投诉平台设立的初衷是保护电商平台交易中的知识产权，结果却被不法分子钻了空子，沦为了他们频繁恶意投诉、打击同行业竞争者的工具。

由上可知，被告江某没有得到安德阿镆公司的合法授权，无权向淘宝平台发出侵权通知，且原告王某是 UnderArmour 的合法经销商，并未侵犯任何人的商标权，故江某发出的通知为错误通知应无争议。江某主观上明知自己不曾获得涉案商标的授权使用，也不具有投诉侵权的权利；而且明知自己销售假冒商品的事实，仍然冒用安德阿镆公司的名义，使用虚构的材料对涉案商品进行投诉，并在王某申诉成功后继续提起反申诉，最终导致王某的商品被删除链接，店铺被降权，造成不可挽回的损失。这一系列事实足以认定江某主观上表现为恶意，所以江某的行为属于恶意发出错误通知的情形。

2. 电商平台知识产权投诉机制利益失衡❶

一般认为，我国的电子商务知识产权投诉机制源自 1998 年的美国《千禧年数字版权法》（DMCA）的"通知—删除"规则。起初我国主要是通过 2006 年的《信息网络传播权保护条例》将该规则移植到对信息网络传播权的保护中，后来 2010 年颁布的《侵权责任法》第 36 条将适用范围拓展到所有的知识产权，2019 年生效的《电子商务法》则对电子商务平台中的知识产权保护做出了更为详细的规定。然而，电子商务领域的知识产权投诉机制存在很明显的利益失衡。

从上述案例中可以看出，原告王某是合法经营的淘宝商家，遭遇恶意投诉之后严格按照阿里巴巴知识产权保护平台的救济流程进行申诉，无奈最后还是没能避免恶意投诉造成的一系列损失。究其原因，从阿里巴巴的知识产权投诉流程上来说，投诉人投诉所付出的成本远比被投诉人申诉所花费的成本要低得多。一旦初步投诉成立，商家所销售的商品就面临被删除链接的风险，一般而言商家很难在短时间内通过申诉证明对方的投诉不成立。哪怕最终商家申诉成功，在中间消耗的这段时间里由于店铺的商品无法正常销售所带来的损失可能

---

❶ 《电子商务法》知产保护条款中的利益失衡问题探析［EB/OL］.［2019－06－25］. http：//www.sohu.com/a/298743201_ 221481.

极为巨大且无法逆转。正如我们在案件中所看到的，相隔仅仅一个月，就产生了高达 300 万元的销售滑坡，这对任何一个商家来说都是难以承受的。而投诉方的成本则十分低廉，不过是私刻印章和伪造文件的劳务费，然后就是按投诉流程提交相关信息。且这种案件被投诉人通过司法途径胜诉后，一般都很难真正按照《电子商务法》第 42 条第 3 款的规定获得投诉人的足额赔偿。因为原告往往无法举证证明被告的投诉是其销售额下降的唯一原因，所以法院在决定赔偿数额的时候会将原告销售额的下降归因于包括被告投诉在内的多方面的原因，从而造成原告虽赢得诉讼但无法填平己方损失的局面。

更进一步分析造成此种局面的原因。"通知—删除"规则本是针对未经许可在互联网上传播作品的行为，早期的互联网平台主要是贴吧论坛、视频分享网站等信息存储空间服务提供者，还包括搜索和链接服务提供者。❶ 这些平台上的信息大多以免费形式提供，即便删除对上传者也不会造成明显的经济损失。但是，当电子商务领域引入"通知—删除"规则之后，情况就发生了很大的改变。在电子商务中投诉范围可能扩大到对专利权、商标权或者其他著作权（除信息网络传播权之外）的侵犯，电子商务中卖家的店铺和商品链接是卖家多年来经营的成果，凝结着卖家过去付出的辛勤劳动和积累的良好口碑，所以直接关系到商家的经济收入。如果卖家的商品因为遭遇恶意投诉而被删除链接，这意味着卖家无法再通过销售涉案商品获利，卖家将因此遭受直接的经济损失。在电子商务日益繁荣的今天，商家之间的竞争也日趋激烈。每年的"6·18""11·11"前后都是各大电商平台销量陡增的黄金时段，几乎没有任何一个商家愿意在这种关键时刻因为遭遇恶意投诉而错过这个年度大促的良机。所以商家在权衡利益之后，往往选择与投诉人妥协、和解，甚至愿意"花钱免灾"，这在多年的电商平台实践中已经屡见不鲜。

除此之外，《电子商务法》还明确规定了 15 天的选择期间，即在平台内经营者向平台发出声明后，可能遇到两种情况：一种情况是投诉方在 15 日内既不向主管部门投诉也不向法院起诉，那么造成的结果就是白白丧失 15 天的

---

❶ 王迁．论"通知与移除"规则对专利领域的适用性——兼评《专利法修订草案（送审稿）》第 63 条第 2 款［J］．知识产权，2016（3）．

营业时间；另一种情况是投诉方在 15 日内发起投诉或者起诉，那么商家可能面临的就是长时间的行政处理或者司法审理过程，造成的时间金钱损耗更是难以估量。本案中原告和被告仅是通过阿里平台的投诉机制进行对抗，就消耗了 3 个月的时间，如果再进入行政程序和司法程序，结果可想而知。虽然《电子商务法》规定了"错误通知"和"恶意通知"要承担赔偿或者加倍赔偿的责任，但对于商家来说，能否得到足额的赔偿尚且不论，现在电子商务领域瞬息万变，每一秒钟的流逝都可能意味着商机的消失。金钱的损失尚且可以补偿，商机的丢失却不是事后救济能够弥补的。

从目前《电子商务法》的规定来看，"通知—删除—反通知—选择期间"的机制在适用于所有的知识产权侵权投诉的过程中，恐怕还很难对投诉人和被投诉人的利益保护都达到相对平衡的水平。现在活跃在各大电商平台的商家往往是中小企业和个人，他们不具备强大的抵御风险的能力。像本案中的原告王某在 2005 年就已经注册了网店，经营时间长达 12 年，然而在这一项看似简单的恶意投诉面前，就显示出其脆弱的一面。其所遭受的一系列不公正的处罚和措施，也让王某多年来的经营毁于一旦。要想回到被投诉前的状态，怕是需要很长一段时间来恢复。这就要求电子商务平台投诉机制结合具体情况进一步改进，区分对待不同类别的知识产权侵权投诉纠纷。

三、域外法律借鉴

（一）美国：在明知和应知之间徘徊❶

在美国，电子商务交易中对错误通知的规定体现在《数字千年版权法》（DMCA）第 512 条（f）款中。当网络服务提供商收到来自权利人的侵权通知之后，其会采取禁止访问或者删除侵权内容的措施。同时，会把这一通知转交给受到相关措施影响的用户。认为自己未侵权的用户可以有两个方案供选择，一

---

❶ 沈一萍.错误通知的认定及其赔偿责任研究——以《电子商务法》草案送审稿第 54 条第 1 款为中心［J］.电子知识产权，2017（3）.

是如实向网络服务提供商提交反通知，二是根据《数字千年版权法》第 512 条（f）款（虚假陈述条款），向法院提起损害赔偿诉讼。❶

　　DMCA 第 512 条（f）款设立的初衷就是为了防止"通知—删除"规则的滥用，条款内容包括：任何人故意重大歪曲事实，就侵权进行虚假陈述的，应该对被控侵权人、著作权人、著作权人授权许可者或者网络服务提供者因信任虚假陈述而删除或者禁止访问被主张侵权的资料或活动、更换被删除的资料或断开其链接所受到的损失承担损害赔偿责任，包括诉讼费和律师费用。任何人"知道"并做出如下实质性的虚假陈述：一是资料或行为侵权；二是错误地使得资料或行为被删除或者被禁止访问的。参议院的报告中指出："本款旨在明确地遏制虚假陈述行为，此类虚假陈述对权利人、服务提供商和互联网用户均有害。"

　　对美国的司法实践而言，错误通知制度中最具争议的焦点就是投诉人的主观要件。几经波折，美国各地的法院目前仍未形成统一的认识。《数字千年版权法》第 512 条（f）款明确规定投诉人须在"知道"的前提下做虚假陈述。部分法院认为"知道"应该仅指故意，强调行为人的主观恶性。也有部分观点认为，"知道"应当既包括明知也包括应知，即权利人仍需对合理使用等情形尽到注意义务。如果因为权利人的过失导致其误把不会产生任何实质性疑问的非侵权情形当作侵权情形，仍构成虚假陈述。

　　第一个对第 512 条（f）款的内涵进行解释的判例是 Online Policy Group v. Diebold 案，受理法院认为任何一个理性的版权人都不会把投票机制的技术细节当作版权法保护的对象，遂认定版权人发出通知时主观上应当知道通知内容是虚假的，根据应知标准，得出版权人的行为违反了 DMCA 的虚假陈述条款的结论。可见，在 Diebold 案中法院对知道采用的是"明知或应知标准"，权利人在未尽到勤勉审查和谨慎判断义务的情况下发出了错误通知，应当承担相应的赔偿责任。

　　然而，2004 年由美国联邦第九巡回上诉法院判决的 Rossi v. Motion Picture Ass'n of America Inc. 案适用的是"明知标准"，法院认为：DMCA 第 512 条

---

❶　U. S. C 512（f）.

（f）款责任部分规定适用的唯一情形是版权所有人"故意"虚假陈述该侵权通知。即使权利人发出了无理的错误通知，权利人也无须因为他的无知而承担责任，除非被投诉方有理由证明投诉方是在明知虚假陈述的情况下仍然发出错误通知。随后也有部分法院在审理拍卖物品相关案件的过程中，支持了 Rossi 案确立的"明知标准"。

在 Lenz 诉环球音乐案（跳舞婴儿案）中，法院又采用了"明知或应知标准"，认为投诉人环球音乐未充分考虑合理使用情形就发出侵权通知，已构成虚假陈述。一审中，虽然地区法院判定只要投诉人具有认为使用未经授权的善意就不构成虚假陈述，但美国联邦最高法院认为投诉人在发出侵权通知之前应当尽到合理谨慎和勤勉审查的义务，其未发现一个常人尚能分辨的合理使用情形，本身就是违反了勤勉审查的义务。若按照明知标准来判定，则会给原告 Lenz 带来过重的举证负担，其必须证明被告环球音乐明知在拍摄的视频中插入歌曲属于合理使用的情形而仍然故意发出错误通知，这显然难度太大。而且这可能会导致更多的权利人以不知道合理使用情形为由进行抗辩，达到规避第 512 条（f）款的效果，从而滋生滥用通知的现象。所以法院应当扩大对"知道"的解释范围，将故意和过失都纳入虚假陈述的主观方面，以防止滥用错误通知的发生。

除了对明知和应知标准的探讨，还有案件分析了是否应该将法律认识错误（如版权所有人误认为不属于合理使用情形、法定许可或者首次销售原则）也纳入虚假陈述的范围，结论是这种情况下同样对于侵权通知存在认识错误，构成虚假陈述并应当承担相应的赔偿责任。

（二）德国：权利警告由竞争法和侵权行为法予以规制❶

在德国，竞争法作为特别法应当优先适用。侵权行为法作为一般法，在其他规定都无法发挥效力的情况下才可以适用。权利警告行为可能受到德国 2004 年《反不正当竞争法》第 4 条第 10 项"有目的的阻碍竞争"的规制，法律后果包括不作为请求权、排除妨碍请求权和过错前提下的损害赔偿请求权。在竞争

---

❶ 董笃笃. 电子商务领域知识产权权利警告的规制［J］. 知识产权，2016（4）.

法中，权利警告的违法性要件包括：（1）须为商业行为；（2）以竞争者为指向对象，权利警告的发出者必须与警告的对象具有竞争关系；（3）阻碍竞争，这里只需要具有阻碍竞争的可能性即可，不需要实际造成阻碍的效果；（4）有目的地阻碍竞争，不限于主观意图，也可根据结果来判断。

违法的权利警告常见的类型有：权利不存在、权利被宣告无效、权利已过保护期或对方无侵权行为等不存在请求权基础的警告。有观点认为，违法的请求警告的构成要件应该包括主观故意，但德国联邦最高法院民事委员会的观点是，权利警告对应的不作为请求权不以主观过错为要件，而损害赔偿请求权则需要存在主观过错。

对于不属于商业行为且不以竞争者为指向的权利警告，可适用《德国民法典》第832条第1款中的不作为请求权和损害赔偿请求权进行规制。其中，不作为请求权作为临时措施的延伸，可以向法院申请禁止令。构成要件不要求主观过错，只要求某个违法行为可能会反复发生。损害赔偿请求权的构成要件包括四项：（1）营业权受到损害；（2）行为违法性；（3）因果关系；（4）过错（包括故意和过失）。

总之，就权利警告对应不作为请求权的要件而言，竞争法原则上只需客观违法即可，而知识产权法和侵权法则要求较高。就损害赔偿请求权的要件而言，知识产权法的要求最高，需证明主观上为"知道"，客观上又"不构成侵权"，"实际上被删除"；侵权法等只对"直接侵害"有严格要求，"知道""不构成侵权"和"实际上被删除"等要件可以根据具体情形予以调整。竞争法则是要求最低的，无论是否实际上造成删除或其他后果，只要是存在过失的商业行为，且将"通知—删除"规则当作损害竞争对手的工具即可满足条件。

目前判例法上形成的规则是，单次权利警告，需证明客观上不存在侵权、主观上以损害竞争对手为目的；多次权利警告，仅需证明有损害市场竞争的目的即可。所以，德国对于权利警告的规制实际上是基于知识产权法、侵权法和竞争法三者共同配合形成的制度来实现的，从而起到遏制权利警告滥用的效果。

四、对争议点的分析

（一）恶意与过错

《电子商务法》第 42 条第 3 款中，前后两个半句在表述上的不同之处仅仅在于"恶意"二字，故有必要对"恶意"的内涵进行探讨。

恶意，作为与善意相对应的词汇，起源于罗马法。然而早期对于善意和恶意也没有准确的定义，只是在善意占有和恶意抗辩中有所体现。《牛津法律大辞典》认为："恶意是用于行为人不诚实心理状态的一种术语，即其明知缺乏权利，或者相反，不相信他的行为具有合法正当的理由。"❶ 与善意在《牛津法律大辞典》中的含义相对应，恶意应当包括两种含义：（1）认识主义的恶意，指的是明知某种情形的存在，即明知其行为本身缺乏法律根据，或者明知其行为主体自身不享有权利。例如，投诉人并非任何知识产权权利人或者在投诉时权利已经失效或被宣告无效。（2）意思主义的恶意，指的是动机不良的故意，即行为时以损害他人利益为目的。例如，投诉人为了实现敲诈勒索或打击竞争对手的目的而伪造证书，虚构证明文件，进行虚假投诉。

我们常常将善意、恶意和故意、过失的关系搞混，未能较好地厘清它们之间的关系。实际上，故意和过失是法律上侵权责任构成要件中过错的组成部分，是针对行为的结果而言的，而善意和恶意则是从行为动机出发，更多考虑的是行为本身。

就本文探讨的主题，只对恶意和过错进行区分。事实上，恶意和过错都是从法律或者道德上对行为进行的否定评价。对于"明知"意义上的恶意，显然"故意"足以满足明知的要件。但是过失可以分为重大过失、一般过失和轻微过失。笔者认为，重大过失也是可以构成"明知"意义上的恶意的。因为重大过失指的是行为人未能尽到基本的注意义务。只要行为人稍加注意，损害可能就不会发生。但行为人欠缺了最起码的注意义务，在民商事法律关系中为了维护

---

❶ 李颖. 民商事审判中的善意和恶意 [J]. 云南大学学报（法学版），2003（2）.

交易秩序，行为人理应承担合理的较低义务。所以对于重大过失，法律不应予以保护，应当视同故意，与故意一起成为"明知"意义上的恶意的构成要件。而轻微过失和一般过失则不构成恶意。对于"动机不良的故意"意义上的恶意，其强调的是以损害他人利益为目的。由于不论哪种程度的过失对损害的发生均持否定态度，故不可能构成此种恶意。此种恶意只可能由故意构成，且需具有损害他人利益的目的。

（二）错误通知是否承担无过错责任

前面已经讨论过，恶意可以分为认识主义上的恶意和意思主义上的恶意，前者由故意和重大过失构成，后者由故意构成。所以恶意与故意并不能简单等同。通过排除法可以知道，轻微过失和一般过失应当属于《电子商务法》第42条第3款前半句"错误通知"的情形，在投诉人为知识产权的合格权利人的前提下重大过失也应属于"错误通知"的情形。那么，若投诉人主观上不存在过错（既无故意也无过失），是否也应当承担赔偿责任呢？笔者认为是肯定的。根据损害填平原则，平台内经营者因为商品链接被屏蔽或者内容被删除而遭受的损失，必须得到相应的赔偿。那么在平台经营者和平台内经营者都不存在过错的情况下，究其原因，是因为投诉人的错误通知导致启动了投诉处理程序，进而平台经营者按照流程经过审核对平台内经营者的店铺或商品采取了强制措施，最终造成损害。在这种情况下，不能追究平台经营者的责任，也不能由商家自担过错，只能追根溯源由投诉人承担赔偿责任。

而且，笔者认为，在客观上发出了错误通知的情形下，投诉人完全无过错和具有轻微过失是很难区分的。所以，实践中法院一般不会认定发出错误通知的投诉人完全无过错，更倾向于其存在轻微过失或者一般过失。那么，可能存在的例外情况就是平台经营者和商家其中一方具有过错或者两方都具有过错，比如由于平台或者商家的原因导致商家的权利授权情况未能向网站访客清晰地展示，让投诉人误以为商家不具有知识产权的合法授权，进而发出了侵权通知。在这种情况下，不能死板地按照法条规定将责任都归咎于投诉人，应当根据过错分担原则，由三方中的过错方合理分配责任。这与法条的规定"依法承担民事责任"并不违背，因为承担责任不一定是一方承担全部责任，可以根据各自的过错程度分别承担。

（三）错误通知担责条款是否过于严苛

以前我们总是听到消费者反映店大欺客，投诉无门。而如今电子商务日益兴盛，各种规章、规定也更加全面、详细，平台内经营者在应对同行业对手的竞争的同时，还得妥善处理与消费者之间的关系。为了切实保障消费者权益，我国早已出台了《消费者权益保护法》，虽然现实中尚存在各种问题，但《消费者权益保护法》的总体实施效果可以说让人满意。此消彼长之下，商家的地位日趋降低。恶意投诉作为电商领域长期存在的问题，一直对市场竞争秩序发挥着恶劣影响。在《电子商务法》生效之前，若商家遇到投诉人的投诉，平台出于内部工作人员业务水平较低和审查成本过高的考虑，往往只能实现"略高于形式审查，低于实质审查"❶的效果。所以无法从根本上遏制恶意投诉的发生。恶意投诉人正是抓住了这一规则上的漏洞，利用投诉机制，只需花费最低的成本，就能将"通知—删除"规则发挥出诉前禁令的效果。而且，诉前禁令是必须提供担保的，恶意投诉人利用投诉处理机制反倒能够实现"空手套白狼"，既节省了违法成本，又利用平台之手对商家造成损害，可谓一举两得。所以，本着权利义务相互平衡的理念，《电子商务法》对错误通知规定由投诉人承担赔偿责任，体现出对权利人、平台经营者和平台内经营者三者之间利益的平衡，反映出法治的进步，应当予以认可。

五、建立全新的投诉机制

与美国存在大型机构利用自动监测软件发送侵权通知的情况不同❷，我国错误通知、滥发通知的情形往往是出于敲诈勒索和不正当竞争等非法目的。所以要因地制宜，不能照搬国外的处理模式，应当根据我国的现状对有关立法进行

---

❶ 沈一萍. 错误通知的认定及其赔偿责任研究——以《电子商务法》草案送审稿第 54 条第 1 款为中心 [J]. 电子知识产权，2017（3）.

❷ 龙文懋. 通知移除规则在电商平台的适用与再造——以滥发著作权侵权通知为焦点 [J]. 中国版权，2018（5）.

一定的完善。有人提出，应当要求通知人在提出删除信息或断开链接的要求时提供担保，但这样的做法显然违背了通知—移除规则设立的初衷。本来通知—移除规则是一种快速的纠纷解决机制，若加上担保这一复杂的环节，势必导致成本上升，操作不便。所以，机械套用规则的做法是不可取的。

在有第三方电商平台参与的交易中，买家从商家的网店购买商品后，买家所支付的货款并不会直接打到商家的账户上，而是临时冻结在第三方电商平台的账户里。等买方确认收货之后，货款才会从第三方电商平台的账户打入商家的账户，这笔交易才算正式完成。参考这种模式，可以构建一种"通知—不移除"规则，即通知人发出侵权通知后，平台请被投诉的商家做出选择，是延长冻结交易货款的时间为可能存在的侵权后果提供担保，还是拒绝冻结货款，接受删除信息或者断开链接的强制措施。❶

若被投诉人选择前者，那么被投诉人可以不受通知带来的负面影响，继续经营。通知人若想继续主张权利，可以向行政部门投诉或者向法院提起诉讼。若通知人未在合理时间范围内投诉或起诉，视为通知人放弃主张权利，应当解除对被投诉人交易钱款的冻结。由于之前被冻结的交易货款类似于诉前禁令的反担保，通知人的权利主张若能得到行政部门或者法院的支持，其可以要求以冻结的交易货款直接受偿。在交易货款冻结期间，被投诉人也可以提起不侵权之诉，以主动证明自己的清白。

若被投诉人选择后者，那么意味着被投诉人放弃了抗辩的机会，电商平台可以在初步审查之后采取删除信息或者断开链接的措施。此时便进入了"通知—移除"程序。

所以，不论恶意投诉人系出于敲诈勒索还是不正当竞争的目的，其破坏商户的商业机会的意图都是一致的，通知—移除规则为恶意投诉人提供了契机。相比之下，"通知—不移除"规则显示出其优越性，面对侵权成立，通知人可以从冻结的交易货款中获得赔偿；面对侵权不成立，被投诉人可以避免因为被采取强制措施而失去商机。这样一来，有效平衡了投诉人和被投诉人之间的权利

❶ 龙文懋．通知移除规则在电商平台的适用与再造——以滥发著作权侵权通知为焦点[J]．中国版权，2018（5）．

义务，创造了一种公平科学的诉前纠纷解决机制。

六、结　语

正确界定《电子商务法》第 42 条第 3 款中"错误通知"和"恶意通知"的范围，需考查通知人的主观过错。原则上"错误通知"适用无过错责任，例外情况是平台经营者或平台内经营者两者中至少有一个存在过错，此时应当由过错方根据过错程度合理分配责任。"错误通知"的主观方面可以表现为轻微过失、一般过失以及通知主体为合格权利人情况下的重大过失。"恶意通知"的主观方面表现为故意以及通知主体为不合格权利人情况下的重大过失。让错误通知人承担相应的赔偿责任，是为了督促权利人在行使自己的通知权时更加谨慎勤勉，避免在行使自己的权利过程中损害平台内经营者的权益。"通知—不移除"规则能够较好地平衡电商领域内投诉人与被投诉人双方的权利义务，比起"通知—移除"规则体现出更加优越的诉前纠纷解决能力。

UGC 短视频数字音乐版权的法律问题探究

孙　文[*]

内容提要　随着我国信息技术和流媒体的发展，"短视频"成为新兴企业蓬勃发展的代名词，并迅速发展成为具有广泛影响力的网络交流平台。UGC 短视频作为社会公众参与文化生活的方式具有多样性，传统的音乐版权许可制度在以社会公众作为作品接收方的短视频平台适用上陷入了困境。数字音乐的合理使用制度也存在界限上的模糊。面对数字音乐在 UGC 短视频中未经许可使用构成侵权时，平台方的版权责任无法明晰。版权法应保证版权人的合理权益，同时应对流媒体数字音乐的合理使用方式，实现用户使用方与版权人的利益平衡，促进文化事业的繁荣发展。

关键词　短视频平台；数字音乐版权；合理使用；版权许可

在这个时间碎片化、传播即时化、内容精悍化的时代，UGC 短视频融合文字、图片、音乐和视频等内容，立体、直观地满足用户的多元化表达与沟通需求。UGC 短视频的构建包括音乐、人物表演、对话、场景及情节等基本要素。其中数字音乐作为 UGC 短视频的必备要素之一，在 UGC 短视频中被广泛应用于背景音乐、音乐类视频、翻唱音乐等不同的场景中。UGC 短视频与数字音乐相辅相成，相互促进。然而，在 UGC 短视频作品本身尚存争议的情况下，数字音乐侵权问题也随之应运而生。

　＊　孙文，南京师范大学法学院研究生。

一、UGC 短视频数字音乐概述

1. UGC 短视频

短视频是指视频长度不超过 15 分钟，主要依托移动智能终端实现快速拍摄和美化编辑，可在社交平台上实时分享和无缝连接的一种新型视频模式。❶ 短视频最早始于美国应用软件 Viddy，随后便席卷中国。根据美国经济学家约瑟夫·斯蒂格利茨、乔治·阿克尔洛夫和迈克尔·斯彭斯共同提出的信息不对称理论，❷ 媒体和受众的信息不对称是促进短视频在市场经济活动中发展并持续繁荣的主要原因。在市场交易活动中，供需双方对信息的了解存在差异，这种现象在新闻传播过程中普遍存在，无论是媒体传播信息，还是大众接收信息都存在信息不对称现象，因而短视频因信息传播即时迅速、互动性强这一特点，一出现便牢牢抓住大众的移动端信息消费习惯。

在学界，短视频根据内容生产方式的不同，分为 UGC、PGC、PUGC。UGC（User-generated Content）是指用户生成内容类短视频，即短视频平台上的普通用户制作并上传的视频；PGC（Professional-generated Content）是指专业生成内容类短视频，即专业机构（特指具备专业技能的视频制作机构）所制作并上传至平台进行商业使用的视频，专业生成内容由团队基于特定主题创作，制作精良；PUGC（Professional User Generated Content）是指职业用户生成内容类短视频，❸ 其制作规模不如专业机构，但相对于普通用户，具有摄影、剪辑等方面的技术。PGC 和 PUGC 短视频在制作过程中有明确的分工，对于使用他人版权作品会事先取得授权，版权保护意识较强。UGC 短视频在市场上所占比重最大，但普通用户的版权保护意识参差不齐，在 UGC 短视频模式下，普通用户在使用数字音乐作品时往往不会事先经过著作权人许可，用户相对于平台方明显处于弱势，这就导致在 UGC 短视频模式下音乐作品的侵权问题层出不穷。

---

❶ 第一财经商业数据中心. 2018 年短视频行业大数据洞察 [EB/OL]. [2019-09-30]. http://www.199it.com/archives/631243.html.

❷ 张国平. 新闻传播过程中的信息不对称 [J]. 新闻与传播研究，2010（4）.

❸ 孙飞，张静. 短视频著作权保护问题研究 [J]. 电子知识产权，2018（5）.

2. 数字音乐

网络和数字技术的快速发展使传统的信息生产、处理、储存、共享、传播的方式被彻底颠覆。一个以网络为载体、数字技术为基础的全新的声音生产、处理、储存、共享、传播的形式应运而生，这就是数字音乐。❶ 数字音乐与传统的音乐相比，具有获取途径方便、传播速度迅捷、版权许可容易的特点。这也让数字音乐的版权保护变得极为不易，严重损害音乐版权人的利益。传统的音乐作品以 CD、磁带等方式进行传播，音乐版权人通过销售、许可销售上述有体物获得报酬。网络技术的发展为音乐作品带来了新的传播方式，音乐作品版权人无法通过分散收取许可使用费来获得应有的报酬。从经济学的角度来看，著作权私权化使得作品具有稀缺性，从而成为市场上的商品进行交换获得报酬，以达到鼓励文学艺术作品创作的目的。传统版权法在以"全民参与文化"网络环境下遭遇了困境，我国展开的 2018 年"剑网"专项活动便开始整治音乐平台的数字音乐作品的传播，但对于融合图片、文字、表演、音乐等综合因素的短视频平台的数字音乐作品并无明确规定。

3. UGC 短视频数字音乐应用

短视频发展之初便是一个"音乐+内容"的轻内容平台，数字音乐普遍应用其中，一方面作为背景音乐贯串整个短视频作品，另一方面作为主要表演元素如歌唱、舞蹈、演奏、戏剧、MV 等多种方式展现音乐。❷ 可以说短视频平台的繁荣发展与数字音乐的应用是分不开的，二者相互作用，形成共赢。根据短视频的制作方式不同，数字音乐在 UGC 短视频中的应用一般分为三种：（1）线下制作配乐型。以专业短视频制作公司或媒体为主体，其制作拍摄短视频内容时，会先进行文案策划、场景布置等，并于后期进行剪辑合成配乐生成具有商业推广性质的广告视频。（2）在线录制配乐型。以多数普通用户为主体，为记录生活场景或抒发个人感情，通过短视频平台提供的在线录制视频功能录制视频，同时在录制的过程中，在该软件提供的音乐曲库中搜索相应的音乐作为该短视频的背景音乐。（3）音乐"翻唱"型。用户以歌唱、MV 等多种形式演绎他人

---

❶ 崔静. 网络环境下的数字音乐作品版权保护模式研究［J］. 现代经济信息，2019（17）.

❷ 李洋. 新媒体发展环境下数字音乐版权保护问题研究［J］. 传播与版权，2019（7）.

音乐作品并录制视频。❶

　　短视频平台中，占比最大的 UGC 视频均由普通用户上传，对于 UGC 短视频，平台无法一一进行事先审查，UGC 短视频未经许可使用他人音乐作品是构成侵权抑或是合理使用仍存在争议，如何适用版权许可制度以平衡版权人与作品使用方的利益？平台应当承担何种责任呢？

二、UGC 短视频数字音乐作品使用行为定性

　　我国《著作权法》第 22 条规定了合理使用范围，《著作权法实施条例》第 20 条亦规定不影响作品的正常使用，不损害著作权人的合法利益，可以不经许可使用他人作品。那么，普通用户在用户生成内容短视频中使用他人数字音乐是否属于为介绍、评论某一作品或者说明某一问题，在作品中适当引用他人已经发表的作品呢？在司法实践中，被告往往以"合理使用"作为抗辩事由主张不构成侵权，广州市互联网法院审判庭庭长黄颖认为❷，著作权法对合理使用强调一个适当使用原则，即对前作品的使用是否超出必要范围，使用行为是否降低作品的社会剩余价值。适当使用原则在文字作品合理使用判断中的确能解决多数问题，但是，数字音乐作品之使用与其社会剩余价值并非呈正比关系，在 UGC 短视频中使用他人数字音乐作品并没有损害作品的正常使用亦没有侵害作者的合法权益，反之，数字音乐作品通过 UGC 短视频传播具有比之前更大的商业价值，音乐作品这种特殊性便在于：首先，其传播得越广泛，听众越多，商业价值越大。其次，多数 UGC 短视频中将数字音乐作品作为背景音乐使用，仅仅使用整首歌曲的高潮音乐片段。相对于整首歌曲，数字音乐的片段化使用似乎也符合适当性原则。对于 UGC 短视频使用音乐作品这种特殊性，能否利用合理使用制度来使用他人音乐作品呢？法律上并没有明确的规定。

　　综观世界立法，目前对于认定合理使用标准主要采取两种模式：一是美国

---

❶　龚逸琳 . UGC 短视频中数字音乐版权保护问题及对策研究［J］. 新媒体研究，2019（11）.

❷　2019 年中国知识产权保护热点问题研讨会［EB/OL］.［2020 - 06 - 15］. https：// new. qq. com/omn/TEC 2019//TEC 2019102300441400. html.

的"四要素法";二是《伯尔尼公约》所体现的"三步检测法",该模式通过详尽列举合理使用的情形来明确各种使用的界限,意图使人们更加准确地认定合理使用的性质和界限。但是在司法实践中,法官对于合理使用范围仍认定不一,适用过程仍未达成共识。

1. 三步检测法

若适用"三步检测法",认定数字音乐作品是否属于合理适用范围,必须满足三个步骤:一是所允许的复制应该是某些特殊情形,二是这种复制是否损害作品的正常使用,三是这种复制不致无故侵犯作者的合法利益。❶ 对于何为特殊情形呢?有两种理解,一是这种限制必须是为了公共政策的目的,二是这种权利的限制和例外必须在相当有限的地方。另外,关于如何确定是否损害了作品的正常使用以及无故损害了作者的合法权益,在司法实践中并没有统一的标准,而是对个案进行分析和确定。若基于此标准,UGC 短视频中使用他人数字音乐作品似乎并没有损害作品的正常使用也没有损害作者的合法权益,某些音乐作品通过 UGC 短视频传播之后反倒具有比之前更大的商业价值。这是否可以作为 UGC 短视频用户未经许可使用他人音乐作品的理由呢?有学者认为未经相关权利人同意,若在 UGC 短视频中虽未完整地使用他人享有著作权的音乐作品,而是使用音乐作品中的一段歌词或乐曲,但所使用的部分足以表达作者在作品中想要表达的主要思想感情和作者在乐曲方面的独特构思,而且所使用部分在整个作品中所占比例较大,应属于实质性地使用了音乐作品。这种情形构成对音乐作品复制权和发行权的侵犯,不属于合理使用。也有学者认为用户使用音乐作品并未以营利为目的,没有损害作品的正常使用也未损害权利人的合法利益,因此构成合理使用。

2. 美国四要素法

多数学者建议使用美国的四要素法来判断是否属于合理使用,或者对其借鉴修改,制作出符合中国的合理使用制度。那么以美国为代表的四要素法是否符合 UGC 短视频用户的合理使用标准呢?根据 1976 年《美国版权法》第 107 条

---

❶　Mihaly Ficsor. The Law of Copyright and the Internet—The 1996 WIPO Treaties, Their Interpretation and Implementation［M］. Oxford：Oxford University Press, 2002：302-303.

规定，在判断作品的使用在某种情况下是否构成合理使用应当考虑使用目的和性质、被使用的数量和程度以及对使用作品的影响。❶ 但是《美国版权法》的四要素法并没有明确合理使用的界限（bright-line rules），而是由法院在个案中进行综合判断是否属于合理使用范畴。❷ 根据用户使用性质和目的来判断，公众通常将商业目的和非营利目的相对立，认为 UGC 短视频上使用音乐作品是出于非商业和非营利的目的，忽视了教育目的这一为了公共利益的后缀，将所有非商业性的和教育性的使用作为合理使用范围；认为 UGC 用户生成内容是公众文化生活的交流，丰富此种内容有利于社会文化的发展和传播，因而其中音乐作品的使用也是为了公共利益。有学者主张将是否营利作为商业目的的评判标准，UGC 短视频的制作者通常不具有营利性目的，因而构成合理使用，对于那些有点击量和广告投入制作者，则由于产生收益而不属于合理使用。然而，这并未从根本上解决用户对音乐作品的使用定性问题，反而与美国版权法所规定的使用目的和性质背道而驰。营利与否并非四要素法的核心判断标准，其只是从使用性质与目的方面考查使用者能否不支付常规价格而从他人版权作品中获利，而并非判断使用者是否以赚钱为动机。❸ 美国为了解决合理性使用的模糊性，规定了"转换性使用"的概念，即新作品是否以替换原作品为创作目的，还是通过使用新的表达、含义或信息而改变了表达方式，增加了新的东西；❹ 而不再拘泥于"非商业目的"和使用他人作品的数与量的标准。"转换性使用"使得 UCG 短视频上使用数字音乐作品通过合理使用标准的认定，既解决了未经事先许可的全民创作的交易成本，也实现了短视频的传播效率。❺ 但何种程度构成"转换性使用"也给法院带来了新的难题，仍然需要司法机关在实践中进行个案

---

❶ 《美国版权法》第 107 条规定，在判断作品的使用在某种情况下是否构成合理使用应当考虑以下因素：（1）使用的目的和性质，包括是否出于商业目的或非营利的教育目的；（2）受到版权法保护的作品的性质；（3）被使用部分的数量和重要程度对于被使用的作品的整体的情况；（4）这种使用对于被使用作品的潜在市场或者作品的价值的影响。

❷ 朱莉·E. 科恩，莉蒂亚·P. 劳伦，罗斯·L. 欧科迪奇，等. 全球信息经济下的美国版权 [M]. 王迁，侍孝祥，贺炯，译. 北京：商务印书馆，2016：840.

❸ 倪朱亮. "用户生成内容"之版权保护考 [J]. 知识产权，2019（1）.

❹ Pierre N. Leval. Toward a Fair Use Standard [J]. Harv. L. Rev.，1990，103（5）：1105.

❺ 熊琦. "用户创造内容"与作品转换性使用认定 [J]. 法学评论，2017（3）.

分析。

笔者认为合理使用制度本来是基于社会公众与著作权人之间利益平衡的考虑，如果基于原作品进行二次创作的 UGC 短视频，形成新的作品，一方面传播了文化，另一方面没有伤害原作品基本的价值理念，没有造成原作品的社会评价降低，同时也赋予新作品新的时代内涵，则没有必要为 UGC 短视频的作品创作设置权利保护障碍，这对于作品翻新、鼓励创作以及大众都是有益的。

三、UGC 短视频中数字音乐作品的许可使用

在 UGC 短视频中使用音乐作品，既要满足社会公众能获取足够信息的要求，也要保证版权人的经济利益，传统的版权许可制度在应对 UGC 短视频中的音乐作品使用时遭遇困境，我国的音乐版权集体管理使用的概括许可协议（blanket license）在不以营利为目的制作 UGC 短视频的普通用户中无法广泛应用。

1. 事前许可模式

音乐著作权协会是我国音乐作品方面唯一的官方集体管理组织，我国把音乐著作权集体管理组织定位为"非营利性的民间组织"，但是其设立、运行、监督又受到行政机关的制约，因而具有半官方的性质。[1] 在音乐作品使用许可方面，音乐著作权协会广泛地使用概括许可协议（blanket license）对于版权作品进行没有区别的集体定价。没有区别定价的概括许可协议与具有垄断性的集体管理组织相结合，势必会造成对作品这一公共资源的浪费，损害作品权利人直接进行版权交易的能力和机会。[2] 每个文化作品都有自己的特定市场需求和消费群体，不同的供求关系决定了每个版权作品都应该有不同的市场价格，例如，脍炙人口的音乐作品比名不见经传的音乐作品价格更高，精装书比平装书更贵。这说明，市场具有发现和确定价格的能力，而集体管理组织的垄断性和一揽子

---

[1] 焦典. 网络环境下音乐著作权集体管理制度研究 [D]. 长春：吉林大学，2017.
[2] 吴伟光. 著作权法研究——国际条约、中国立法与司法实践 [M]. 北京：清华大学出版社，2013：520.

协议拟定的价格都不能真实地反映市场真正的供求关系，从而无法实现社会福利的最大化。

普通用户基于分享生活目的在 UGC 短视频中使用音乐作品游走于侵权与合理使用的"灰色地带"，制作 UGC 短视频并不一定基于版权的经济激励，因此传统的音乐版权许可制度在 UGC 短视频中难以得到贯彻施行。其缘由包括主观方面和客观方面。从主观方面，作品自公布之日起或为公众所知悉起便默许他人使用的"文化再传播"观念一直根深蒂固，作品的公共物品属性加剧音乐版权许可制度在普通大众之间的难施行，更不用说作为全民参与文化的 UGC 短视频。从客观方面，我国音乐著作权保护协会对音乐作品实施的概括许可协议授权使得用户对取得版权许可，支付过高报酬制作收益小的 UGC 短视频望而却步。对于收益性小的 UGC 短视频制作者来说，购买一揽子许可直接损害其利益。

因此，笔者认为，应对新媒体发展，著作权集体管理组织可以利用区块链技术建立音乐数据库，原创音乐作品著作权人可以自行登记作品，并决定作品许可使用条件，用户可以在制作 UGC 短视频之前在音乐数据库中对所需音乐作品获得授权。同时利用区块链技术实现对音乐数据库的授权作品进行全程监控。减少音乐作品流转的中间成本和环节，增加交易的透明度和公开度，为短视频平台数字音乐作品运营提供新的路径。

2. 事后许可模式

上述的事先许可模式虽能解决因交易成本过高而带来的问题，但 UGC 短视频具有即时性，强行要求用户遵守事先许可的模式会使 UGC 短视频制作的时间延长，事先许可制度可规制专业性的 PGC 短视频用户。但对于普通用户而言，用户为寻求版权人的许可而花费比其作品制作本身更长的时间，这对鼓励 UGC 短视频的制作和传播是极为不利的。因此，普通用户在未取得事先许可时，具有事后许可性质的屏蔽或变现规则能有效平衡非合理使用作品版权人与用户之间的利益。

屏蔽或变现规则源于《欧盟数字化单一市场版权指令》，赋予著作权人就未经授权的用户上传内容的使用获得报酬，或者对该用户上传内容采取删除、屏蔽等必要措施。❶ 其本质在于简化作品使用者的沟通路径，同时保障著作权人的权利。著作权人在作品追踪系统事先选择好匹配策略：屏蔽（block）、变现（monetization）、追踪（track）。选择屏蔽，用户上传内容将无法再观看；选择变现，平台将自动在用户上传内容中插入广告，其广告收入由平台和著作权人共享；选择追踪，用户生成内容将不会被屏蔽，著作权人可继续观察用户上传内容的后续数据发展变化。❷

早在十余年前国外 YouTube 短视频平台采取 Content ID 系统便是屏蔽或变现规则在实践中的应用，原始著作权人将其作品样本上传至 YouTube 的数据库中，Content ID 系统可利用内容识别技术在用户上传内容中自动寻找匹配内容，根据内容重叠程度、使用比例等因素对于属于非合理使用的用户上传内容执行著作权人事先选择好的匹配策略。

在 UGC 短视频音乐作品的保护中，屏蔽或变现规则比通知—删除规则更能有效地实现权利再配置，屏蔽或变现规则不需要著作权人发出通知，系统会自动匹配内容并适用著作权人事先选择的许可制度，无须遭受在通知—删除规则下由于通知延迟以及权利认证耗时所遭受的损失，同时亦能将侵权变现为收益，保障著作权人的权利。用户可事先使用他人音乐作品进行个人消费和二次创作，而不必担心侵权以及屏蔽风险，普通公众也可从法律确定性的提高、可使用的著作权产品的增加和二次创作的合法化中获益。❸

Content ID 系统主要是利用内容识别技术，通过人工智能与算法程序的结合，事先将内容进行结构化、标签化存储为模板，当制作的短视频中出现匹配片段时，即可迅速实现分析识别。Content ID 系统包括视讯 ID（Video ID）和音讯 ID（Audio ID），分别对视频和音频进行匹配，数字音乐著作权人可以将音乐文件上传至平台的数据库中并预先设定屏蔽、变现或者追踪的选择，通过Content ID 系统在 UGC 短视频中进行匹配，这种屏蔽和变现实际上也是实现版权许可的一种方式，选择屏蔽则是对作品使用的不许可，选择变现则是许可用

---

❶ Proposal for a Directive of The European Parliament and of the Council on Copyright in the Digital Single Market, 2016/0280（COD），Art. 13.

❷❸ 黄炜杰. "屏蔽或变现"：一种著作权的再配置机制［J］. 知识产权，2019（1）.

户使用并通过其广告收入获得许可使用费。著作权人选择从这一新渠道获利，而不是禁止这一新的发行渠道，实际上是将侵权变成事后许可，将一部分权利让渡给侵权人，在实践中，绝大多数著作权人都会选择变现的模式，因为获得经济激励是作为私权的版权作品其在市场上流转的目的，Content ID 系统既能解决普通用户获得事先许可的困难，又能丰富可供选择的音乐作品，同时还平衡了原音乐作品著作权人的经济权利，避免音乐版权人难维权、维权难的局面，实现音乐作品的权利再配置，促进全民参与文化的交流。在瞬息万变的网络市场，这种"先使用后许可"的方式被广泛采纳，也说明 21 世纪的版权保护已经认可这种更加包容、更加符合各方利益的事后许可。

应对新兴网络环境下的 UGC 短视频合理使用他人音乐作品，以事前许可和事后许可并用的版权许可模式能有效避免侵权，实现用户、平台、著作权人三者之间的利益平衡，促进短视频行业的繁荣发展。

四、UGC 短视频音乐作品侵权责任界定

短视频产业的飞速发展，给短视频服务商带来巨大经济利益的同时，也存在诸多版权纠纷风险，短视频平台方被诉 UGC 短视频中音乐作品侵权案件多发。UGC 短视频中音乐作品侵权纠纷案中，短视频平台与用户应承担的责任或义务是什么？平台是否对公众自行上传的 UGC 短视频承担审核义务？笔者搜索中国裁判文书网上有关短视频平台的音乐作品著作权侵权的案例有 81 个，❶ 其中涉案短视频平台均以虽短视频 App 确系其经营，但涉案歌曲词曲均为网络用户作为其短视频背景音乐自行上传，其仅提供信息存储空间服务来进行抗辩，认为其已经履行网络服务提供者的通知—删除义务，不承担责任。

---

❶ http：//wenshu. court. gov. cn/website/wenshu/181217BMTKHNT2W0/index. html？ page-Id=d47d11d73876539ef483ee60f7da862d&s21=%E7%9F%AD%E8%A7%86%E9%A2%91，最后访问日期：2019 年 9 月 30 日。

1. 用户方的侵权责任

由上可知，UGC 短视频中，音乐作品的使用包含线上制作配乐型、线下制作配乐型和翻唱型。对于线上制作配乐型，用户在录制过程中，在该软件提供的音乐曲库中搜索相应的音乐作为该短视频的背景，因此，平台未经许可将他人音乐作品置于平台库中供他人使用，应当承担直接侵权责任，UGC 短视频用户基于对平台的信赖使用该音乐作品还不构成共同侵权，应当由平台承担侵权责任。

对于线下制作配乐型和翻唱型，用户自行添加背景音乐制作短视频，若用户未经许可非合理使用他人音乐作品，应当承担直接侵权责任，那么平台方是否承担连带责任呢？根据用户在短视频平台上发布短视频之前与平台签订的终端用户协议（End-User License Agreements，EULA）——软件开发者或发行者授权网络用户使用特定软件产品时的规定，❶ 用户在进入该短视频平台时，必须同意终端用户协议，并进行身份信息审核注册，方能使用。用户终端协议明确了用户和平台之间的权利、责任分配。短视频平台会在用户终端协议中表明知识产权归属条款。要求用户上传的短视频必须属于原创内容或者已经过授权，并允许平台上其他用户使用。❷ 从版权许可主体身份而言，平台并不属于任何一方。平台仅仅是作为网络服务提供者为 UGC 短视频提供信息存储服务，并非 UGC 短视频的版权人。因此，在 UGC 短视频用户自行线下配乐侵犯他人音乐版权时，平台方作为网络服务提供者只要履行了通知—删除义务，就不承担侵权责任。

2. 短视频平台方的侵权责任

网络服务提供者只要删除涉嫌侵权的内容，或者断开涉嫌侵权内容的链接，

---

❶ 孙山．短视频的独创性与著作权法保护的路径［J］．知识产权，2019（4）.

❷ 快手公司《终端用户协议》规定：您在使用快手公司相关服务时发表、上传的文字、图片、视频、音频以及直播表演等属于您原创的信息或已获合法授权的内容，否则不得上传或应被删除。您在快手平台上传、发布的任何内容的知识产权归属用户或原始著作权人所有；基于部分产品功能的特性，您通过快手公司上传的音频可供用户发布快手短视频时使用。参见：快手用户协议［EB/OL］．［2019-09-30］．https：//www.kuaishou.com/about/policy.

就不承担侵权责任。通知—删除义务不要求网络服务提供者对上传的内容进行事先审查，只要在权利人通知之后采取了必要的措施即可。"避风港原则"在很大程度上为网络服务提供商的行为提供了一定的庇护。❶

"避风港原则"虽然对网络服务提供者承担的责任进行了一定的限制，但它并不能成为网络服务提供者免责的"法宝"。虽然我国法律并未规定网络服务提供者需承担法定审核义务，即短视频平台对 UGC 短视频内容无须承担实质性的审查义务，但作为平台方，应起到合理的注意义务。比如可以对视频内容音乐作品采取一些识别措施，设定关键词进行查询、检索，短视频平台方可建立重点音乐作品监控名录，对重要热门音乐作品采取有效保护措施，对可能涉及侵权的音乐作品要及时处理，特别是接到权利人的通知时，要及时采取删除或下线或断开链接等措施，避免损失进一步扩大。

笔者认为，根据终端用户协议，用户在 UGC 短视频中非合理使用他人音乐作品构成侵权时，短视频制作者作为直接侵权人应当承担侵权责任，短视频平台作为网络服务提供者在履行了通知—删除义务并提供用户的基本信息后可以不承担侵权责任。但是，当短视频平台知道网络用户利用其网络服务侵害他人民事权益，未采取必要措施的，与该网络用户承担连带责任。同时，对于知道或者应当知道，应当以高于一般人的注意义务来衡量平台的合理注意义务，如权利人发出合法的通知书后，仍对用户生成内容进行编辑、排名、推荐，则应当承担相应的责任。

五、结　语

短视频以文字、图片、视频、音乐的融合、精练形成可视化强，表现形式丰富，互动性灵活的新兴网络交流平台。数字音乐作品作为 UCG 短视频中不可或缺的组成元素，在流媒体环境下对版权制度产生了新的挑战，UCG 短视频在丰富公众文化生活的同时也应注意他人版权作品的合理性和正当性。同时借鉴

---

❶　温生俊 . 著作权侵权判定中"通知—删除"规则的适用研究 ［D］. 兰州：兰州大学，2017.

西方发达国家对数字音乐版权保护的制度，通过事先许可模式和事后许可模式相结合的方式，减少数字音乐作品的交易成本，增加可供使用的音乐作品，短视频平台对于 UGC 短视频也应该尽到一定的注意义务，共同防止侵权行为的发生，共同丰富 UGC 短视频的内容，同时促进数字音乐的繁荣发展。

在线内容分享服务提供者的版权内容过滤义务研究

李　涛[*]

内容提要　在数字技术迅猛发展的时代，传统的"通知—删除"规则存在成本高、效率低、被动性等固有缺陷，实践对在线内容分享服务提供者承担的注意义务水平要求也越来越高。在此种情况下，有必要要求其承担版权内容过滤义务。通过在线内容分享服务提供者与著作权人合作、技术过滤与人工干预相结合等方式要求服务提供者承担特殊的过滤义务，更有效地保护著作权人的利益，成为互联网时代的需要。

关键词　在线服务提供者；过滤义务；版权内容

引　言

"通知—删除"规则自美国《数字千年版权法》创立以来，在全球范围内产生了深刻借鉴意义，其中也包括我国。但在数字技术和网络经济飞速发展的今天，其成本高昂、效率低下、过于被动等弊病愈发明显，已经无法及时全面地保护著作权人的利益。面临动辄数十家甚至上百家媒体平台的著作权人，依靠人工或技术措施监督发现侵权内容后不间断地发出大量通知，不仅耗时耗力，而且往往无法挽回被扩大的损失。而规模化的网络服务提供者常

＊　李涛，南京理工大学知识产权学院研究生。

常要接收海量侵权通知，或是由于无法在短时间内完成人工处理，或是出于维护自身经济利益不予回复故意拖延，导致实质上并未发挥"通知—删除"规则的弥补作用。在此种情况下，一些司法判决开始暗示网络服务提供者应当承担的注意义务中包含着必须对平台上的作品内容采取相应的过滤技术措施。与此同时，国际社会也出现革命性的改革。欧盟《数字化单一市场版权指令（草案）》（以下简称《指令》）自 2016 年 9 月公布以来，其中的"过滤器条款"引起欧盟与我国学者的广泛关注，我国正处于《著作权法》第三次修改阶段，引入"过滤器条款"是否能够为解决我国互联网版权保护中的顽疾提供新的思路？对于该条款的引入我国又应做出怎样的适应性变通？这些问题值得思考和回答。

一、欧盟的版权内容过滤义务

自 2016 年 9 月 12 日欧盟委员会提出议案，至 2019 年 4 月 15 日欧盟理事会最终批准经历了欧洲社会激烈的讨论，热点之一是《指令》中被称为"过滤器条款"的第 13 条（最终通过版本为第 17 条）。此条款规定了严格的在线内容分享服务提供者的侵权豁免条件，体现了欧盟通过重视并设立过滤义务，对版权及相关权给予高度保护，并同时平衡著作权人、网络服务提供者、用户等不同参与者之间的利益关系。

1. 保护作品的义务主体

《指令》第一章第 6 条定义在线内容分享服务提供者是指其主要目的之一是储存、提供由其用户上传的大量受版权保护的作品与其他受版权保护内容，且为营利目的组织和推广上述内容的信息社会服务提供者，将在线百科全书、非营利目的教育或科学资源库、开源软件研发和共享平台等非营利性服务提供者排除在外。此条定义主要包括以下几项信息：第一，义务主体相对以往网络服务提供者有所限缩。欧盟缩小第 17 条款适用的"在线内容共享服务提供商"类别，目的是将其影响局限于 YouTube 等大型内容共享服务平台。❶ 而在全球内容托管市场占据主导地位的世界级巨型网络服务提供者以及一大批小型应用程序开发商、初创企业和其他创新者，为了增强自身市场地位可能会作出让步。第二，关于"大量"一词，需要根据具体情况进行个案判断。❷ 其主要取决于一系列未详尽列出的标准，例如服务的类型、受众和规模、上传的受版权保护的作品类型以及适当且有效的手段的可用性及其给服务提供者带来的成本。

2. 侵犯版权的免责条件

《指令》第 17 条第 4 项规定，在线内容分享服务提供者应对未经授权的向公众传播（包括向公众提供）受版权保护的作品和其他内容的行为承担责任，除非服务提供者证明其有以下行为：（1）已尽最大努力获得授权；（2）在权利人提供相关且必要信息后，根据专业尽职的高行业标准，已经尽到最大努力来确保特定作品或其他内容不被获得；（3）履行"通知—删除"义务；（4）按照根据专业尽职的高行业标准，尽最大努力防止已经被通知和删除的内容今后不会被上传。虽然欧盟单独列出一项（第 8 项）明确表示本条的适用不应导致一般的监控义务，但其实质上却要求服务商对用户上传的所有内容进行永久、全面的过滤，以便识别任何侵犯版权的内容并将其删除。换言之，它要求对所有用户进行不定期的全面监控，因为没有其他方法可以达到这个目的。因此，欧盟将此条款称为"过滤器条款"。❸ 这要求各互联网内容平台提前审查上传文件，并阻止上传者上传受版权保护的内容。若互联网内容平台未能通过"上传过滤器"及时阻止侵权内容的上传，则平台需为具体用户的侵权行为承担法律责任。但是作为妥协，欧盟针对初创企业和中小企业制定了较为宽容的责任机

---

❶ Wilson Gunn. The European Parliament Votes in Favour of Controversial Changes to EU Copyright Law ［EB/OL］.［2019－10－25］. https：//www. wilsongunn. com/who－we－are/news/2018/09/19/the－european－parliament－votes－in－favour－of－controversial－changes－to－eu－copyright－law/.

❷ Hogan Lovells. Navigating Article 13 of the Copyright Directive ［EB/OL］.［2019－10－25］. https：//www. lexology. com/library/detail. aspx？g=b9c890fe－9036－4dac－9293－7b5095afd94d.

❸ Monica Horten. Copyright Directive upload filter－why EU Council should block it ［EB/OL］.［2019－10－25］. http：//www. iptegrity. com/index. php/internet－threats/1101－eu－copyright－directive－upload－filter－10－reasons－to－block－it.

制，免责条件仅限制在了第一步和第四步。除此之外，《指令》还排除了对合理使用的过滤，并且要求在就移除或阻止访问用户上传的作品或其他内容发生争议时，服务提供者应提供有效且迅速的投诉和救济机制。

3. 过滤义务的设立原因

欧盟曾在 2000 年《电子商务指令》中规定成员国不应当对服务提供者强加一般的监督义务，但是也指出并不涉及特殊情况。欧洲其他国家对于服务提供者是否要承担监督义务的态度与之如出一辙，例如法国 2004 年《数字经济信任法》规定，服务提供者不应当强加"防止或制止非法行为"的监督义务只存在于一般情况，这种谨慎的态度为立法机关和司法机关在特殊情况下指令服务提供者履行监督义务留有余地。《指令》基于多种原因提出了更为严格的服务提供者的过滤义务。第一，数字技术进步。欧盟委员会也认识到自 2001 年开始实施的版权法已经无法跟上当前信息技术前进的脚步，必须通过改革才能适应和促进数字经济的发展。第二，"通知—删除"规则导致利润分配不公。服务提供者往往援引只起到事后救济作用的"通知—删除"规则作为免责条件，进而不加节制地利用未经许可便被用户上传的作品免费获利，而真正对作品享有人身权与财产权的著作权人无法获得报酬。基于对"通知—删除"规则庇护服务提供者及两者之间"价值鸿沟"的不满，欧洲新闻出版机构、唱片公司和独立内容生产者中的 227 名出版商联名签署要求加强保护著作权的公开信，呼吁必须采取数字监管措施对互联网科技巨头进行法律约束，迫使互联网公司将一部分收益转移给内容创作者。❶

二、我国引入过滤义务的必要性

在我国当前的相关法律规定中，判断网络服务提供者著作权侵权依据主要是"通知—删除"规则与注意义务，但是这并不能有效地保护著作权人利益。根据中国裁判文书网检索，自 2018 年 9 月 9 日正式挂牌至 2019 年 8 月 8 日，北

---

❶ 吴琼. 欧洲议会将表决新版权法案［EB/OL］.［2019-03-19］. http：//www.legaldaily.com.cn/international/content/2019-03/19/content_ 7804430.html.

京互联网法院受理的各类案件已达20 140件，其中涉及互联网著作权权属与侵权的案件达16 138件，占案件总数的80%。我国目前"通知—删除"规则的弊病愈发凸显，网络服务提供者所承担的注意义务水平也亟待提高。在过滤技术逐渐成熟的今天，我国有必要引入欧盟《指令》中关于过滤义务的相关规定。

1. "通知—删除"的固有缺陷

以往抑制网络盗版主要依靠"通知—删除"模式，很多服务提供者基于此盾牌而免于承担侵权责任。❶ 例如，在现有新浪公司被诉的司法判决中，法院多认定新浪公司不构成侵权。第一，新浪公司作为信息存储空间服务提供商，并非侵权内容的制作者和上传者，对侵权内容不具有事先审查的义务；第二，涉案微博并非处于新浪微博的显要位置，在收到通知后删除涉案微博，已履行适当注意义务，因此不存在过错。❷ 但是，实践证明"通知—删除"规则的固有缺陷并不能有效抑制网络盗版。第一，成本高。在数字化时代，内容产出速度正以不可想象的速度增长。根据美国学者一项关于"通知—删除"制度的实证研究，多数服务商仍以人工审查的方式处理侵权通知。❸ 面对海量的数据，人工审查成本无疑是高昂的。第二，效率低。互联网传播具有即时性、聚合性的特点，打破了传统传媒时间和空间的限制。权利人在发出要求服务提供者删除或阻断的通知时，可能大量的网络用户已分别上传至了不同的平台，导致权利人沦于对分散的传播行为进行无休止的反复通知中，将有限的精力用于维权上也不利于新作品的创造。第三，被动性。应当从事某种行为，如果没有从事该行为，则需要承担法律责任，此为法律义务。而"通知—删除"规则下的删除并不是一种义务，仅仅是一种应当从事的行为。避风港规则的设立是为了提供一种免责条件，只有在收到权利人通知时采取合理删除措施，才可以援引免责。❹

---

❶ 田小军，郭雨笛. 设定平台版权过滤义务视角下的短视频平台版权治理研究［J］. 出版发行研究，2019（3）：66.

❷ 北京市海淀区人民法院（2018）京0108民初4227号民事判决书。

❸ Urban J M, Karaganis J, Schofield B. Notice and Takedown in Everyday Practice［J］. Social ence Electronic Publishing.

❹ 李小草. 网络平台的"避风港"适用及多重规制研究——兼评我国首例小程序侵权案［J］. 北方法学，2019（5）.

这种不科加服务提供者义务的程序提供的是一种事后停止损害和制止损害扩大的补救措施，其导致服务提供者的这种被动地位并不能满足保护版权人利益的要求。

2. 注意义务程度要求提高

即使网络服务提供者援引了"通知—删除"规则，也并不意味着因此而不承担任何责任，平台过错与否也是亟须判断的重要因素。服务提供者对其经营或者管理的网站负有合理注意义务，既是服务提供者主张不存在侵权过失的依据，也是主张责任豁免时的必要条件。❶ 注意义务的本质功能在于要求服务提供者对立法者明确而具体要求其从事或不得从事的行为，在日常经营活动中客观上尽到必要的注意和谨慎即可。❷ 这种不要求服务提供者采取主动措施积极预防侵犯著作权行为发生的注意义务，并未对我国正在崛起的网络版权产业产生根源性保护作用。相反，许多法院对网络服务提供者的著作权义务要求却越来越高，例如，审查注意义务、审查过滤义务、预防侵权发生的注意义务等。被喻为对今后的著作权纠纷案具有划时代作用的现代快报诉今日头条案中，二审法院认为今日头条"未尽到充分的审查义务，未通过设置关键词等方式对合作网站不享有信息网络传播权的作品进行筛选甄别，进而避免所链接的作品不是其合作网站自有版权作品情况的出现"。❸ 诸如此类判决已经凸显要求服务提供者在内容发布前采取积极措施对控制的信息进行监管与选择，加强网络平台审查责任的现实需求。

3. 过滤技术提供更优解

相比成本高、效率低、过于被动、义务程度较轻的"通知—删除"模式，预防或阻止盗版的版权内容过滤技术提供了更优的解决办法。目前的内容过滤技术主要包括：基于网络内容标签的过滤（只能作为辅助过滤手段）、基于统一资源定位符的过滤（数据库管理与维护难度大）、基于不良关键词的过滤（错误

---

❶　梅术文 . 网络知识产权法：制度体系与原理规范 ［M］. 北京：知识产权出版社，2016：363.

❷　于波 . 网络中介服务商知识产权法律义务研究 ［M］. 北京：法律出版社，2017：159.

❸　江苏省高级人民法院（2018）苏民终 588 号民事判决书。

率较高、过滤范围窄）及基于智能内容分析的过滤。❶ 基于智能内容分析的版权过滤方法操作流程大致是：建立正版作品数据库—获取特定平台上正在传播的内容—使用数字技术对内容进行深层理解、特征对比—决定阻止传播或继续访问。这种技术运用于文字信息过滤已经相对成熟，关键在于第一步基于上传的作品内容而建立的特征信息库。针对图片、音频、视频的过滤技术也在不断进步，世界上最大的视频网站 YouTube，于 2013 年就开始启动能对用户上传的内容（包括视讯和音讯）进行自动扫描的 Content ID 版权内容过滤系统。首先，版权人提供给 YouTube 一份参考档，形成版权资料库；其次，Content ID 全天 24 小时无休地利用热图（Heat map）的方式，将正在上传的影片与数据库对比；最后，若是对比结果是影片与正版数据库中的作品相符，则版权人可以自行决定处理方式，选择对拥有的版权内容采取禁播、跟踪或获利。❷ 此种过滤系统为我国的内容生产平台提供了技术参考，例如，2017 年 1 月，"今日头条"为支持优质原创短视频创作，宣布引入 Content ID 系统。❸

数字化时代不仅为侵犯著作权提供了便捷，也催生了更多保护权利人的技术手段。由网络服务提供者承担过滤义务，可以在解决侵犯版权问题上发挥高速性、准确性、源头性的优势。第一，审查速度惊人。过去对服务器处理海量数据的速度抵不上互联网上传作品速度的担心，将随着技术的突飞猛进而消失。2018 年 3 月，曙光天阔双路 I620-G30 服务器集群经测试，在 30TB 数据规模上每分钟可完成大数据查询次数为 3383.95 次，为全球最快。❹ 第二，准确率高。美国 Audible Magic 公司曾宣称 Content Identification 系统在处理数以亿计的图片、

❶ 孙艳，周学广. 内容过滤技术研究进展［J］. 信息安全与通信保密，2011（9）：45.

❷ YouTube 怎么判断影片内含侵权内容？解析 Content ID 内容识别系统的原理及功能［EB/OL］.［2019-10-26］. https：//www.iteye.com/blog/justcoding-2318879.

❸ 头条号推"原创倍增"计划，原创短视频将获"号外"推广资源［EB/OL].［2019-10-26］. https：//www.jianshu.com/p/fcce5eb18c51.

❹ 王月焜. 全球大数据查询速度最快服务器在滨海新区诞生［EB/OL].［2019-10-26］. http：//tj.people.com.cn/n2/2018/0322/c375366-31371180.html.

视频和音频信息时的过滤准确性超过 99% ，而错误率低于 10^{-6}。[1] 第三，从传播源头阻断侵权行为。"通知—删除"规则的被动性已被诟病已久，要求服务提供者采取过滤措施可以弥补"通知—删除"规则的被动性，通过积极的作为预防侵权的发生，要比事后救济更能激励更多原创作品的迸发。采取一定技术措施的版权内容过滤义务既不会过于增加平台的负担而阻碍产业的发展，又可以在鞭策其开发更为先进的审查机制以保护著作权的同时，完善自身的应用系统走向长远。

三、过滤义务的具体制度构建

面对内容过滤技术的进步，原本的"通知—删除"规则和注意义务显示出了其内在的弊病与滞后。因此，让网络服务提供者承担对版权内容更高的事先过滤义务已是必然之义。但如何构建过滤义务的具体要求就需要根据我国的国情来进行探讨。所要设立的网络平台的版权内容过滤义务，不是指平台方对网络上的一切作品予以监测、过滤，而是建立在著作权人与服务提供者达成协议的特定情形下的义务，即过滤措施一般仅针对权利人所指定的作品。

1. 不承担普遍的过滤义务

（1）网络服务提供者属于帮助侵权。著作权法是协调著作权人私权利益与社会公众公共利益的平衡工具。[2] 互联网环境下的著作权保护需要对著作权、网络服务提供者与使用者三方进行利益考量和平衡调整。创作者为了维护其作品的完整性及获得应得乃至更多的利润，希望被给予更加有效的保护。网络服务提供者作为著作权人与网络用户之间的信息传播中介，不仅提供了技术支持，还利用作品从事营利性活动，从中获得不菲的利润。网络服务提供者作为著作权人与用户发生利害关系的联系枢纽，决定了其需要通过积极作为的方式来保

---

[1]　Positive identification rates exceed 99% with false positive rates of less than 10-6. Accurate identification occurs with clips as small as 5 seconds ［EB/OL］.［2019 - 10 - 27］. http：// www. audiblema gic. com/why-audible-ma gic.

[2]　冯晓青. 著作权法的利益平衡理论研究 ［J］. 湖南大学学报（社会科学版），2008（6）.

护上传至其平台上的作品。但这并不意味着网络服务提供者是全部或主要的义务主体，用户是侵犯著作权人权利的根源，服务提供者实施的只是帮助侵权行为。不能将用户应当承担的责任全部寄希望于服务提供者的过滤措施，要求对所有作品承担普遍的过滤义务过于加重其负担，也不符合利益平衡原则的价值追求。

（2）侵犯用户隐私。普遍的过滤义务强制服务提供者对经其传播的作品及信息进行全面扫描与审查，势必存在未经许可收集储存用户信息及侵犯隐私的风险，欧盟法院也在 Scarlet 案中解释了过滤系统的三个运行步骤：辨认用户电子通信—辨认正版作品—屏蔽不合法文件，其中将会主动对每一个用户的所有数据及内容进行实质性分析。❶ 由此服务商可能将其他服务信息推送至收集到的网络协议地址，不合理地侵犯用户隐私。❷ 网络服务商若是只在特殊情况下承担过滤义务，首先负担不会过于繁重，只需审查一定数量的特定作品。其次仅在经权利人申请或是其他特定情况下扫描用户信息。

2. 网络服务商与著作权人合作模式

既然网络服务提供者不承担普遍的过滤义务，那么在何种情况下启动对上传作品的审查及过滤措施是必须要明确的问题。建议著作权人与网络提供者通过签订付费启动协议的方式进行合作。

（1）著作权人发出要约。由著作权人支付合理费用向服务提供者申请启动过滤系统，除了上文提到的防止过于加重平台负担以外，还包括以下原因：第一，过滤技术是将用户正在上传的内容与正版数据库中的作品相对比，前提在于正版数据库的建立，只有在著作权人提供作品复制件、权属证据及其他信息的情况下才可继续后续操作；第二，基于费用和一些时效性作品保护的考虑，一部分著作权人可能选择通过"通知—删除"规则保护其作品，不应强制通过过滤系统对这些作品进行审查。

（2）服务提供者承诺。赋予版权人自愿原则并不意味着服务提供者必须与

---

❶ ECLI：EU：C：2011：771.

❷ 谭洋. 在线内容分享服务提供商的一般过滤义务——基于《欧盟数字化单一市场版权指令》[J]. 知识产权，2019（6）：73.

之签订协议。过滤义务的性质仍然是民法侵权责任中的注意义务，而未被赋予行政强制责任，提供者仍然拥有自由交易的权利。若是对启动要求来者不拒，按照我国每年作品产出的速度也将超出数据库可承载的阈值。但是如果选择拒绝，当发生侵犯著作权并导致权利人损失时，服务提供者则承担帮助侵权责任。另外，提供者也不是永远处于被动地位，当平台出现重复侵权或是明显侵权的情形时，应当不经与著作权人达成付费协议，对侵权内容进行处置，这也是注意义务中对"应知"的规定内容。

3. 技术过滤与人工干预相结合机制

技术过滤系统无法识别版权例外与限制是目前反对设立过滤义务的主要意见之一。但是"过滤技术是否损害用户基本权利，不在于技术是否会犯错，而在于它犯错的几率"。❶ 建立技术过滤与人工干预相结合机制，发挥过滤系统的效率性和人工干预的补充性作用，可以大大提高过滤的准确性，也为错误屏蔽提供救济手段。

（1）技术审查—人工审查程序。对于上传作品数量较少的平台，可以分为两个阶段。第一阶段为技术审查。当系统通过对上传的内容和正版数据库相对比，相似度达到特定阈值时，进入第二阶段人工审查阶段，由专门人员人对系统筛选出来的内容审查是否侵权或是否构成合理使用。此种方式可以同时发挥技术普遍审查的高效率优势与人工特殊审查的高准确率优势。

（2）技术过滤—通知恢复程序。对于上传作品数量较多的平台，服务提供者可以选择让过滤系统先一律将对比结果判定侵权的作品屏蔽、删除，再向用户发出侵权通知。用户若有异议，向服务提供者提出启动人工审查程序并发送相关证据信息。此时服务提供者通过专门特殊人员审查，有理由确认不构成侵权则恢复已屏蔽删除的内容并及时以书面方式将相关信息送达著作权人。若确认构成侵权，则服务提供者结束审查程序，由用户选择是否与著作权人协商争议解决方式，或是直接提起诉讼。

---

❶ 崔国斌. 论网络服务商版权内容过滤义务［J］. 中国法学，2017（2）：227.

四、结　语

不可否认，"通知—删除"规则在过去的 20 年里在保护著作权人利益和维护知识产权市场秩序方面发挥了不可磨灭的作用。但是随着数字经济和互联网技术的迅猛发展，已不再能够有效保护社会公众的公共利益和著作权人的私人利益。要求在线内容分享服务提供者利用逐渐成熟的过滤技术，对上传至其平台的作品承担版权内容过滤义务便是时代的需要。

网络服务商版权内容过滤义务之构想

黄　钰[*]

内容提要　网络服务商的版权内容过滤义务是网络知识产权保护义务的新类型，具有事先预防性质，相较于事后救济的传统保护方式有着明显的优势。版权内容过滤义务的起点在于保护合法利益的法律原则和维护公平公正的权利情感，与注意义务论视角下的审查义务不同，版权内容过滤义务呈现出非主动性和较强的私法义务属性。版权内容过滤义务的制度构建需要考虑多个层面，包括理论基础、影响因素、错误救济等，具体来说，版权内容过滤义务关涉权利义务的生成逻辑、义务主体的确定、可行性论证、具体执行的程序、标准与期间以及对错误履行的补救措施。版权内容过滤是一项有效且可行的措施，有助于在权利人利益（公众利益）和网络服务商利益（网络产业利益）之间达致新的平衡。

关键词　版权内容过滤义务；理论基础；影响因素；错误救济

互联网的发展和渗透，在人类文明的现实领域之外划定了一片虚拟空间。网络世界拓展了人类活动的边界，同样也引发了现实世界的权责问题在虚拟维度中的展开。就版权保护而论，网络传输的即时性、高效性，使得信息的传导和分享呈现出前所未有的自由和迅速；而信息传输者的可匿名性增加了对信息来源和流向追踪的困难。凡此种种，加之不法利益的驱使，网络环境中的版权

---

*　黄钰，南京理工大学知识产权学院研究生。

侵权始终难以得到有效的遏制。统观网络版权保护的整体生态，网络服务商是网络空间中起到信息传递、联通作用的节点和闸门，扮演着"守门人"的角色。以往，我国的网络服务商对网络版权保护多采用被动的事后手段，在保护权利人利益和净化网络环境的效果上不尽如人意。随着技术手段的进步和国家打击网络知识产权侵权力度的加大，人们开始寻求以技术手段实现网络版权侵权事先预防的可能性。具体而言，网络服务商承担版权内容过滤义务，能够将网络盗版等侵权行为预先排除在网络环境之外，体现了网络版权保护的一种新思路。

一、网络版权保护需要新"血液"

本文所称网络服务商采取中义说，指排除了网民的，通过信息网络从外界获取或向外提供信息或以此为目的提供相关服务的机构。❶ 一般来说，网络服务商作为网络信息传导的阀门，需要承担版权保护的义务似乎是天经地义的。那么网络服务商的版权保护义务的来源为何呢？从法哲学角度看去，法律的基本目标是保护公民的合法权益，维护社会秩序，这是法的目的论。每一项义务终会对应一项权利（或需要保护的利益），法定义务的缺位并不必然使权益保护陷入无序状态，因为规则具有延伸性和自适应性，在合法权益受到侵害或有受侵害之风险时，人们会自觉寻求救济，这种行为可称为"权利应激反应"。

信息之于网络犹如沙粒之于沙漠，网络服务商面对海量的信息，要想完全履行网络版权保护的义务几乎不可能实现。在网络环境中，网络服务商的版权侵权责任会因为侵权行为和侵权对象的广泛性甚至无限性而变得过分沉重，在责任承担的方式和数额上变得无所适从。为了帮助网络服务商纾困，基于利益均衡的考量，著名的"避风港原则"在 2000 年美国《数字千年版权法》（DMCA）中得以确立，该条款的核心内容是限缩特定情形下的网络服务商的侵权责任。我国法律在对避风港原则进行移植时，有选择地舍弃了替代责任等内容，重点规定了网络服务商在间接侵权中的免责要件，即"通知—删除"程序。

---

❶ 梅术文. 网络知识产权：制度体系与远离规范 ［M］. 北京：知识产权出版社，2016：353.

某种程度上看，整个"避风港"规则可以视作对网络服务商无力承担事先预防义务的一种谅解和恩赦。而我国后来颁行的《信息网络传播权保护条例》则更进一步，"避风港"几乎成了完全意义上的免责性条款，从中能够解读出的对网络服务商进一步的事先预防义务的期待仅限于部分学者在解释论环节所能推导出的一星半点。面对互联网产业的蓬勃发展和网络版权保护的新形势，我国的"避风港"规则无论从立法论角度还是解释论角度都需要进一步审视。

从现实情况说，事先预防措施在版权保护的过程中拥有比较大的优势，网络环境中信息的流向难以控制，侵权行为的影响也会在庞大复杂的信息流中指数倍地扩大，相对于事后补救的措施，扼住侵权的源头显然是一个更好的选择。另外，随着近年来技术手段的不断进步，要求网络服务商承担相应的事先预防义务有了一定的技术基础。目前，技术手段已成为解决网络环境中侵权问题的重要方式，❶ 基于内容过滤技术的版权内容过滤义务是事先预防义务的一种具体形式，也是网络服务商承担网络版权保护义务的新方向。

二、版权内容过滤义务的理论基础

知识产权是法律赋予人的权利，无论从个人维护权利的主观属性上说，还是从上文提到的法的基本目的来说，都可以为网络服务商履行版权保护过滤义务提供法理依据。而版权过滤义务作为版权保护义务的具体化，在其来源和属性上也有自己的特点。

近些年国内的版权保护一直盛行"注意义务"的论点。从主观层面上看，注意义务要求行为人具有谨慎、小心行为的态度，行为人仅对存在主观过错致损的情形承担责任。对"过错"的不同解读衍生出对版权保护中注意义务的不同立场。

以吴汉东教授为代表的注意义务论者认为，《侵权责任法》第 36 条第 3 款规定的网络服务商帮助侵权认定条件中的"知道"包括"明知"和"应知"两

---

❶　国家版权局. 2016 年中国网络版权保护年度报告［R］. 2017-04.

种情形，与《信息网络传播权保护条例》第 23 条规定一致，❶ 那么只要网络服务商根据现实情况应当知道侵权情形的发生而未采取补救措施的，即认定具有过错，需要承担连带赔偿责任。这一推导实际上是将帮助侵权行为中的"过错"认定为包含故意和过失，而此处的"应知"而不为，则成为注意义务的直接依据。

注意义务论对网络服务商的版权保护提出了更高的要求，在目前的技术条件下，网络服务商要承担的注意义务主要体现为审查义务。本文所称内容过滤义务在注意义务论的视角下，可归于审查义务的一部分。又根据其法律依据的属性不同，网络服务提供者的审查义务存在公私法上的义务之分。❷ 目前我国的私法规范并没有设置网络服务商的审查义务，对网络非法信息的审查、筛选、屏蔽和过滤主要基于公法性规范。公法对审查对象的规定比较笼统，具体法律条文见于《网络安全法》第 47 条的原则性规定以及《互联网信息服务管理办法》第 15 条的"九不准"，其中要求审查"侵害他人合法权益"的信息存在与私法规范审查义务对象的重合，也是版权内容过滤义务的指向所在。

另外，根据审查义务所涵盖的范围和可实施性，审查义务之模式又可分为普遍审查、非普遍审查和特殊审查三种❸，我国学术界多持非普遍审查义务的立场，相对中庸的态度给审查义务的法律设置留下了比较大的余地，对网络服务商而言同样友好。根据这一分法，版权内容过滤义务因为其手段和审查对象的特定性应当归于特殊审查，属于法律特别规定的审查类型。

反对注意义务论的学者认为，网络服务商帮助侵权责任中的"过错"并不包含过失，故从"应知"而不为的过失中推导出注意义务属于张冠李戴，存在逻辑上的错误。而且从解释论的角度看，网络服务商的注意义务并没有在《侵权责任法》中得到明确的体现，注意义务论者的论述属于对法律条文的过度解

---

❶ 吴汉东. 知识产权多维度解读 [M]. 北京：北京大学出版社，2008：29.

❷ 姚志伟. 技术性审查：网络服务提供者公法审查义务困境之破解 [J]. 法商研究，2019（1）. 依笔者拙见，在强调审查义务的积极作为性层面上，单纯从义务的法律根据上对审查义务进行公私法划分意义不大。

❸ 谢光旗. 普遍与特殊：网络服务提供者的著作权审查义务 [J]. 西部法学评论，2013（3）.

读，并不符合法律解释的正当性、合理性要求。在否定了注意义务存在的前提下，网络服务商对信息的审查义务自然失去法律基础，注意义务论下的版权内容过滤义务也不存在。

就笔者观点，网络服务商承担网络版权保护的义务自不待言，将版权内容过滤义务纳入注意义务论下的审查义务，有待商榷。如王迁教授所言，审查义务和内容过滤义务虽然有着紧密的联系，但是在性质和实施方式上是有区别的，不可简单地由一方吸纳另一方。注意义务论推导出的审查义务是一种主动义务，包含国家和社会对知识产权客观秩序价值的一种尊重和积极保护的态度。主动义务应当有法律法规的明文规定，否则网络服务商在缺乏导向和规制的情况下难以有效履行。与此相对，版权内容过滤义务并不是或者说不完全是一项主动义务，因为版权内容过滤义务的启动主要是以权利人的申请为前提。而且从来源上说，版权内容过滤义务应当作为一种契约义务看待。如果借用姚志伟博士的分类法❶，权利人的权利要求、网络服务商义务指向的对象都属于私法规范调整的范围，与公法上的审查义务有较为明显的区分度。而且从强制力上说，相比于法律明确规定的审查义务的不可违抗性，版权内容过滤义务并不属于强制性义务，网络服务商基于经济考虑有时并不会依据权利人的申请进行内容过滤。

总的来说，版权内容过滤义务（包括以后可能出现的其他权利的内容过滤义务）和审查义务应当作为同位阶的义务予以并列。而对注意义务论的批驳不无道理，笔者倾向于认为不能将注意义务作为前两者的共同学理基础，应摒弃对注意义务推导的执着，直接按照两者共同的事前性将两者并列于网络版权保护义务中事先预防义务之下，能够省去众多烦琐的分类和争论。

三、版权内容过滤义务体系构建的影响因素

版权内容过滤义务的具体执行涉及多方面因素，具有一定的复杂性，下面

---

❶　姚志伟. 技术性审查：网络服务提供者公法审查义务困境之破解［J］. 法商研究，2019（1）.

将分点进行叙述。

1. 负有版权内容过滤义务的服务商类型

对网络服务商的分类有详有略，并不完全统一，但大致上可以总结为如下几种。

（1）传输通道服务提供者。传输通道服务提供者是网络通信和信息交互等基础通信服务的供应商，此类网络服务商对信息或数据具体内容的掌控能力最低，一般情况下都被排除在内容过滤义务主体之外。就正常情况来说，要求基础通信服务商承担内容过滤义务并没有多大的可行性，但是要求其对传播骚扰、黄暴等不法信息的通信账户进行名单过滤应当是合理的。面对垃圾短信骚扰电话频繁扰民的状况，基础通信服务商应该也有能力承担一定的责任，保护用户在通信上的安宁。此处的名单过滤应当是建立在用户反馈机制上的重点审查，并采取一定措施对不法账号施加制裁。

（2）信息存储空间服务提供者。此类网络服务商包括网络云盘以及微博等各类社交平台。其中云盘服务从传统的单一信息传存存储服务已经发展为集合信息共享、社交功能等在内的开放式平台。功能复杂化使得云盘从单纯的信息存取介质演变为盗版盛行、黄暴信息泛滥的重灾区。❶ 信息存储空间服务商是国家网络安全监管最主要的对象之一，也是版权内容过滤义务最主要的承担者，需要对文字、图像、音频、视频等在内的所有涉版权内容进行过滤，负有最重的义务。

（3）定位服务提供者。定位服务包括搜索和链接两种，通过用户提供的关键词或者目录对相关信息实现定位，不同的搜索和链接对目标信息的掌控程度并不相同。一般来说，像百度、谷歌等搜索引擎提供目录搜索服务，通常对关键词和搜索条目的文字或图片要承担过滤义务；针对百度文库等自建数据库，百度公司则要对此承担更高的义务。深层次链接对目标信息的抓取能力明显强于一般链接（浅层链接），网站经营者需要基于对 URL 的过滤技术对深层链接承担更高的过滤义务。另外，关于目前越来越多的聚合式平台，尤其是视频聚

---

❶ 司晓 . 网络服务提供者知识产权注意义务的设定［J］. 法律科学（西北政法大学学报），2018（1）.

合平台通过嵌套链接方式将第三方视频提供给用户的行为值得更多的关注。

（4）网络交易平台服务提供者。国内典型的网络交易服务平台如京东、淘宝等，对登录己方平台的卖方所提供的商品信息负有内容过滤义务。根据国家网络安全保护法律，网络交易平台一般需要对平台上的交易信息进行主动审查，对销售国家禁止或限制流通的商品以及其他不符合法律法规商品的卖家要进行查封，保障绿色安全的网购环境。在这种情况下，主动审查的未竟方面，可以由权利人主动申请内容审查和过滤，并作为常规的补充手段。

2. 义务履行的可行度

版权内容过滤义务的实现需要相对成熟的技术手段的支撑。当前使用的内容过滤技术主要包括四种：基于 PICS 的过滤、基于 URL 的过滤、基于不良关键词的过滤、基于智能内容分析的过滤。❶ 对于文字和链接等文本性内容的过滤，前面三种手段已经完全可以胜任，经过多年的改进，过滤错误率偏高的问题已经得到较好的补足。对于图像、音频和视频等内容的过滤，需要借助智能内容分析手段。国外的 Content ID 系统是目前对图像、音视频内容识别精确度最高的软件，数年前就已经被 FaceBook 公司采用，用以对其社交平台上的不良信息进行筛选。我国的内容过滤技术在自主研发和借鉴外国的基础上也有了长足的进步。目前，包括百度网盘、爱奇艺、新浪微博等在内的众网络服务商已经能够按照《网络安全法》的要求，对不良信息进行筛选、屏蔽和删除，说明相对高效和高准确率的内容过滤技术逐步成熟，内容过滤义务的履行有了技术支持。

从经济角度看，目前大型互联网服务商一般能够具有负担内容过滤义务的经济实力和管理能力。从社会成本控制的角度说，由这类大型网络服务商承担内容过滤义务，也是成本最低的选择。❷ 而对于中小型网络服务商来说，在没有外部支持的情况下，承担内容过滤义务的成本对企业的运营会产生成本上的压力，这一部分网络服务商在义务履行情况上的预期并不乐观，也是今后制度设计和运行中需要关注的一个问题。

---

❶ 陈晖，朱甫臣 . 量子引领通信保密新方向［J］. 信息安全与通信保密，2009（8）.
❷ 于波 . 论网络中介服务商承担审查义务的合理性［J］. 兰州学刊，2014（1）.

3. 数据库构建和成本分担

除识别技术以外，构建版权作品数据库是内容过滤的另一核心要素。网络环境中的信息瞬息万变，网络服务商需要的版权作品数据库体量必然十分巨大，加之版权信息更迭带来的数据库维护和更新上的需要，使得建立数据库对一般网络服务商来说显得困难，建立、维护数据库和运行内容过滤过程的成本问题，同样横亘在各网络服务商的心头。

版权数据库的构建模式主要有三：第一，网络服务商自建。这种设计的好处是充分考虑到具体网络服务商的个性，可以根据经营模式、服务对象的不同而有针对性地构建专属的版权作品数据库，在进行内容审查过滤时也不会失之泛泛，增加无谓的负担。当然这种模式的缺点也很明显，即各网络服务商各行其是，无法形成较为完整的涵盖各领域的版权作品数据库。在这种情况下，权利人若拥有多种不同类型的作品，就可能要递交多份内容审查申请给不同的网络服务商，不仅程序重复繁杂、效果未必能得到保证，对社会资源也是一种浪费。第二，由政府牵头，建立统一的共享数据库。国家政策扶持和资金注入能够有效地激励网络服务商积极履行内容过滤义务，也能在财务上缓解网络服务商的压力。但同样要意识到，构建统一的共享数据库可行性，在当下看来仍然是个未知数。第三，由专门的社会组织分类别地构建版权作品数据库。按照作品的类别分别构建相应的数据库，能够有效降低统一数据库在信息采集和检索上的压力，也能避免检索过剩带来的资源浪费。专门数据库的建立、维护和监管可由专门的著作权集体管理组织进行。网络服务商、权利人和著作权集体管理组织间关于内容过滤事项的各项事宜可由三方协议进行约定，权利人的作品授权和过滤申请直接提交管理组织。此种模式需要关注的是在著作权集体管理组织的介入下，网络服务商和权利人在整个体系中的准入、准出和权利义务的设定问题。

笔者认为，基于市场竞争和利益导向的原理，在网络服务商自建的模式中，开发和运行成本是最低的。但是这一模式要想持久有效地运行，更要求各网络服务商之间的合作和信息共享，特别是经营同类型版权产品的网络服务商[1]之间

---

[1] 叶亚杰. 网络服务商版权内容过滤的基本设想与实现路径 [J]. 编辑之友（版权栏目），2018（9）.

的合作，共担数据库运行的成本最为经济。而对于第三种模式，著作权管理组织可以借鉴国外同类性组织的收费模式，向网络服务商和权利人收取适当的内容过滤服务费用。为了避免无理纠缠，收费可以采用"预付—审查"的模式，针对内容过滤的要求进行必要性的审查，将侵权风险极低的或重复的申请退回，提高效率。

4. 过滤标准的选择

不同类型作品的过滤标准有其特殊性，目前我国并没有内容过滤的国家标准，相关的行业标准也不统一。有学者认为，针对文本的过滤可以参考中国知网在论文查重中使用的"连续 13 字"相同认定为抄袭的做法，以 500 字为截取区间，采用多段截取的方式进行判定，在认定侵权的比例层面，以 80% 相似度为宜。

对于音频作品，可以借鉴商标侵权实务中对声音商标近似判定的通行标准，在此基础之上予以放宽，以一分钟为区间分段比较，音轨总体相似度达到 80% 即可认定为侵权。而对图像和视频作品来说，判定的标准更为复杂，就笔者的视野来看，目前可供参考的较为准确的标准还比较少，可以参考 Content ID 系统的对图像和视频识别的相关标准进行确定。

5. 内容过滤义务的执行

网络服务商版权内容过滤义务的启动以权利人申请为一般情况，以主动发起为例外。❶ 这种启动方式直接反映了版权内容过滤义务的非主动性，同时极大减轻了网络服务商对信息流进行监控的负担，权利人需要对自己的权利安全状况施以更大的注意，并在侵权风险的发现和跟踪上承担更多的责任。在这一点上对权利人来说似乎要求过高，因为经常性地对自己作品版权的权利风险进行跟踪会极大地耗费权利人的精力，在能力上也有所不逮。所以在进行内容过滤义务申请时，权利人通常只需要提交版权授权文件和权利受侵害或有受侵害风险的初步证据即可。

由于版权内容过滤义务是一种契约性质的义务，所以在义务的履行上并不具有强制性。出于成本的考虑，网络服务商或承担内容过滤义务的第三方会对

---

❶ 崔国斌. 论网络服务商版权内容过滤义务［J］. 中国法学，2017（2）.

权利人提交的申请进行必要性审查，认为侵权风险极低或不存在，或过滤成本过分高于侵权造成的损害的，网络服务商可能选择拒绝进行内容过滤。网络服务商的这种必要性审查也是内容过滤义务所隐含的对权利人利益和网络服务商利益的平衡机制，出于利益平衡和情理之虑，适当赋予网络服务商一定的自主选择权是被默许的。为了防止网络服务商借此推诿和消极对待正当的内容过滤请求，需要对内容过滤义务的履行取一个相对可行的判断标准。笔者主张，可以化用法经济学理论中的汉德公式，认为当实行内容过滤义务的预期成本小于侵权可能性和预期侵权损失的乘积时，网络服务商应当承担内容过滤的义务，且不得向权利人主张支付实际运行成本和预期成本之间的落差而造成的额外费用。

在实际执行阶段，内容过滤义务存在履行期限的问题。网络环境中的信息时刻都在更新，履行时长过短，将有可能达不到权利保护的目的；但过长的持续时间又可能给承担内容过滤义务的主体带来相当沉重的负担，造成履行困难。一般认为，版权内容过滤义务不是一次性义务，在技术条件和成本允许的情况下，内容过滤义务应当长期进行，权利、义务双方也可以自行约定每次内容过滤的持续时间。权利人负有权利信息变更的通知义务，在版权转让或权利丧失的情况下，原则上要终止内容过滤。

四、履行错误的救济

作为一项新型的知识产权保护义务，网络服务商因为缺乏经验，或因为技术手段本身的缺陷而在实际履行中容易造成某些错误，使权利人的请求无法得到满足，亦可能直接、间接地损害了他人的合法权益。当错误发生时，需要一定的措施予以救济。

当内容过滤措施错误地将他人拥有版权的作品认定为侵权作品而加以屏蔽、删除时，一般的办法是由被过滤作品的权利人向内容过滤义务的履行主体提起申诉。申诉机制的构建包含几个重要环节：第一，在对作品实行过滤的同时，向被过滤作品的权利人发送内容过滤通知，包含原始权利人信息和执行过滤的机构。第二，申诉请求要送达执行方和原始权利方，并以三方对话的形式进行处理。一般来说，因为技术原因造成的明显的过滤错误，过滤执行方可以一经通知立即对被过滤作品进行恢复。第三，对于难以确定的过滤错误，在三方难以达成一致的情况下，应由被过滤作品的权利方提起版权确认之诉。

五、结　语

现代知识经济以互联网为技术依托，以健全的知识产权保护体系为规则庇护。网络版权保护的大势要求网络服务商承担版权内容过滤义务，内容过滤技术的进步也为权利义务的设定和践行奠定了技术基础。本文对网络服务商版权内容义务所做的初步构思，立足于现状，并借鉴了诸多学者的成果，是针对网络知识产权保护实践的一次大胆而粗浅的尝试。让版权内容过滤义务在实践经验中不断得到完善，是制度构建的应有之义，也是公共利益的期冀。

新闻聚合平台著作权侵权损害赔偿标准探讨

韩英昂*

内容提要　目前著作权法中关于侵犯著作权损害赔偿的条文并不能有效地解决新闻聚合平台侵犯著作权的问题。新闻聚合平台侵犯著作权的损害赔偿标准应体现此类作品的实际市场价值，对此应在坚持全面赔偿的理念下，引入市场定价模式，运用市场定价的方法计算权利人的实际损失，针对各种类型的作品，构建作品的市场量化标准，用市场价值检测权利人损失计算的可行性，对制止侵权行为、维护正常的市场交易秩序发挥作用。

关键词　著作权；损害赔偿；市场价值；聚合媒体

一、问题的提出

现代快报诉字节跳动著作权纠纷案于 2015 年无锡中院做出判决后，字节跳动公司对一审判决不服，向江苏高院提出上诉。历经三年，江苏高院做出终审判决，认定侵权事实成立，维持了一审判决，4 篇稿件赔偿现代快报 10 万元人民币，另承担 1.01 万元合理诉讼成本。❶ 平均一篇文章 2.5 万元的赔偿金额，在类似案例的判决中开了先河，而且是省高院做出的终审判决，这引起了新闻界和法律界的普遍关注。

---

    * 韩英昂，南京理工大学知识产权学院研究生。

    ❶ 参见（2018）苏民终 588 号民事判决书。

无独有偶，2019 年 3 月，《南方周末》的官网公告显示，其起诉新浪网侵犯著作权案一审胜诉，本次案件涉及 76 篇不同类型的文章，判赔数额合计 36.58 万元，经过计算标准为"千字千元"。虽然判赔额和现代快报诉今日头条案相比低了不少，但在类似的案件中，这已经算是较高的判赔标准。对此，也有业内人士认为，本案中的判决并没有达到《南方周末》的预期标准，赔偿数额仍然不高，这其中对新浪网的影响力、侵权作品的传播范围及其主观过错等因素没有充分考虑。

新闻作品侵犯著作权的赔偿数额问题始终困扰着立法者和司法裁判人员，既是重点问题，也是难点问题，对于近年来越来越多的新式媒体非法转载传统媒体作品的案件，赔偿额更是没有明确的标准可以参照。一篇新闻稿件的字数一般相差不大，但是法院的判决金额却大相径庭，从千字百元到千字千元，再到上述案件的一篇 2.5 万元，有些判决金额甚至不足以支付原告为维护权利的合理开支。

二、新闻聚合平台的发展对著作权损害赔偿制度带来的挑战

现代科技的快速发展带来了信息传播方式的改变，新闻聚合平台依靠自身先进的技术优势，改变了报刊、广播、电视等传统媒体的新闻传播方式，通过抓取、链接等计算机技术向公众提供新闻阅读服务。新兴媒体侵犯著作权案件涉及的主要是作品的信息网络传播权，一般责任承担方式主要是金钱赔偿，目前我国对此类侵权行为的规定主要集中在《著作权法》第 49 条，涉及三种计算方式并规定了使用的先后顺序。然而，目前法律规定的赔偿计算方法在新闻聚合平台著作权侵权案件中并不完全适用，新闻聚合平台的发展给现行著作权损害赔偿制度带来了如下挑战。

（一）全面赔偿难以适用

《著作权法》第 49 条规定的实际损失和侵权所得两种损害赔偿的计算方式是民事侵权中全面赔偿原则的体现。然而，在涉及新兴媒体侵犯著作权案件时，这两种方法均难以适用。

1. 实际损失

在实务操作中，著作权人的实际损失计算有诸多困难。由于网络环境下新闻作品的传播和有形物消费"二选一"的竞争性不同，聚合平台对新闻作品的转载使用并不影响传统媒体的发行发布。一篇新闻类作品被诸如"今日头条"等新兴媒体不正当转载或者剽窃，纸质媒体的发行量或数字媒体的浏览量是否会因此减少以及减少的数量都难以计算。尤其是在网络化时代，民众了解新闻的渠道越来越多，除了新闻聚合平台，还有自媒体、社交网络等。权利人很难证明发行量或浏览量的减少是单纯由于侵权造成的。因此，权利人在庭审中几乎没有证据可以证明自己的损失大小，即使有证据，证明力也很小，被告能够很容易抗辩。这也就导致实际损失在现在的规则下几乎没有适用的空间。

2. 侵权所得

用侵权人的侵权获利来弥补权利人受到的损失，既是对原告实际损失数额难以计算的一种补充，也是对被告的一种惩罚，即法律不允许这种以违法取得的不当利益。但是现阶段与著作权相关的条例、司法解释中对此类计算方式没有更加细致的规定。实际判决中运用这一条的多以侵权产品销量与利润相乘来计算，但在新闻聚合平台侵权中按照违法所得计算赔偿数额也存在很大的问题。首先，新闻聚合平台的信息来源渠道多样，在进行整合后免费向大众提供，几乎不存在收费的问题，几乎难以调查获取侵权人的实际违法所得。其次，聚合平台的收益来自广告和流量，对于一篇新闻作品的获利贡献，难以和其他作品区分开来。最后，平台自身也往往不会公布自己所获利益，甚至隐瞒篡改财务报表，权利人难以取得对方所获利益的证据，法院也就无法适用侵权所得来判赔。

（二）法定赔偿说理不足

新闻聚合平台普遍适用法定赔偿标准。有学者统计了北京市所有法院2002~2013年对于侵犯著作权赔偿损失的计算方法，其中法院酌定占比达到了98.1%。❶ 虽然作为兜底的第三种计算方式——法定赔偿——被广泛适用，但是

---

❶ 谢惠加. 著作权侵权损害赔偿制度实施效果分析——以北京法院判决书为考察对象[J]. 中国版权，2014（14）.

法律对如何计算只规定了"根据侵权行为的情节严重"来判断具体数额的大小。至于侵权行为的情节具体是指什么，有没有详细的标准？相关法律法规都没有给出解释，只是散见于各地法院的指导意见中，并没有强制力。

从司法实践来看，由于立法上关于法定赔偿考量因素的不明确，法院对赔偿数额的说理部分不够充分，容易引起争论。以"新闻作品、著作权"为重点词在裁判文书网查找 2015~2018 年的相关案例，共下载 13 篇判决书。考察判决书的赔偿数额部分，除常州中院对考量因素和赔偿数额的关系做了详细的论述，❶ 其余案例的表述均为：本院综合考虑涉案作品的类型、独创性程度高低、篇幅、字数、侵权人行为的性质和造成的后果、相关稿酬标准，酌定赔偿数额。可见，法定赔偿参考标准采用格式化语言，在说理部分对于考量因素如何影响判决，各项因素的贡献率大小都没有做出说明，而是直接给出应当赔偿的数额，这样的裁判结果不能够完全说服原被告双方。

（三）赔偿数额普遍过低

一直以来，新兴媒体著作权侵权案件的判赔数额低也是实务操作中存在的主要问题之一。一篇新闻报道的产生需要采访、选择、编排、取舍等步骤，要有前期的培训和经验的积累才能完成，因此，一篇新闻作品的创作成本和一般文字作品是有巨大差别的。一些法院从创作成本角度出发，以《使用文字作品支付报酬办法》中的相关文字作品报酬规定作为新闻作品判赔的标准，显然不符合实际情况。赔偿数额过低的结果既体现不出权利人的现实损失数额，对制止侵权行为也毫无作用，最后导致权利人失去维权动力，新闻作品著作权侵权现象也屡禁不止。

三、市场定价模式引入的必要性

知识产权作为可以为权利人带来经济效益的私权，随着市场经济的发展已经是重要的市场交易因素之一。在知识产权强保护的时代背景下，要让侵犯知

---

❶　参见（2017）苏 04 民初 123 号民事判决书。

识产权的行为付出符合此项权利市场价值的数额。如果损害赔偿不能反映知识产权的市场价值，就会损害创造创新的积极性，从而扭曲市场竞争和损害资源配置的效率。❶ 为了保护作为知识产权重要组成部分的著作权，促进作品的利用和市场交易，损害赔偿就必须体现作品的实际市场价值，让权利回归市场，让价格由市场决定。

（一）市场定价模式的含义

市场定价模式是指作品的利用和交易由市场机制来决定，而不是由垄断者或者政府制定价格。具体到新闻聚合平台侵犯著作权的赔偿数额上则是根据作品在市场中的价值确定权利人的具体损失。在这种模式下，著作权人的损失通过作品的市场价值体现，只有通过市场才能反映商品的真正价格，司法确定赔偿时应当认真研究涉案作品的市场价值，尽可能准确地反映市场价格。❷

（二）影响市场定价的因素

1. 作品

作品本身的优质程度是作品市场价值最重要的因素。一篇优秀的文章不仅体现了作者为此付出的劳动，更是一种能力的体现。质量上乘的作品能给权利人带来巨大的经济效益，其传播范围会越来越广，速度也会更快，对提高作品市场价值形成正面良性循环。

市场上同类作品的数量多寡同样是影响市场价值的一大原因。在媒体融合发展的过程中，新闻作品的同质化现象越来越严重，同类作品的增多导致作品市场价值随之打折。相反，一些制作精良的独家栏目，可替代性较弱，市场价值也就相对较高。

2. 权利人本身的影响力

在新闻媒体领域，作者会签署合同将作品的著作权转让给所属单位，或者

---

❶ 孔祥俊. 知识产权司法保护中的全局、市场和发展观念［J］. 人民司法，2014（1）.

❷ 蒋华胜. 知识产权损害赔偿的市场价值与司法裁判规则的法律构造［J］. 知识产权，2017（7）.

其创作本身就属于职务作品。像《人民日报》这样的主流媒体通过长期的积累获得了一定的声望，发布的文章质量高、可信度强。大众在阅读新闻时往往会根据新闻作品的来源判断其权威性、真实性。有声望的新闻单位能对著作权价值产生正面的影响，也是其发布的文章能够获得超额利润的一项重要因素。而地方晚报之类的媒体发布的文章无论是在传播范围还是作品质量上总体来说相对较低。对于自然人是著作权人的情况同样如此，不同作者的知名度不同，知名度高的作者创作的作品受读者欢迎，其市场价值则相对较高。

3. 作品的阅读、收藏、转发等情况

借助技术的进步，一篇新闻作品的浏览、收藏、转发等情况都可以被记录。这些网页显示的指标直接反映了聚合平台上哪些作品更受欢迎，能够得到读者的真正欢迎。一篇被广泛转发的文章能创造的价值相对较高，而发表之后无人问津的文章市场价值自然较低。

4. 侵权时间

侵权的时间点以及持续时间是影响作品市场价值的因素之一。对于新闻作品来说，由于其具有一定的时效性，在发表的短时间内（一般 24 小时）可以产生一定的经济利益。在腾讯公司起诉今日头条的一系列案件中，法院在判决中明确指出新闻类作品具有一定的时效性，一般受关注的时间较短，新闻作品带来经济价值的大小和发表后的时间长短有关。❶ 在新闻作品刚发表后就被违法转载所造成的经济损失与发表 24 小时后被转载造成的损失显然不同。

四、新闻聚合平台侵犯著作权的损害赔偿市场定价

（一）市场定价模式的构建

对于新闻聚合平台侵犯著作权的损害赔偿标准应坚持以市场为主导，通过法院判赔体现作品应有的市场价值。将新闻作品的版权以商品的性质来看待，使对其保护的程度和应有的市场价值相适应，才能弥补权利人的损失。结合新

---

❶　参见（2017）京 0108 民初 22602 号民事判决书。

闻聚合平台转载新闻作品的特点，本文拟运用无形资产价值评估中的市场法，对新兴媒体侵犯版权的损失判赔数额模型进行构建。

运用市场法计算作品的实际价值有一定的前提：一是作品交易的环境要相似，二是涉及的作品类型要相似，三是要有相似作品的交易记录。从新兴媒体侵犯著作权损害赔偿的角度来说，由于新兴媒体通过网络传播作品，而网络没有地域性和时间性的差异，可以认为具有相似的市场环境。在信息爆炸时代，市场上充斥着大量的作品，相似作品很容易找到。而相似作品的交易记录是比较难得到的数据，针对这一问题，笔者认为可以和解结案的赔偿额或者对已经结案的类似案例进行总结归纳，对原被告双方影响力情况、侵权行为的情节严重程度、涉案作品的质量高低等因素进行大数据统计分析，将统计出的数据作为后续计算的参照。

根据市场法的适用要求以及作品的市场价值主要影响因素，尝试构建以许可费为基准，以交易主体、作品质量等因素为调整系数的计算模型，得出市场定价模式计算新闻聚合平台侵犯著作权的赔偿额公式为：

$$赔偿额 = \frac{可比案例价格之和}{可比案例数} \times 质量系数 \times 时间因素 \times 影响力系数$$

运用市场法计算涉案作品价值的准确性前提是找到合适的基准值，这有赖于建立庞大的数据库进行分析，选取相近的可比案例。以新闻聚合平台上的作品为例，相似案例的选取应按照权利人知名度相近、涉案作品类型相近的要求，以减少计算的偏差。对于涉案作品质量、侵权时间、阅读量等调整系数，采用 5 分制打分，打分标准需要由新闻界理论和实务专家、法官和法学学者根据大数据的分析、类似判例的交易价格进行评估、综合得出具体分数，最终计算出市场价值下权利人的实际损失。

（二）市场定价模式的应用分析

1. 文字类作品

文字类新闻作品是最常见也是被侵犯最多的一类新闻作品，因此以文字作品为例对市场定价模型进行检验。按照付酬办法，传统文字作品的价格计算标准是 80~300 元/千字，同时考虑相关因素。但是新闻聚合平台涉及的文字作品不同于传统的图书、杂志，按照稿酬付费显然不能满足损害赔偿的要求，无法体现新闻作品的市场价值。而运用市场定价模式计算文字作品的市场价格具有较高的可行性，文字作品有着可以量化的字数标准，随着新闻聚合平台的快速发展，也有较多的交易记录和案例。因此，可以上文列出的计算方式计算文字作品的市场价值。

以开篇的现代快报诉今日头条案为例，运用市场定价对权利人的实际损失进行计算。首先，选取可比案例，为保证计算的准确性，尽量选取权利人影响力相近和涉案作品相似的案例。其次，模拟法官、新闻界人士对影响因子给出具体数字，求得调整系数。最后，将以上数据代入公式进行计算。本次选取四个案例，分别是《南方都市报》诉网易新闻案判赔 1800 元，腾讯诉今日头条案判赔 800 元，腾讯诉一点资讯案判赔 1200 元，今日头条诉搜狐案判赔 1000 元。针对开篇案件作品的相关调整系数进行假设，质量系数为 1.5，时间为 1，影响力因素为 2。根据市场定价模型计算，《现代快报》诉今日头条案中每篇涉案新闻作品价值约为 3600 元，和每篇 2.5 万元判决金额相去甚远。当然，这其中有模型的不准确之处和可对比案例的片面性，但也说明上述案件的判赔数额并不完全符合作品的市场价值，其实际判决结果值得商榷。

2. 摄影作品

对于摄影作品，已经形成较为稳定的许可交易市场。蓝牛仔影像、华盖这些掌握大量高清原创图片的公司，其网站图片的许可授权机制已经十分成熟。定价因素复杂而多样化。虽然图片市场的定价体制十分复杂，但是类似的交易许可较为成熟，在运用市场法进行定价时类似案例容易选取。如果应用上述计算，由于单纯的摄影作品不涉及字数，所以公式中字数影响系数可直接设置为 1，其余影响系数不变，由此计算出摄影作品的市场价值，可供原被告双方以及法官作为赔偿额的参考。

3. 视听作品

视听类的作品近年来受到用户的特别青睐。一方面，视听作品本身具有时长短、信息量大的特点，这种特点符合现代社会碎片化阅读的习惯；另一方面，移动设备的普及和流量资费的降低也促进了视听作品的广泛传播。

视听作品侵权赔偿计算的问题相对于文字作品和摄影作品更为复杂，由于视频时长不一，独创性程度以及创作成本差别较大，案件的判决也差别很大，实践中曾出现 2 分钟的短视频被微博转发做广告使用判赔 50 万元的案例。所以，视听类作品的相似案例难以选取，还需要个案认定。在计算损害赔偿时，应该重点考量视频时长、制作的难易程度、播放量等因素。在判定赔偿时还需要注意涉案视频的上传时间，新闻视频具有时效性，在原创视频首次上线后的 24 小时内转载和 48 小时后转载造成的影响是完全不同的，会对视听作品的使用、被告的获利、播放量产生很大的影响。

五、结　语

著作权法中罗列的三种损害赔偿的计算方式，在新闻聚合平台侵权案件中均出现适用困境。为实现制止侵权和满足传统媒体和新兴媒体之间的利益平衡，让作品回归市场交易，保护智力成果，鼓励创作高质量作品，在侵犯著作权涉及赔偿损失案件中形成既尊重市场经济的价值规律又符合法律规定和判赔裁判规则。❶ 根据新闻聚合平台侵犯著作权的特点运用市场法构建损害赔偿的市场定价模型，为司法实践中确定权利人实际损失提供计算方法，为裁判文书的说理部分提供支撑。对于无法运用市场定价模型的作品要个案认定，但不能偏离作品的市场价值，以此提供符合损害赔偿本质特点的解决方案。

---

❶ 桂舒．知识产权侵权损害赔偿定损方法探讨——以知识产权的市场经济价值为视角 [J]．东南司法评论，2014.

关于视频聚合平台著作权侵权问题的实证研究

陈冰慧[*]

陈冰慧*

内容提要 视频聚合平台著作权侵权问题处理一直是我国著作权领域的灰色地带，而由于在司法实践中归责原则的不统一和侵权认定标准的不统一，同案不同判频频出现。究其原因，是因为视频聚合平台扩大了作品的传播范围，由此引起利益失衡，而平台没有承担相应的法律责任，利益分配模式发生了变化，侵犯了信息网络传播权。对此，应当明确视频聚合平台的注意义务，在实践中确立实质性呈现标准，并完善市场竞争机制。

关键词 视频聚合平台；实证研究；实质性呈现标准

一、问题的提出

近年来由于新技术高歌猛进，互联网、广播电视网和电信网三方呈现出由互不干扰到统一化的态势。互联网电视突破了传统数字电视只能在特定时间观看固定内容的劣势，使用户可以在选定的时间自由点播内容，而视频聚合平台正是实现该功能的核心工具。视频聚合平台类似于"百度"，通过抓取分散的链接，在自己的平台上对视频网站上的资源内容进行呈现，从而解决了由于分散的视频资源不得不下载多个软件的用户痛点。因此，内置了视频聚合平台的互联网电视相比被动而无法自由选择点播节目的传统数字电视，更具有交互性、

---

* 陈冰慧，南京理工大学知识产权学院研究生。

开放性和可操作性，备受用户青睐。但是，因其对斥资购买视频著作权的视频网站带来不良影响，视频聚合平台经常涉诉。而在司法实践中，由于认定侵权标准的不统一、法律规定的缺位等问题，关于视频聚合平台著作权侵权问题也常常引发争论。

二、视频聚合平台侵权问题的司法实践现状

为了考察实践中对视频聚合平台的相关判决，2019 年 10 月 20 日笔者通过北大法宝进行案例检索，在关键词栏键入"视频聚合"的关键词，去掉无关案例 7 个，共整理出相关案件 40 起，通过比较案件的具体实施，以及法官对案件的裁判理由和最终的裁判结果，结合相应的法律条文，可以总结出在司法实践中法院对我国视频聚合平台的态度。

（一）法院对视频聚合平台侵权问题的判决

筛选的相关案件中，认定信息网络传播权被侵犯的案件有 20 起，认定信息网络传播权未被侵犯的案件有 10 起。另外不同的是，6 起案件仅认定构成著作权侵权，而有 4 起案件法院运用反不正当竞争法对其进行保护。由此可知，法官对于视频聚合平台的看法并不一致，也没有形成一边倒的观点，各种观点都有人支持。

判断视频聚合平台构成侵权的主要原因是其抓取链接的行为构成间接侵权。举例来说，在杭州版宝知识产权代理诉广东新媒信息产业、快播科技案中，法院认为即使涉案作品在播放时网页地址栏显示为第三方网站，但两被告提供的搜索技术及其服务性质，本身引发侵权可能性较大，其也未举证证明其采取任何技术措施防止侵权，因此，认为视频聚合平台在主观上存在过错，同时客观上存在帮助侵权的行为。❶ 在早期的案件中，如三大唱片公司曾因此而起诉，法院认为被告的行为是直接侵权。因为被告是商业公司，其为了利润已经自发筛选了内容，诱导用户在下载时仍然以为是在被告的网页上，因此被告的行为属

---

❶ 参见浙江省杭州市西湖区人民法院（2016）浙 0106 民初 2570 号民事判决书。

于向公众传播的行为。❶

　　也有法院认为视频聚合平台不构成侵权。例如，在北京易联伟达诉腾讯计算机案中，法院明确提出采取客观的服务器标准来判断其行为是否侵权，而否定了用户感知标准或实质性替代标准这两种从主观角度出发的判断标准。法院认为是乐视网主动将涉案内容上传网络，而非被告。被告的行为属于技术中立，因为被告只提供了链接服务。❷

　　从信息网络传播权人的分销逻辑出发来分析盗链技术性质，在实践中也作为法院认定被告侵权的判决理由出现。法院认为著作权人的盈利在于通过控制著作权的授权对作品进行议价，将作品的传播范围掌控在相应范围内。在腾讯公司与千杉公司因此产生纠纷时，法院认为被告的行为使涉案作品传播范围的扩大，损害了著作权人应有的控制权，从而间接导致著作权人利益受损。❸ 视频聚合平台虽然只是提供了链接服务，但是这一服务会导致原视频网站的传播范围被迫扩大，吸引用户流量，甚至能够替代原视频网站，因此构成对原告信息网络传播权的侵犯。

　　在司法实践中，《反不正当竞争法》中的相应条款也得到了适用。这是因为某些网站并没有对涉案作品享有独占许可权，为了维护自身权益，不得不通过反不正当竞争法来对自己进行保护。在搜狐公司诉乐沃科技公司案中，法院认可搜狐公司的经营模式，即观看免费视频必须观看一定时长广告。同时法院还认为被告乐沃科技公司对原告搜狐视频网站的技术保护措施和通过本公司开发的猎鹰软件提供原告视频内容下载的行为系明知，从而构成不正当竞争。❹ 但必须注意，《反不正当竞争法》的适用情形十分有限，并且仅仅适用一般条款。由于没有特殊条款的规定使得相应的判决丧失了特殊性，因此著作权法仍然是规制相应问题的最优解。❺ 而且视频聚合平台和涉案作品的著作权人是否存在竞争

---

❶　参见北京市第一中级人民法院（2008）一中民初字第 5043 号民事判决书。

❷　参见北京知识产权法院（2016）京 73 民终 143 号民事判决书。

❸　参见广东省深圳市南山区人民法院（2016）粤 0305 民初 3636 号民事判决书。

❹　参见北京知识产权法院（2018）京 73 民终 1465 号民事判决书。

❺　刘名. 视频聚合网站内嵌链接行为现有法律规制的不足与改进——以新制度经济学视角为路径［J］. 电子知识产权，2015（10）.

关系也是存疑的。❶

（二） 对视频聚合平台侵权问题司法现状的评述

1. 归责原则不统一

在分析视频聚合平台侵权问题时，可以看出法院对此侵权问题的归责原则不统一，主要有过错原则和无过错原则。例如在小蚁互动网络科技公司诉飞狐公司案中，法院就认定视频聚合平台在主观上存在利用原告网站进行获利的故意，违背了商业道德，而且被告行为和损害结果之间存在因果关系。❷ 这一案例即是通过过错原则进行了判定。不仅如此，部分法院还详细论证了视频聚合平台的主观过错，提出了判断依据。如在同方公司起诉快乐阳光传媒公司案中，法院提供了两种判断依据：一是被告针对原告的网站提供了搜索链接；二是被告针对原告网站的内容进行了分类整理，并展示在节目列表中。通过这两个行为，法院认为被告在主观上就有侵权的故意，并且是构成帮助侵权。❸

无过错原则却不同，只要客观上权利人受到了损害，行为人就必须承担相应的责任，法院并不考察行为人的主观过错。如在泰捷软件技术公司诉霖合文化传播公司案中，法院在判断行为人的行为构成侵权后，直接认定视频聚合平台构成侵权，并没有在判决书中进一步阐释行为人的主观过错。❹

2. 侵权认定标准不统一

通过解读案件的判决，可以得知我国法院对于视频聚合平台是否侵权的判断，主要存在以下三种标准。

第一，服务器标准。这一标准即若要构成直接侵害信息网络传播权，必须满足将视频作品以上传网络或者其他方式置于向公众开放服务器的条件。❺ 条件如下：一是涉案作品存储在侵权人的服务器上，二是侵权人通过网络上传涉案

❶ 何琼，吕璐．聚合型平台深度链接侵权问题研究——以设链方与被链方的关系为进路［J］．电子知识产权，2015（10）．

❷ 参见北京知识产权法院（2017）京73民终25号民事判决书。

❸ 参见北京知识产权法院（2015）京知民终字第559号民事判决书。

❹ 参见广东省深圳市中级人民法院（2015）深中法知民终字第1369号民事判决书。

❺ 王迁．网络环境中的著作权保护研究［M］．北京：法律出版社，2011：336-368．

作品使公众可以获得，三是公众用户对涉案作品存在可接触性。❶ 服务器标准被世界多数国家所认可，有其合理性。这种标准是从客观的角度出发，将视频聚合平台的行为解释为技术服务，从而认定其行为不构成侵权。这实际上是将信息网络传播权做了概念限缩，从而对链接技术做了扩大解释，服务器标准可以充分保护技术使用者，但是对著作权人的合理利益的保护存在欠缺。❷

第二，用户感知标准。这是从用户主观的角度判断视频聚合平台的行为是否构成侵权。一般法院在判断时常常考虑的因素有播放涉案作品是否发生页面的跳转，播放过程中是否能在页面中注意到视频实际来源地，以及是否在其页面明显地向用户提醒了涉案作品的真实来源。然而，用户感知标准适用存在很大的问题。即将用户的主观感受来代替对客观侵权行为的判断，意味着将商标法上的"消费者混淆或误认"引入了著作权侵权问题的判断。❸ 但是，消费者权益保护和经营者的商誉问题不是著作权法所应重点关注的对象。同时，用户感知标准的判断要件也存在问题，只要简单的声明就可以撇清责任，从而逃脱规制，这无法达到设立该标准所欲达成的目的。

第三，实质性呈现标准。这一标准同样认为视频聚合平台的行为构成侵权。同时，认定其构成直接侵权。视频聚合平台的行为未经原权利人许可，而且通过加框链接的方式利用他人拥有著作权的作品，在自己页面上直接向公众提供服务，因此构成对他人作品的直接利用。❹ 实质性呈现标准实质上将立法规定的信息网络传播行为的内涵进行解构，认为其应为作品的提供和展示两部分。根据这个定义，视频聚合平台的行为不仅提供了作品，还通过网络对侵权作品进行了展示，因此构成侵权。❺ 这种标准也得到了一些学者的赞同，认为在认定信息网络传播方面，这种标准是目前最合理的标准，但是仍未完善。❻ 实质性呈现

---

❶　马晓明．网络视频深度链接侵权定性再探讨［J］．中国版权，2015（4）.

❷　李芬莲．著作权法视野下视频聚合行为法律定性的思考［J］．法学杂志，2017（3）.

❸　刘家瑞．为何历史选择了服务器标准——兼论聚合链接的归责原则［J］．知识产权，2017（2）.

❹　崔国斌．加框链接的著作权法规制［J］．政治与法律，2014（4）.

❺　崔国斌．得形忘意的服务器标准［J］．知识产权，2016（8）.

❻　冯晓青．视频聚合平台盗链行为直接侵权的认定［N］．人民法院报，2016-08-03.

标准看似对著作权人的利益进行了更严格的保护，但同样会带来对技术使用者要求过高的缺陷。而且通过对实质性呈现标准从本质上进行分析，也是从作品传播的角度对侵权行为进行分析，仍然是对用户感知标准的强化。还有，同用户感知标准类似之处在于无法避免其缺陷性，若法院仅采取主观标准，容易使被告逃脱规制；若法院仅将聚合链接核心技术模式作为侵权要件，容易导致视频聚合平台承担过重的责任。❶

三、视频聚合平台著作权争议问题的原因

视频聚合平台之所以在司法实践中存在争议，不仅是因为网络环境下产生的新技术与旧制度的不匹配，也是因为视频聚合平台打破了原有的利益格局，故而引起了学界的探讨。

1. 视频聚合平台扩大了作品的传播范围

涉案作品的著作权人将视频许可给特定的视频网站进行播放，其盈利方式即在于此，同时也能够控制作品的传播范围。而视频聚合平台未经著作权人的许可，使得大量的未经付费或许可的用户通过视频聚合平台获得了作品。客观上，视频聚合平台的行为扩大了作品的传播范围。

对这一行为的规制是否属于信息网络传播权的范围，需要从信息网络传播权的性质进行分析。权利穷竭是著作权法的一项重要规则，但在信息网络传播权中却没有相关的规则。因此，从一个侧面证明了这一点：信息网络传播权不适用于权利用尽原则。视频聚合平台通过扩大作品传播范围的方式，对原权利人拥有的作品实施了侵权行为。❷

2. 视频聚合平台导致利益失衡

根据著作权法的立法目的，可知著作权的利益平衡非常关键，著作权制度的设计是为了平衡著作权人和出版者、传播者之间的利益。而视频聚合平台的出现，原有平衡的格局再一次被打破，从而陷入了纠纷的旋涡。

---

❶ 吴同. 视频聚合平台的直接侵权认定探究［J］. 电子知识产权，2016（5）.

❷ 李芬莲. 著作权法视野下视频聚合行为法律定性的思考［J］. 法学杂志，2017（3）.

无论学者对视频聚合平台中的核心即深层链接有何种争议，这种商业模式都会导致利益不均衡。❶ 视频聚合平台通过抓取定向链接的方式，利用技术工具和"技术中立"的原则打破了原先运行的利益分配格局。如果仅仅认可技术中立论而忽视了对视频聚合平台的规制，会加剧利益分配不均的局面，从而侵害著作权人的利益，任由其发展更会导致大众对知识产权的漠视，从而导致无法实现激励创新的目的，著作权法也会失去其作用。

3. 视频聚合平台没有承担相应责任

正如孟德斯鸠所言，"自由是做法律所许可的一切事情的权利。若公民能够公然违反法律，那么每一个公民都能被允许此种自由，因此就无法谈及公民是否拥有自由了。"❷ 绝对的自由便是不自由，对视频聚合平台过度放任会产生相应的问题。

即使互联网的宗旨是鼓励开放性，但不可默许对其一味地开放。视频聚合平台没有承担相应的责任，没有尽到合理的注意义务，而且还在抢夺原链接网站赖以生存的流量，受到打击在所难免。同时，如果没有涉诉，视频聚合平台也没有对其侵权行为支付相应的对价。

四、对视频聚合平台侵权问题的建议

技术是把双刃剑，虽然视频聚合平台类似视频行业的搜索引擎，方便了视频的查找，但是仍然带来了许多著作权的问题，因此需要对其进行完善。

1. 明确视频聚合平台的注意义务

如前所述，在未涉诉的情况下，视频聚合平台没有承担相应的责任，也未明确自己的注意义务。当视频聚合平台提供的链接会使用户的页面迅速跳转至原视频链接的网站，即仅仅提供普通链接，而用户知晓其实际来源时，视频聚合平台此时只需要承担一般的注意义务即可。而当视频聚合平台提供的是深度链接，即不会在播放时跳转，不会为原链接网站带来流量和收益，用户无法知

---

❶ 王迁．论提供"深层链接"行为的法律定性及其影响［J］．法学，2016（10）.

❷ 孟德斯鸠．论法的精神（上册）［M］．北京：商务印书馆，1979：154.

晓其真正来源时，视频聚合平台需要科以更高的著作权审查义务。

2. 实质性呈现标准的确立

正如上所述，实质性呈现标准能够帮助法官作出相应的裁判，认定视频聚合平台的行为是否构成侵权，因此应该在实践中得到应用。但是实质性呈现标准由于其固有的缺陷，也应当对其进行改进。

法院在司法判决时应当审查视频聚合平台中视频的来源，还要对平台具体如何展示作品的过程进行分析。通过合理的数据，包括用户流失量等合理确定视频聚合平台的侵权行为给权利人所带来的损失。只有经过合理的分析和原被告详尽地举证，才能够确立责任的分担，而非仅将聚合链接核心技术模式作为侵权要件，导致司法实践的误判。

3. 完善市场竞争机制

法律对社会实践的调整往往是滞后的，因此相应的主体需要对市场机制进行自发的调整，来解决侵权的现状。

第一，通过技术措施对作品进行加密保护。虽然大众的知识产权保护意识在增强，但是视频网站遭受侵权案件频发也有未重视著作权保护的原因。因此，权利人需要通过技术手段加强对自我的保护。我国著作权法允许通过技术措施的形式实现对自身的保护，因此视频网站科以通过改进加密方式来防止盗链。❶例如，控制作品的使用方式，许多阅读或者创作网站都已采取此类措施，防止被非法复制；或者设置访问口令，以及开发新技术防止盗链；还可以在作品的显著位置添加水印，使用户知晓视频的实际来源地。

第二，建立主体间的合作。虽然视频聚合平台往往会造成侵权，但这也是科技进步的表现，同时视频聚合平台确实为用户带来了方便，因此完全禁绝也是不合理的。❷ 随着相应诉讼的增多，对于权利人和视频聚合平台都会增加诉累，主体间进行合作往往能更加有效地满足双方的需求。对于视频聚合平台而言，双方合作能带来新的生机，防止其在被知识产权保护打压中而消亡。对于权利人而言，单一的资源导致用户吸引力下降，而各视频网站之间存在的壁垒

---

❶ 吕凌锐 . 深度链接行为民事责任的思考［J］. 中国版权，2015（1）.

❷ 陈琦 . 网络聚合平台的著作权侵权问题研究［J］. 电子知识产权，2016（9）.

也使用户怨声载道从而降低了用户体验，视频聚合平台的出现正好能解决这一用户痛点，因为它能够打破不同网站间的壁垒，实现用户利益的最大化。因此，加强主体间的合作，往往能达到更好的效果。

五、结　语

近年来，由于互联网技术的迅猛发展和法律制度的相对滞后，视频聚合平台著作权侵权问题成为著作权领域的灰色问题，也引起了学界的关注。而司法实践中由于归责原则的不统一，以及侵权认定标准的不一致，导致实践中出现了同案不同判的现象。而理论界对相关案件的解读也是百家争鸣，提出了多个适用标准，并未达成统一的意见。学界争议影响了司法实践，从而形成了相关判决司法实践不统一的情形。

而细究原因，是视频聚合平台的行为致使作品传播范围扩大，引发了著作权人与侵权者之间的利益失衡。平台的行为改变了利益分配格局，同时也涉及了对涉案作品的信息网络传播权的侵犯。对此，从法律的角度出发，应当明确视频聚合平台的注意义务，在实践中确立实质性呈现标准；而从市场的角度出发，市场竞争机制应得到完善。视频网站通过技术手段加强自我保护，同时加强主体间的合作，在市场实践中确立新的规则，这样才能既达到著作权法激励创新的目的，又能促进市场的进一步发展。

媒体融合背景下新闻出版者权利保护：以欧盟《数字化单一市场版权指令》为考察对象

张　禹*

内容提要　在互联网技术诱发的媒体融合背景下，欧洲传统新闻出版者生存困难。欧盟议会从维护市场竞争、平衡利益分配的角度出发，结合数字化单一市场战略在最新的立法中创设了新闻出版者权，以保护其传统新闻出版者的权利。我国传统新闻出版者同样面临新型聚合媒体的强烈冲击，但立法层面新闻出版者权利缺乏系统完整的保护制度，司法实践中新型聚合媒体运营模式也没有被否认，新闻出版者的权利保护问题亟待解决。从著作权立法目的和邻接权制度架构看，我国创设新闻出版者权具备正当性，可以尝试建立新闻出版者权制度，具体内容包括权利名称、权利客体、权利内容、权利限制以及保护期等。

关键词　《数字化单一市场版权指令》；新闻出版者权；利益分配

2019 年 3 月 26 日，欧盟议会正式通过《数字化单一市场版权指令》（Directive on Copyright in the Digital Single Market）（以下简称《指令》），《指令》创设了新闻出版者权这一新型邻接权，用以保护在新型聚合媒体冲击下生存日益困难的本土传统媒体。❶ 新闻出版者权并非《指令》首创，德国和西班牙等欧

---

* 张禹，南京理工大学知识产权学院研究生。

❶　知产力. 刚刚，历时两年的欧盟版权法修改经欧洲议会全体表决通过 ［EB/OL］.［2019-07-10］. http：//news. zhichanli. cn/article/8088. html.

洲国家都已经在本国法律中制定了类似的规则，由于这种权利的主要作用是让传统新闻出版者向以谷歌公司为首的新型聚合媒体收取新闻使用许可费，所以早期经常被形象地称为"谷歌税"。❶ 但上述欧洲国家在设立类似权利后，国内的反对意愿非常强烈，以谷歌公司为代表的新型聚合媒体公司拒绝支付许可费，而在相应诉讼审判中该法律也被搁置不用，使得该类权利一时陷入尴尬境地。❷ 但《指令》的通过反映了欧盟立法者对于规制新型聚合媒体、保护传统新闻出版者的坚定决心。本文主要通过分析欧盟新闻出版者权的立法背景，结合我国新闻出版者的发展现状，提出建立我国新闻出版者权制度的思路，为我国著作权制度完善提供参考。

一、欧盟新闻出版者权的设立动因

（一）横向市场竞争：传统新闻出版者劣势明显

传统新闻出版者主要以报纸、杂志等纸媒作为传播媒介，虽然一些新闻出版者正在开拓网站、客户端等适应社会发展的传播模式，但目前大都发展缓慢。新型聚合媒体是迎合当下社会快节奏、碎片化特点而产生的，它拥有庞大的新闻来源，以德国为例，"谷歌新闻"（Google News）收录了 700 份德语刊物。❸ 它还有很多方便、快捷的功能，比如随时随地、第一时间向用户推送最新热点新闻，以及通过后台筛选向用户定向发布与其兴趣相关的新闻等。在新型聚合媒体的竞争下，传统纸媒毫无还手之力，市场份额极大地被新型媒体所占据。新型媒体由于更加适应社会需求取代传统媒体似乎无可厚非，但欧洲目前的搜索市场绝大部分被谷歌公司占据，在德国，谷歌公司的市场占有率甚至超过

---

❶　梅术文. "谷歌税"的著作权意蕴及其展望［J］. 编辑之友，2017（8）.

❷　刘友华，魏远山. 聚合分发平台与传统新闻出版者的著作权冲突及解决［J］. 新闻与传播研究，2018（5）.

❸　范长军. 新闻出版者权——德国著作权法的新修改［J］. 知识产权，2015（1）.

90%，这样强大的市场控制能力，让欧洲当权者感受到巨大的威胁。❶ 更重要的是，以"谷歌新闻"为首的新型媒体占据垄断性地位后对传统新闻出版者的转型也产生了巨大阻碍。

（二）纵向利益：内容生产者与传播者之间分配不均

传统新闻出版者与新型聚合媒体之间也并不完全是竞争关系。新型聚合媒体的新闻来源大部分是聚合传统新闻出版者已采集、编排、发表的新闻，新型媒体主要起着再次传播、扩大影响的作用，传播方式也多是展示新闻标题、摘要、首段等部分并附加查看全文的原网页链接。表面上看，新型聚合媒体的做法似乎是对传统新闻出版者非常有利的，既扩大了传统新闻出版者的传播范围，又没有直接侵犯传统新闻出版者的著作权。❷ 但新闻作品的信息传递功能就是新闻作品的核心，根据新闻的写作编辑特点，一篇新闻报道的标题和首段就是对新闻信息最凝练的表达。用户在通过阅读新闻标题或首段摘要的方式获得了自己想要知道的信息后，一般不会再点击链接查看全文，所以新型聚合媒体的行为直接导致了传统新闻出版者的新闻浏览量大幅下降，收益也相应大幅减少。新型聚合媒体利用传统新闻出版者生产的内容获利，却拒绝向传统新闻出版者分享部分利益；传统新闻出版者承担了生产内容所有的成本，却由于新型聚合媒体的竞争收益一再下滑。从产业链整体来看，这种利益分配方式是非常不均衡的，长期运行的结果只能是生产者无力承担成本而倒下，失去内容来源的传播者自然也无法独立生存，最终的结果将是整个产业的崩溃。

（三）制度层面：作者权体系下新闻出版者维权困难

欧洲作者权体系产生于洛克劳动理论自然法思想，严格要求只有给予作品

---

❶ 颜晶晶．报刊出版者权作为邻接权的正当性探析——基于德国《著作权法》第八修正案的思考［J］．比较法研究，2015（1）.

❷ 对于新型聚合媒体使用新闻标题、摘要等部分是否侵犯新闻作品的著作权，学界和司法界还存在争议，一些学者认为要对新闻标题和摘要进行独创性认定，满足独创性标准的标题和摘要可以作为作品受著作权法保护，而没有独创性以及纯粹事实描述的标题、摘要则不能受著作权法保护，属于公众可以任意使用的公有资源。

独创性的人才能成为著作权的主体，即"创作人原则"。❶ 基于严格的"创作人原则"，欧洲大部分国家现行的著作权法中都否认了法人成为著作权人的可能性，因为其不可能从事创作工作。德国著作权法甚至不允许作者通过法律手续将著作权或其权能让与包括雇主在内的其他人，只能通过许可的方式使雇主在内的非创作者获得各种使用权。❷ 新闻出版者作为新闻出版业的商业组织者投入了大量的经营性成本，为新闻作品的产生提供了优渥的商业环境，但由于这种付出并不属于著作权法意义上的文化、精神性质的付出，很难获得著作权法上的直接保护。而基于雇佣合同、许可合同而产生的使用权权能受限也很难为新闻出版者提供充分的保护。

（四）国家层面：欧盟单一市场布局的战略需要

2015 年 5 月，欧盟委员会通过《数字化单一市场战略》，欧盟委员会通过该战略的目的就在于消除境内各国家间的数字市场壁垒，建立单一的数字化市场，打击美国互联网企业限制市场竞争的行为。❸《指令》的制定和通过就是欧盟单一市场建立在版权领域的重要一步。众所周知，欧洲并没有本土的大型互联网公司，在欧洲占据垄断地位的互联网公司大多是美国公司。对于欧盟来说，如果谷歌、雅虎这些美国公司在市场竞争中彻底击溃了欧洲的本土新闻出版公司，将意味着欧洲的媒体完全由美国所掌控，这对于欧洲的独立和自由是一个非常巨大的威胁。出于战略利益的需要，欧盟通过立法对于传统新闻出版者的倾向性保护，增加传统新闻出版者在市场竞争中的筹码，帮助这些企业度过转型阶段。

二、我国新闻出版者权利保护的现状考察

我国目前新型聚合媒体与传统新闻出版者之间的冲突也非常激烈。以"百

---

❶　M. 雷炳德. 著作权法［M］. 张恩民，译. 北京：法律出版社，2004：181.

❷　《德国著作权法》第 29 条第 2 款，第 31 条。

❸　腾讯研究院. 欧盟数字化单一市场战略概述［EB/OL］.［2019-07-10］. https：//www. tisi. org/Article/lists/id/3938. html.

度新闻"和"今日头条"为代表的新闻聚合平台正逐渐挤占传统新闻出版者的生存空间，截至 2018 年 6 月，我国网络新闻用户规模为 6.63 亿，其中手机网络新闻用户规模达到 6.31 亿。❶ 大量新闻消费者的流失，对传统新闻出版者的经营产生了巨大的影响，很多报纸将生存红利寄希望于裁员，还有很多的传统媒体人选择主动离职。❷ 由此可见，我国新闻出版者的处境非常艰难。

（一）新闻出版者相关权利的立法分析

我国现有的著作权法体系下，涉及新闻出版者权利的法律条款主要有两个：一是《著作权法》第 14 条规定的汇编作品，二是《著作权法》第 36 条规定的图书、期刊出版者权。从权利客体角度而言，这两条规则都不涉及新闻出版物各组成部分的著作权，汇编作品权人只享有对内容的选择和编排的权利，图书、报刊出版者也只对其图书、报刊的版式设计享有权利。而新闻聚合媒体对于新闻的利用往往都经过了其自身的选择和编排，根据对用户兴趣爱好的分析针对性地推荐新闻，所以从权利客体层面上，新闻出版者就很难以汇编作品和图书、报刊出版者权的规则禁止新闻聚合媒体使用其新闻出版物。并且从权利内容的角度，不同于同属邻接权的表演者权和录音录像制作者权，我国现有的法律和司法实践中都不承认图书、报刊出版者对于版式设计的权利包含信息网络传播权。❸ 所以，权利内容受限下，新闻出版者也无法利用图书、报刊出版者权禁止新型聚合媒体的在线使用行为。

但是，我国与欧盟作者权体系的法律不同，我国并不排斥法人或其他组织成为著作权人，职务作品的相关规则中也包含作者享有署名权，其他权利由其单位享有的规定。此外，我国法律还允许作者与单位以合同约定由单位享有除署名权以外其他著作权。所以，在权利人身份的角度，我国的新闻出版者相较

❶　中国互联网络信息中心（CNNIC）. 第 42 次中国互联网发展状况统计报告 [EB/OL].［2019-07-10］. http：//www. cac. gov. cn/2018-08/20/c_ 1123296882. html.

❷　传统媒体人的生存现状与发展前景 [EB/OL].［2019-07-10］. http：//media. people. com.cn/n1/2016/0407/c403564-28258383.html.

❸　彭桂兵. 版式设计权保护的制度重构——兼论《著作权法》第 36 条的存与废 [J]. 出版科学，2017（5）.

于欧盟的新闻出版者是有着天然优势的。当然，随着自由记者、自由撰稿人的逐渐增加，职务作品的规定也不能完全包含新闻出版物所有组成成分的作品。所以，单凭职务作品一项规则很难彻底解决新闻聚合媒体的问题。

同时，我国现行的著作权法中还有一些规定可能会对新闻出版者维权造成一定的障碍。《信息网络传播权保护条例》第 6 条对于时事新闻、时事性文章有合理使用的规定，这两项规定是对《著作权法》第 22 条合理使用情形在信息网络领域的细化，其源自《伯尔尼公约》，在欧盟《信息社会版权指令》中也有所体现。虽然一般认为这种合理使用有时效性、重大性等多重适用条件，❶ 但仍然缺乏统一的判断标准。时事新闻和时事性文章的豁免，为新闻聚合媒体无偿使用新闻出版者的作品提供了一个非常重要的依据，常常成为新闻聚合媒体应对新闻出版者侵权诉讼的抗辩理由。

（二）新闻出版者权利保护的司法实践

与"谷歌新闻"采用标题、摘要附加原文超链接这种钻法律漏洞的方式不同，我国的新闻聚合平台还处在直接侵犯著作权的低级阶段，我国执法机关和司法机关目前主要关注的问题还是新闻聚合媒体是否实施了存储和传播作品的行为，并没有否认"今日头条"作为新闻聚合媒体的运营模式的合法性，也没有要求这些聚合媒体对链接行为支付相应的报酬。❷ 此外对于何为信息网络传播行为的判定，实践中一直存在服务器标准、用户感知标准以及实质性替代标准等多种标准。❸ 侵权新闻判定标准的不确定性也为新闻出版者权利的保护增添了很大的障碍。主流意见所拥护的服务器标准从传播的复制属性出发，认为"网络传播行为"只包含"将作品上传至向公众开放的服务器"这一种行为。❹ 这种主流意见的判定标准对于新闻出版者来说显然使非常不利的，因为新闻聚合媒体可以通过深度链接这种合法的模式改变原始新闻出版物的呈现方式，很大

---

❶　梅术文. 网络知识产权法：制度体系与原理规范［M］. 北京：知识产权出版社，2016：124.

❷　梅术文. "谷歌税"的著作权意蕴及其展望［J］. 编辑之友，2017（8）.

❸　王艳芳. 论侵害信息网络传播权行为的认定标准［J］. 中外法学，2017（2）.

❹　王迁. 网络环境中版权直接侵权的认定［J］. 东方法学，2009（2）.

程度上降低原始新闻出版者的地位，使自身在新闻传播过程中处于一种主导的地位，进而对新闻出版者造成巨大的利益损害。

除了著作权法，司法实践中竞争法的相关制度规则也常被用来解决新闻聚合媒体与传统媒体之间的纠纷，有学者通过对相关司法判例的整理，认定"今日头条"在链接跳转的过程中屏蔽内容提供者原始网站上的广告，且在软件中植入自己广告的行为构成不正当竞争。❶ 但对于链接聚合方式本身，目前司法实践中很难将其直接认定为不正当竞争行为。

综上，我国针对媒体融合背景下新闻出版者权利的保护制度较欧盟创设新闻出版者权之前有着一定的优势，但仍然缺乏对新闻出版者系统完整的保护。

三、我国新闻出版者权的具体建构

（一）创设新闻出版者权的正当性

著作权法的立法目的是"增进知识和学习、留存公共领域和促进公众接近作品"，而这种目的的实现"需要在赋予作者和赋予作品使用者权利之间设计精妙的平衡"。❷ 这种平衡"包括了著作权人权利义务的平衡，创作者、传播者、使用者三者之间关系的平衡，公共利益和个人利益的平衡"。❸ 新闻出版者与新型聚合媒体虽然同属传播者，但显然新闻出版者更接近作者。新闻出版者与作者的利益密切相关，大部分的新闻作者与新闻出版者之间是雇用关系，新闻出版者的经营状况极大程度上影响着新闻作者的收入水平。在新闻生产的过程中，新闻出版者更是起到了统筹、组织的作用，相较于新型聚合媒体仅通过技术搜集整理已发表的作品而言，新闻出版者甚至可以被认为是宽泛意义上的"创作者"。而现状是新型聚合媒体利用新闻出版者生产的新闻获取了新闻作品的大部分利益，这与著作权法保护作者、促进知识和学习的目的相冲突，所以通过新

---

❶ 李陶．媒体融合背景下报刊出版者权利保护——以德国报刊出版者邻接权立法为考察对象 [J]．法学，2016（4）．

❷ 冯晓青．知识产权法利益平衡理论 [M]．北京：中国政法大学出版社，2006：106-109．

❸ 吴汉东．著作权合理使用制度研究 [M]．北京：中国政法大学出版社，2005：18．

闻出版者权的创设，平衡代表了作者的新闻出版者与新型聚合媒体之间利益分配是具有正当性的。

与狭义著作权由作者创作作品产生不同，邻接权是作品的传播者在传播过程中形成的权利。它所保护的并不限于传播者的智力成果，还包括传播者的经济投入、管理资源投入。从这个角度来讲，新闻出版者在出版新闻之前，从培训记者等一线新闻采集者开始，到组织新闻稿的撰写、选择与编排，再到最终的出版，投入了大量的资金、精力、管理资源。这些投入应当被认可，当这些投入的成果被他人没有对价地"夺取"时，新闻出版者理应拥有相应的权利以维护自己付出所获的成果。

从历史回溯的角度来看，邻接权的产生本就是传播技术进步的结果。❶ 最初便是表演者、录音录像制作者在传播技术迭代发展下，为保护自身权益寻求立法者创设了邻接权。当下，搜索聚合技术的发展导致新闻出版者的生存困难，立法者创设新的邻接权也是一种历史的承续。

从横向比较来看，表演者权、录音制品者权以及广播组织者权是目前最为普遍接受的邻接权种类。同类型的录音录制者和广播组织者可以通过自身的资金、精力投入获得相应保护自身的权利，新闻出版者拥有邻接权也应当没有太大的争议。甚至在条件合适的情形下，可以设置一项概括性的邻接权以保护所有作品传播过程中传播者的物质和精神付出。否则，"法律一方面赋予了表演者、音像制作者、广播电台、电视台及出版商以专有权利，另一方面却对图书馆、数据库持有者、网络服务提供者等的投入予以漠视，这本身也不符合法公平性要求。"❷ 作品这种无形财产的来源是作者的创作，但"如果没有他人的传播或者使用，那么无形财产的意义往往只能停留在法律层面，不具有实际价值，无形财产权人也无法实现自己的利益"。❸ 因此，从鼓励作品实现自身价值的角度出发，邻接权的设立是非常有意义的，而新闻出版者权利作为一种邻接权也是有其合理性的。

---

❶　刘春田. 知识产权法［M］. 北京：中国人民大学出版社，2009：104.

❷　刘春田，熊文聪. 著作权抑或邻接权——综艺晚会网络直播版权的法理探析［J］. 电视研究，2010（4）.

❸　吴汉东. 无形财产权的基本问题研究［M］. 北京：中国人民大学出版社，2013：68.

我国与欧盟相比还有着独特的制度和社会优势。我国的新闻聚合媒体与传统媒体都是本土企业，并不存在国家之间的斗争。此外，我国行政机关善用的柔性引导方式也比较适合引导新闻聚合媒体与传统媒体建立合作共赢的商业模式而不至于引起新闻聚合媒体剧烈的反弹。所以，从实施层面上说，新闻出版者权反而更加适合我国的制度体系和社会环境。

（二）我国新闻出版者权的制度设计

将现行《著作权法》第四章章名更改为"与著作权有关的权益"，增添"新闻出版"一节。

仿照我国现行《著作权法》对四种邻接权的规定。第 1 条应当是对于新闻出版者使用作品行为的规定。第 1 款规定，新闻出版物的出版者使用他人作品出版新闻，应当取得著作权人的许可并支付报酬。第 2 款规定，使用改编、翻译、注释、整理已有作品而产生的作品出版新闻，应当取得改编、翻译、注释、整理作品的著作权人和作品的著作权人许可，并支付报酬。第 2 条是对新闻出版者权利内容的规定。第 1 款规定，新闻出版物的出版者有权许可网络服务提供者在线使用其新闻出版物，并获得报酬。第 2 款对新闻出版物的客体作出界定，"主要由新闻性文学作品构成的合集，但也可以包括其他类型的作品或内容"并同时做出形式、目的和责任三方面要求。（1）形式要求：构成期刊或以同一标题定期更新的出版物中的一项独立内容；（2）目的要求：以向一般公众提供新闻或者其他话题相关信息为目的；（3）责任要求：由新闻服务提供者承担编辑和控制责任。

而后是对新闻出版者权的限制和保护期的规定。第 3 条规定两种新闻出版者权的排除情形，个人或非营利性使用以及个别字词和非常简短的摘录。个人或非营利性使用的排除是为了社交网络平台中的个人能够继续转发、推荐和评论。简短摘录的排除是为新型新闻聚合媒体留下适当的生存空间，以及保证搜索引擎在正常的运营过程中提供搜索结果链接和相应的描述性文字。第 4 条规定，新闻出版者权的保护期为 2 年，截至新闻出版物出版后第 2 年的 12 月 31 日。新闻作品时效性强，从新闻出版者权的立法目的来看，该权利主要是为了帮助传统新闻出版者与新型聚合媒体竞争，这种竞争发生的阶段也主要集中于新闻发布的早期，2 年保护期完全可以实现其立法目的，而 2 年以后让新闻出版物一定程度上进入公有领域也是对公众非常有利的。最后第 5 条规定，新闻出版者应当将新闻出版物在线使用许可获得的报酬适当分给新闻出版物中作品的作者，以平衡新闻出版者与著作权人的利益。

四、结　语

欧盟创设的新闻出版者权，符合欧盟社会现状和国家战略的需要，总体的方向上是在为传统新闻出版者和新型聚合媒体合作共赢制定利益分配体系，虽然目前正遭遇强烈的反对，但是真正落实后确实能解决目前媒体融合背景下传统媒体与新型媒体的冲突问题。虽然我国传统媒体现在主要面临的还是新型媒体的侵权问题，但欧盟的新闻出版者权同样能够解决我国的问题，并且在适用层面我国还有着巨大的制度优势。新闻出版者权制度应该能够成为我国媒体融合背景下新闻出版者权利的重要保障。

网络自媒体"洗稿"行为的版权法认定

张岚霄*

内容提要　网络环境下自媒体"洗稿"行为丛生，"洗稿"被诉侵权案件众多。认定"洗稿"行为的合法性有助于司法审判和规范网络自媒体行为。对"洗稿"行为进行实质分析，将其划分为狭义和广义"洗稿"行为。依据"接触+实质性相似"判定原则，采用"三步检验法"和"整体观察和感受法"融合方法，判定狭义"洗稿"行为构成侵权。对比"洗稿"行为与剽窃行为具体特征，认定"洗稿"属于高级剽窃行为。

关键词　自媒体；"洗稿"；版权；剽窃

　　网络时代的自媒体行业发展迅速，但网络自媒体行业发展的背后，隐藏着众多借用网络赚"快钱"的自媒体，这些自媒体主要通过"洗稿"的方式迅速获得巨大的利润。截至 2019 年 4 月，过去五年海淀区人民法院共审理各类涉原创作品著作权纠纷案件近 4.5 万件，占全部知识产权案件的 95%❶，其中不乏网络自媒体"洗稿"被诉版权侵权的案件。近几年自媒体"洗稿"行为泛滥，种类众多，对"洗稿"行为是否构成侵权的认定有利于今后司法审判和弥补立法不足。

---

　　* 张岚霄，南京理工大学知识产权学院研究生。

　　❶ 海淀法院：知识产权案超 90% 涉互联网侵害著作权［EB/OL］.［2019 - 10 - 22］. http：//www. ipraction. gov. cn/article/xxgk/mtbd/xwdt/201904/20190400217253. shtml.

一、"洗稿"的内涵界定

"洗稿"最早表现是一些没有新闻采编权的网站未经许可将新闻报道进行改头换面并转载，后发展为其他形式的"洗稿"❶，如文学作品、博主推文、商品介绍、音乐作品以及短视频。自媒体"洗稿"的目的主要是先将他人的作品略微修改为自己的"原创"作品，由此以自己的"原创"作品获得声誉、赞赏或推广商品的利润。以文学作品为例，众多自媒体为自身的流量或长期存活，通过将他人已发表的文学作品以"洗稿"的方式来逃避网络平台的审查，如微信平台精英说对看客 inSight 已发布的文章进行"洗稿"事件，本文简称看客 inSight 事件。❷ 因此，"洗稿"行为的对象一般是现存或者已有的他人已完成或发表作品。

"洗稿"的途径一般分为两种：一种是人为进行修改，"洗稿"人自行修改或雇用他人、专业写手修改；另一种是使用"洗稿"神器——套词软件修改。软件的操作和运行原理是对文字进行翻译互换、同义词替换❸，例如，将"开心"替换"快乐"或将"悲伤"替换"痛苦"，先将大数据的同义词输入软件中，后将文章录入后自动替换可以替换的同义词，在替换完所有能够替换的同义词后，再输出"洗"过的文章。这两种方式在现实中已然成为一条产业链，网络自媒体以此可降低付出成本，获得较高利润。❹

---

❶　张璇.自媒体"撞爆文"现象突出：所谓"洗稿"就是剽窃［EB/OL］.［2019-10-22］.http：//www.xinhuanet.com//politics/2019-03/31/c_ 1124305889.htm.

❷　参见微信公众号"精英说"于2018年12月11日发布的文章《数万回不了家的"流水线"婴儿，从"天选之子"到被嫌弃的一生，有谁能为他们的生命负责？》被投诉"洗稿"自公众号"看客 inSight"于同年11月28日发布的文章《第一批被选为"超级人类"的小孩，后来怎样了》，经微信洗稿投诉合议小组评审，以53：3的评议结果，判定被投诉文章"洗稿"，目前该文章已被自动替换成原创内容，并被移出微信公众平台。

❸　汲东野."洗稿"乱象难禁，平台出手反制［EB/OL］.［2019-10-29］.http：//www.ncac.gov.cn/chinacopyright/contents/4509/392169.html.

❹　朱慧卿.揭自媒体洗稿产业链：千字10元靠改头换面做成大号［EB/OL］.［2019-10-22］.http：//paper.chinaso.com/bkbl/detail/20181024/100020003314103154033736543377-9526_ 1.html.

由于"洗稿"行为方式、所处领域的转变和不断扩大化，本文将"洗稿"行为分类为狭义的"洗稿"行为和广义的"洗稿"行为。狭义的"洗稿"行为主要方式有：一是将原作品的词语替换成同义词，例如"最好的学区房，是你家里的书房"更改为"最好的学区房是自家的书房"；二是将原作品语句变更表达语序，例如"她留下这张照片后就离开了"更改为"她离开了，只留下了这张照片"；三是将原作品的段落重新排列或将多个作品的部分拼凑成一个新的作品；四是将保持原作品的核心内容和表达结构或添加或删减，而仅仅变更了主要部分以外的细枝末节。广义的"洗稿"行为不仅包括上述四种方式的狭义"洗稿"行为，还包括另一种方式：通过对他人作品的核心思想进行归纳，并用自己的话对该核心思想进行二次表达，这类方式的广义"洗稿"行为在早期多出现于新闻报道中。相比于广义"洗稿"行为，狭义"洗稿"行为"洗"过的作品与原作品的相似度更高，且狭义"洗稿"行为在当下存在的范围更广。

二、"洗稿"行为的版权侵权分析

"洗稿"不是一个明确的法律概念❶，我们只能通过现有的法律法规对"洗稿"进行定性。我国法律规定"著作权法所称作品，是指文学、艺术和科学领域内具有独创性并能以某种有形形式复制的智力成果"。❷ "洗稿"行为产生的成果符合文学、艺术和科学领域以及能以某种有形形式复制两个条件，但是否具备独创性这一特点仍须进一步分析讨论。独创性的"独创"二字意为"独立创作"和"源于本人"，"独"字代表了劳动的成果应源于劳动本人，即劳动成果是劳动者独立完成的，而并不是抄袭的成果。美国最高法院曾在经典案例Feist案中解释，"独创性"是指作品是独立创作的并具有最低限度的创造性。❸独创可以有两种方式：一种是从无到有的独立创作；二是以他人已有的在先作品为基础进行再次创作，产生的成果与在先权利作品之间存在可以被客观识别

---

❶ 乔新生．基于著作权法探讨洗稿的法律性质［J］．青年记者，2019（3）.

❷ 《著作权法实施条例》第2条。

❸ Feist Publications，Inc．v. Rural Tel. Serv. Co.，499 U. S. 345（1991）.

的、并非太过细微的差别。❶

　　根据《侵权责任法》，我国民事侵权责任的四个构成要件分别是：违法行为、损害事实、因果关系、主观过错。其中关于损害事实对"洗稿"行为是否会被认定为侵权十分重要，即"洗稿"产生的成果是否构成著作权侵权的损害结果。最高人民法院出台相关法律解释："由不同作者就同一题材创作的作品，作品的表达系独立完成并且有独创性的，应当认定作者各自享有独立著作权"。❷文学艺术作品的独创性，应是作者自己的创作，而不是从另一作品剽窃来的，否则剽窃者不对自己的成果享有著作权，甚至剽窃者对他人构成著作权侵权。❸由此，以下分别对狭义"洗稿"行为和狭义以外的广义"洗稿"行为进行判断是否构成版权侵权。

（一）狭义"洗稿"行为的侵权分析

　　狭义"洗稿"行为的种类复杂多样，但均是对在先作品的表达方式进行改动，区别在于不同种类的"洗稿"行为对在先作品的改动程度不同。因此，判定狭义"洗稿"的独创性需结合具体情况和相关的原则来认定。

　　判断"洗稿"产生的成果是否具有独创性，则需认定该成果与在先作品在表达上的相似度，即是否存在实质性相似。"接触+实质性相似"原则最早源于美国，是美国在审判实践中总结出来的对于侵犯版权行为的认定原则。❹该侵权认定规则已在我国司法实践中被普遍运用。显然易见的是，"洗稿"行为本身就是基于他人已有作品进行改头换面的行为，若"洗稿"者未接触已有的他人作品，"洗稿"行为便不存在。所以，可以论证"洗稿"行为必然已接触了他人已有作品，符合"接触"原则。认定实质性相似之前，需明确作品的内容和表现形式。文艺创作的一般理论认为，作品一般必须使用构成作品内容的要素进行表现。作品内容包括下列要素：题材、主题、概念和事实、情节；作品的表现形式包括如下要素：符号、结构、体裁。普遍认为版权法保护的对象是表达，

---

❶　王迁．著作权法［M］．北京：中国人民大学出版社，2015：20.

❷　《最高人民法院关于审理著作权民事纠纷案件适用法律若干问题的解释》第15条。

❸　1980年世界知识产权组织《版权和邻接权法律术语词汇》。

❹　吴汉东．试论"实质性相似+接触"的侵权认定规则［J］．法学，2015（8）.

于作品而言，作品的表现形式即为表达。这些受版权保护的表达表现为由人们所共同承认的符号所组成的排列与组合。❶ 基于"思想表达二分法"原则，现有的三种实质性相似的判断方法：一是"抽象测试法"，由美国汉德法官于 1930 年 Nichols 一案中提出❷；二是"三步检验法"，由美国沃克法官最早于 1992 年 Altai 一案中提出"抽象—过滤—对比"三步❸；三是"整体概念和感受法"，由哈姆勒法官于 1970 年 Roth Greeting Card 一案中提出❹。通过对这三种方法的分析比较："抽象测试法"的缺点是这一临界点过于抽象，难以寻找。"整体概念和感受法"存在的弊端是融入过多主观感受，客观标准微乎其微，但此方法的优点最为直接方便。而"三步检验法"更便于操作，主客观结合。因此，以"三步检验法"为主，"整体概念和感受法"为辅的方法判断"洗稿"成果是否与在先作品存在实质性相似。

首先，把不受著作权法保护的"思想"抽象出来，即将两个被比较的作品中所体现的作者态度、情感等因素剥离出来。作者的思想是为了表达赞同或反对、同情或批判、拍手称快或疾恶如仇的情感或态度。例如，前述的看客 inSight 事件中，原创作者看客 inSight 的一篇题目为《第一批被选为"超级人类"的小孩，后来怎样了》的文章被精英说"洗稿"，两篇文章均讲述了德国纳粹时期为筛选优秀种族实施"生命之泉"措施，打造流水线般孩童，最后由于纳粹党的兵败而导致了这些孩童度过了支离破碎的一生。两篇文章均想表达对德国纳粹行为的批判和不满，这种批判和不满即是"思想"部分。把"洗稿"的成果中或是基于"蹭热度"、跟风或巧合对同一事物有相同看法抽离出来。

其次，把作品中受保护的表达过滤出来，即将两个作品分别体现独立性的部分过滤出去。若作品中所使用的素材、资料、信息或经历存在区别，则将这些内容提炼出来，因为这些部分具有独创性，受著作权保护。如在《人民的名

---

❶ 卢海君. 表达的实质与表达的形式——对版权客体的重新解读［J］. 知识产权，2010（4）.

❷ Nichols v. Universal Picture Corp，45 F. 2d 119（2d Cir. 1930），cert. denied，282 U. S. 902（1931）.

❸ Computer Associates International，Inc. v. Altai Inc. ，982 F. 2d 693，（2d Cir. 1992）.

❹ Roth Greeting Cards v. United Cards Co. ，429 F. 2d 116（9th Cir. 1970）.

义》被诉抄袭一案中，被告所写的《人民的名义》中主人公原型是笔者的发小，相关情节乃其发小的亲身经历，并且被告在创作中去监狱采访贪官，将掌握的第一手资料作为素材融合进作品。而原告刘三田所写的《暗箱》系以其早年以记者身份调查某国营厂强拆事件等积累构成素材创作完成。❶ 两作品的事实、素材和情节不同，均为创作者表达思想的媒介和手法，理应属于表达不同之处，具有独创性，故被过滤出来。

再次，对抽象和过滤后剩下的部分进行对比。即在将作者所要表达的情感、态度、思想和不同的材料、信息、资料和经历筛去后，对两篇文章剩余的部分进行对比。狭义的"洗稿"行为产生的成果中多为将具体语句、具体情节、具体表达手法、具体结构、具体素材进行"换汤不换药"的改变，例如，在网络小说《锦绣未央》被诉抄袭案中，被告作品被原告认为存在相同或实质性相似，分为三种情况：第一种是两者均使用了独特比喻手法进行具体表达；第二种是均采用相同或类似的细节来描写人物或事物；第三种是虽叙述相同故事，但使用大量的近似语言、相似组合和转折。同时被告作品也被指控情节与原告作品构成实质性相似，法院认为认定情节是否构成侵权离不开具体语句的描述。❷ 原被告对作品具有近乎一致的故事情节、人物角色、细节安排，构成实质性相似。

最后，从普通理性人的角度来看，在整体上比较作品之间是否存在相同之处。普通理性人可以是一个能够欣赏作品的成年人，也可以是一个在文学艺术方面有一定造诣的文学艺术家。也有学者认为，不同类型作品都对应着不同的读者对象群体。例如，有的类型作品针对青年读者，有的类型作品针对年长读者，两个群体对于作品内容的理解和判断的方法和标准一定存在不同，由此判断实质性相似的最终标准仍要以读者标准为主。❸ 总之，对于判断作品构成实质性相似的主体必须拥有正常普通的理性感知能力和完全民事行为能力，并熟知该类型的作品。狭义"洗稿"行为的成果更容易被人从整体感观与在先作品雷同，如在北京汇文立业文化传播公司依法享有的网络小说《窃玉生香》被"嗜

---

❶　参见（2017）沪 0115 民初 84551 号民事判决书。

❷　参见（2017）京 0105 民初 62752 号民事判决书。

❸　梁志文 . 版权法上实质性相似的判断 ［J］. 法学家，2015（6）.

书星球"网站"洗稿"为《玉石圣手》一案中，法院经过对比两作品的人物关系与情节，认为尽管被诉作品中人物姓名不同，但人物的特征、身份等相同，均讲述了出身低微的男主角结交地方帮派并在错综复杂的权力斗争后，凭借自己的能力赢得财富与爱情的故事。❶ 法院通过对两作品的主要内容和情节进行整体感观，排除了人物姓名相同后，从整部作品的角度分析了人物性格、特征，并且总结出了相同的主角人生之路。由此，除了人物姓名之外，作品其他大部分的表达要素基本相似，构成实质性相似。

（二）广义"洗稿"行为的侵权分析

据著作权法的"思想表达二分法"原则，著作权法保护表达而不保护思想，已经发表或公布的作品中的思想已然进入了公共领域。狭义"洗稿"行为以外的广义"洗稿"行为是一种将他人作品中的表达剥离仅存留其思想的再创作行为，如针对某一社会热点问题，一在先作者持有思想态度 A，并使用了素材 X、案例 Y，产生作品 I。虽然"洗稿"者与原作者持相同态度 A，却引用了不同的素材 W、案例 Z 进行论述，产生作品 K。这种"洗稿"行为具有相同的思想，但有独创的表达，不认为其构成版权侵权。

如在前文中《人民的名义》被诉抄袭一案中，该作品的作者在描写反映官场贪污腐败的一面过程中，所使用的素材、案例来源和内容与原告《暗箱》作品中使用的素材和案例均不同。尽管均体现了贪污腐败现象，也均从侧面展示了作者对该现象的批判，但是该部分内容存在显著的不同，不具有相似性，属于应被过滤的部分。而过滤后的部分几乎所剩无几，原因在于广义"洗稿"的作品的主要核心内容即上述被过滤部分，而几乎所有的表达都是基于上述内容而进行的，表达与其他作品定然不会大相径庭。狭义以外的广义"洗稿"对案例、情节、素材不会有相同的描述和表达，如两作品同样描述"二战"时期战争的残酷，以不同主人公作为第一视角描述所见所闻，亦如两个人的家庭背景和人生经历必然不同，表达过程和具体细节也不会雷同，在一个普通理性人的

---

❶ 布兜．网络小说"洗稿"的侵权判断［EB/OL］．［2019－10－22］．http：//www.shzgh.org/zscq/yasf/u1ai24070.html.

对比下认为是两个完全不同的故事或作品。

综上，狭义"洗稿"行为的成果与在先作品构成实质性相似，而狭义以外的广义"洗稿"行为的成果与在先作品不构成实质性相似。故狭义"洗稿"行为是一种版权侵权行为，以下仅讨论"狭义"洗稿行为。

三、狭义"洗稿"行为是一种高级剽窃行为

（一）狭义"洗稿"行为是剽窃行为

我国《著作权法》第47条明确规定"剽窃他人作品的"行为属于著作权侵权行为。在《牛津词典》中，对剽窃（plagiarize）的定义是：将他人的作品或者想法冒充为自己的作品或想法的行为。❶《韦氏在线词典》对剽窃的解释中的一条为：基于已有的原始作品展现成一个新的独创的想法或作品。❷《当代汉语词典》对剽窃的定义是：指抄袭、窃取（别人的著作、成果等）。❸由此，对剽窃的字面定义是从版权主体的欺诈行为或缺失版权中作品的独创性条件两方面定义的。学界对于剽窃也没有较为统一的界定，常常指将他人的作品全部、片段或观点部分当作自己所有的行为。❹由此界定剽窃的法律概念和范围有助于将一些行为进行法律定性，剽窃的程度一定程度上取决于剽窃概念外延的界限。如果剽窃定义过宽，将不可避免地出现拥挤现象（crowding phenomenon）。❺拥挤现象在医学上是一种弱视现象，即眼睛对单个展示的视力字标的视觉辨认优于多个视力字标同时展示时候的视觉辨认。从法

---

❶ 牛津高阶英汉双解词典 [Z]. 商务印书馆、牛津大学出版社，2009：1509.

❷ 韦氏在线词典 [Z/OL]. [2020-01-02]. https：//www. merriam-webster. com/dictionary/plagiarize.

❸ 当代汉语词典 [Z]. 北京：中华书局，2009：1117-1118.

❹ 齐爱民，周伟萌. 论学术抄袭的两面性：以学术规范和法律规范的区分为视角 [J]. 重庆大学学报（社会科学版），2010（6）；王毅. 论抄袭的认定 [J]. 法商研究，1997（5）；于世平. 浅析如何判定剽窃、抄袭 [J]. 人民司法，1998（11）.

❺ 理查德·波斯纳. 论剽窃 [M]. 沈明，译. 北京：北京大学出版社，2010：91-92.

律经济学角度解释，出版社希望新作品既能和出名的旧作品有关联甚至可以"沾亲带故"以达到良好的博人眼球的效果，也希望新作品能够有独特的符合大众口味的新鲜之处。过宽的界定剽窃会对一定方面的社会经济发展产生影响。但如果对剽窃的定义过窄，则会出现这种现象：更多规避法律责任的类似剽窃行为推陈出新。"洗稿"者在进行"创作"时，觉得他人在先作品的某个部分值得借鉴，便将其拿来使用且通篇未提起该部分的来源也未经在先作品作者的同意。不难看出，"洗稿"者并无任何披露该部分作品的来源的意思甚至企图掩盖该部分作品为他人所创。

首先，在行为特征上，剽窃具有三个特征：一是剽窃人主观上具有故意，二是剽窃作品本身不具有独创性，三是剽窃作品具有欺骗性。❶ 美国学者理查德·波斯纳认为，剽窃的行为是对作者身份的欺诈行为。❷ 由此，剽窃行为是对作者和作品本身之间的关系进行改变的行为。此外，隐匿是剽窃的核心特征，❸ 隐匿这一本质特征在欺骗性中得到了最好的体现，即隐匿原作独创表达部分的来源，欺骗读者或欣赏者以为现在呈现在他们面前的作品全部来自剽窃者。"洗稿"行为主观即将他人在先作品进行"洗"的故意，意图欺骗欣赏者或读者认为"洗稿"成果系"洗稿"者的原创作品，并且"洗稿"行为的成果在前述分析中判定构成与在先作品构成实质性相似即缺乏独创性。其次，在行为的对象上，两者均是基于已有的他人的独创性作品，同时也都满足"接触"原则。最后，在认定"实质性相似"的过程中均能适用"抽象—过滤—对比"和"整体概念和感受法"进行认定并且认定过程相同。故两种行为的特征、行为对象和认定侵权的方式和过程存在高度的相似性或相同，虽然剽窃行为不仅对包括文字类的文艺作品还包括绘画等其他形式的文艺作品，但是可以确定的是，"洗稿"行为至少属于剽窃行为中的某一类。

（二）狭义"洗稿"行为属于高级剽窃

根据不同标准可将剽窃划分多个种类：根据剽窃的范围大小划分为整体剽

---

❶ 史可容. 谈剽窃的认定 ［J］. 法学评论, 1991 （5）.

❷ 理查德·波斯纳. 论剽窃 ［M］. 沈明, 译. 北京：北京大学出版社, 2010：23.

❸ 理查德·波斯纳. 论剽窃 ［M］. 沈明, 译. 北京：北京大学出版社, 2010：21.

窃和部分剽窃；根据剽窃成果的归属不同划分为正向剽窃和反向剽窃；根据剽窃的方法不同划分为原状剽窃和变通剽窃。❶ "洗稿"行为有将他人在先作品全部拿来的情形，也有将其部分内容进行拼凑的情形，所以"洗稿"行为有全部剽窃和部分剽窃两种。原状剽窃是将他人作品原封不动地照搬照抄的剽窃，这种剽窃方式也被称为低级剽窃；变通剽窃是将他人作品具有独创性的表达部分细微修饰修改的剽窃，其形式分两种：一种是将他人作品的思想素材拿来但彻底改变表达的方式；另一种是仅将他人独创性的表达部分进行改头换面的呈现。而变通剽窃的第二种表现形式被称为高级剽窃。❷ 原状剽窃一般易被察觉，在维权和诉讼过程中易举证、判定侵权过程简单快速。高级剽窃不被轻易察觉，在维权和诉讼中举证和判定侵权过程都比较复杂。因此，高级剽窃在诸多洗稿侵权案件中更是屡见不鲜。

在琼瑶诉于正一案中，被告作品《宫锁连城》与原告作品《梅花烙》在整体上的情节排布及推演过程基本一致。❸ 被告作品在情节安排与行文走向上与原告作品高度相似，并结合具体细节与相关情节的相似性搭配，构成了与原告作品内在的相似性。同时被告作品在独创性安排上与原告作品存在高度的相似，仅仅在相关细节上与原告作品设计存在细微差异。情节安排理应算作独创性的表达，而这种将他人独创性的表达直接拿来做细微改变的行为当然符合上述的高级剽窃行为。

自媒体呦呦鹿鸣的《甘柴劣火》一文曾掀起针对"洗稿"行为的轩然大波，新闻创作者和自媒体人各执己见。新闻报道领域的"洗稿"行为是否构成侵权即是否构成"高级剽窃"行为，关键在于其独创性内容部分的认定。对"时事新闻"的合理使用不能算作"洗稿"，更不能构成侵权，其本身可以被合理使用。但融入具有个人独创性的评述、评论后，具有独创性的部分受著作权法保护。一旦未经许可擅自使用，以"洗稿"的方式将他人的独创性表达原封不动地拿来和仅做细微改动使用的行为便构成侵权，其中第二种仅

---

❶　王坤. 剽窃概念的界定及其私法责任研究［J］. 知识产权，2012（8）.

❷　谢晶. 论微信公众号"洗稿"作品著作权侵权判定［J］. 电子知识产权，2019（3）.

❸　参见（2014）京三中民初字第 07916 号民事判决书。

做细微改动的行为即是"高级剽窃"行为。前述看客 inSight"洗稿"事件中❶，经对两篇文章的仔细对比，文中引用的故事、情节发展、行文结构、插图素材均相似，仅在表述上局部使用了同义替换、插图顺序改变等细微的改动。类似的在诸多自媒体平台中，相同产品的介绍仅仅替换了部分词句语序、网络文学作品的"借鉴行为"均应属于"高级剽窃"行为。❷

"洗稿"行为并非直接将他人作品拿来照搬照抄、仅仅替换了作者的名字，而是对其进行"改头换面"。"洗稿"行为保留了原作的整体架构、逻辑，仅改变了部分的表达顺序以及表达方式，避免了被直观、直接地发现为剽窃，手段隐蔽不易被发现。但经过仔细对比不难发现，被"洗"过的文章与原作存在似曾相识甚至换汤不换药的关系，因此狭义的"洗稿"行为更贴近于或属于变通剽窃或高级剽窃行为。

四、结 语

自媒体的原创作品被"洗稿"或剽窃，给诸多著作权人带来巨大困扰，权利的救济对于著作权人十分重要。诸多自媒体在经济利益的驱动下纷纷选择了"拿来主义"，有价值的内容被以一种易于感染公众的形式进行包装，自媒体成了"洗稿"行为的重灾区。❸由于"洗稿"行为泛滥，自媒体人随时面临剽窃与被剽窃的难题，定义剽窃范围具有重大意义。现代的文学艺术作品通过网络迅速传播，直接导致了"洗稿"行为的肆虐，法律明确对该行为的规定在短期内有利于当代文学艺术的创新和发展，是利大于弊的。在给剽窃下定义时，也要规避与合理使用、改编权范围的重叠。

---

❶ 张璇. 自媒体"撞爆文"现象突出：所谓"洗稿"就是剽窃 [EB/OL]. [2019-10-21]. http://www.xinhuanet.com//politics/2019-03/31/c_ 1124305889. htm.

❷ 网络文学作品的"借鉴行为"是指不动声色地将他人已发表的同类文学作品拿来进行简单的字词段落修改，并编入自己的作品中。例如，借鉴与被借鉴的同题材网络文学小说的主角、配角的身世、人物性格、经历遭遇都雷同，转折性的情节也相同，仅仅使用的词语、段落和描述的字数多少不同。

❸ 张红显. 网络自媒体洗稿的成因危害及其治理 [J]. 传媒，2019（10）.

　　著作权侵权案件多呈现出维权成本高、赔偿金额少、诉讼时间长的特点。自媒体所在的众多网络平台建立应对"洗稿"侵权申诉制度或机制可以有效解决侵权诉讼给自媒体人带来的不便，如微信平台出台的相关规则。❶ 自媒体人自身加强版权意识也可有效规避版权侵权，如网络自媒体 papitube 公众号发布的《自媒体版权基础指南》。❷ 尝试不同非法律途径来避免"洗稿"侵权与被侵权，从自媒体人角度可有效降低维权成本，从社会公共利益角度可减少对有限司法资源的浪费。

　　网络自媒体行业的发展离不开对版权的维护，不仅需要相关的法律法规的完善，更需要自媒体行业中的每一个个体加强版权意识，拔掉不良"洗稿"之刺，以正网络媒体之风。

---

　　❶　2018 年 12 月，微信公众平台根据《微信公众平台运营规范》及《微信公众平台"洗稿"投诉合议规则》，设立洗稿投诉合议机制。

　　❷　王聪聪. papitube 发布《自媒体版权基础指南》［EB/OL］.［2019 - 10 - 23］. http：//baijiahao. baidu. com/s？id＝1644250055190716539&wfr＝spider&for＝pc.

基于微信小程序案对"通知—删除"规则的思考

戴翊君*

内容提要 当下，与互联网相关的各种技术日新月异，与传统不同的新型网络服务提供者层出不穷。在法律适用上，并不符合"通知—删除"规则的适用条件，这不仅是因为"通知—删除"规则在法律规定上存在不足，而且其中《侵权责任法》第 36 条第 2 款所规定的必要措施也存在局限。微信小程序便是新型网络服务提供者代表之一，而本文便是在全国首例微信小程序案件判决的基础上，分析如何适用"通知—删除"规则，也提出设置通知受理程序的必要性，最后还简要提出对"通知—删除"规则的完善。

关键词 设置通知受理程序；必要措施；自动接入或传输网络服务

当下，由于互联网技术的迅猛发展，网络服务提供者的类型也不再局限于以前的那些。伴随着新的网络服务提供者的出现，与此相关的知识产权侵权案件也逐渐增多，也成为对应信息技术开发者关注的热点。例如，代表着小程序行业的微信小程序案❶，以及代表着云服务器行业的阿里云侵权案❷。这些案件的判决不仅指引着新兴技术行业的发展方向，也有助于其他类似案件判决的

---

* 戴翊君，南京理工大学知识产权学院研究生。
❶ 参见杭州互联网法院（2018）浙 0192 民初 7184 号。
❷ 参见（2017）京 73 民终 1194 号。

借鉴。

　　然而，伴随着诉讼争议的增多，其中暴露出来的问题也越来越多。微信小程序案中首要争议焦点就是对小程序的法律定性问题，云服务器案❶中对于云服务器的法律定性同样也是一大难题。对于这些网络服务提供者的法律定性问题影响到适用"通知—删除"规则的合理性与合法性，因而是案件判决过程中不容忽视的问题。

　　本文以杭州刀豆公司诉长沙百赞公司信息网络传播权纠纷案❷为切入点，分析以下问题：（1）对以微信小程序为代表的新类型网络服务提供者进行法律定性；（2）结合我国对网络服务提供者分类的相关法律条文，分析对于现阶段出现的新型网络服务提供者尤其是中立性质的网络服务提供者适用"通知—删除"规则的合理性与合法性；（3）以微信小程序为代表的中立性质的网络服务提供者在实际的侵权情形中究竟应该承担何种责任与采取何种方法。

一、小程序适用"通知—删除"规则的局限性

　　我国的"通知—删除"规则，是由美国《数字千年版权法》的"避风港规则"演变而来的。这条规则的设定，对解决互联网环境下知识产权争议有很大的帮助。但是，与互联网相关的技术发展水平日新月异，技术的更新使得如今的网络服务提供者所提供的技术服务多种多样，从而产生的一些诉讼争议焦点也不同寻常，给学者们带来了新的思考。

（一）小程序法律定性问题

　　微信小程序问世之后就受到广大用户的喜爱，用户可以在小程序上进行看视频、玩游戏、购物等操作。然而，小程序给用户提供便利和展现多种多样功能的同时，也给自身带来了侵权纠纷。例如，2018 年判决的小程序案件❸中，被告通过自己开发的"在线听阅"小程序播放了未经原告授权的作品。这个案

---

　　❶　参见（2017）京 73 民终 1194 号。
　　❷❸　参见杭州互联网法院（2018）浙 0192 民初 7184 号。

件很显然是一个侵犯信息网络传播权的案子，很容易让人联想到可以使用"通知—删除"规则进行审理。但如何适用这个规则，也是要符合这个规则的构成要件的，不能够想当然使用。小程序如果在法律定性上就不符合该规则的适用对象，那么也就更提不到要承担侵权责任了。

根据《信息网络传播权保护条例》（以下简称《条例》）的规定可以得知，《条例》对网络服务提供者进行了分类，分别是网络自动接入或自动传输服务提供者、缓存服务提供者、信息存储空间提供者和搜索或链接服务提供者。❶《条例》所规定的四类网络服务提供者，根据名词也能够简要了解其提供的技术是何种类型的，因而它们对其网络信息内容控制和编辑能力存在很大的差异。

小程序服务是一种移动页面技术接入服务，主要具有以下特点：（1）服务在处理信息过程中具有被动性；（2）服务对象向其提供信息时才会对信息进行处理，并不能够主动地对信息进行审核、编辑和控制；（3）服务处理的客体并不是对象提供的每个信息的具体内容，而是承载这些信息进行传达的各个通道。可以说小程序服务是仅限于对信息的传送，与信息的内容与选择无关，并且对信息的传送是纯粹技术性的、被动性的和自动性的。❷

将小程序的技术特征与上述四类网络服务提供者进行对比可以得知，微信小程序的性质和自动接入或自动传输网络服务提供者的性质是相似的，在计算机技术服务中，被分属到基础性的服务。因其被动接受使用者提供的信息以及对待所有使用者的无差别性，决定了它和《条例》规定的其他三种类别网络服务提供者能够承担的责任与采取的方法存在差异。它所呈现的无差别技术性和被动性等属性，决定了它和信息存储空间服务、搜索或链接服务提供者承担的责任不同。由《条例》第 20 条可知，对于小程序平台这种未选择、改变传输内容与对象的情况，不承担侵权赔偿责任。因此，当腾讯公司证明小程序是法律意义上的自动接入或传输服务提供者时，该条款实质上已经免除了其侵权责任。

---

❶ 《信息网络传播权保护条例（2013 修订）》第 20~24 条。

❷ 鲁春雅. 论网络传输服务提供者的审查与阻断义务 ［J］. 河南大学学报（社会科学版），2011（5）.

（二）"通知—删除"规则法条规定的局限性

一方面，我国的"通知—删除"规则是规定在《条例》第20条，而这条规定明确能够适用规则的对象局限于以下两种，分别是信息存储和搜索链接的网络服务提供商；另一方面，这一规则还在《侵权责任法》第36条进行了规定，虽然没有明确规定它所适用的对象，但根据该条款的表达，我们也可以根据其条文的含义推断出来。"被侵权人有权通知网络服务提供者采取删除、屏蔽、断开链接等必要措施"❶，从这句话很明显可以看出，"删屏断"是现实生活中网络服务提供者的常用措施。因而，在小程序案件中，一审法院根据法律规定与权利义务相一致的原则，将其规定中的"网络服务提供者"做目的性限缩解释为提供信息存储空间和提供搜索或提供链接服务的网络服务提供商。从上面的分析可以看出，网络自动接入或自动传输服务提供者并不包含在该规则的适用对象。那么，是否可以认为，像小程序这种仅提供中立技术服务，不直接控制第三方内容的，只要证明自己技术的绝对中立性，在实践中无须承担侵权损失赔偿责任。综上理由，法院即认为微信小程序代表的中立性质的网络服务提供商并不适用"通知—删除"规则。

法院同时也指出，小程序并非没有任何法定义务。❷ 根据《网络安全法》第28条、第48条的规定，小程序仍然需要承担主动审查的义务，对待违法的信息，微信小程序应当立即采取相关的措施进行删除或者屏蔽。换言之，由《侵权责任法》等私法免除的小程序的审查义务和侵权责任，按照《网络安全法》的规定，其仍然要承担主动审查违法信息的义务。显而易见，前后的说法并不能够达到完全的一致性。正是因为自动接入或自动传输网络服务提供者不主动参与被传输信息内容的处理，仅仅提供一个传输的通道，控制、编辑信息内容的能力很弱，才致使它无须适用"通知—删除"规则。若要求它必须承担主动审查明显违法的信息，那必然要求它提高对信息内容控制的能力。但是，一旦自动接入或者自动传输服务提供者有主动审查被传输信息内容的能力后，那其

---

❶　《中华人民共和国侵权责任法》第36条。

❷　参见（2018）浙0192民初7184号。

法律定性很大程度上会发生变化，不能够保证技术的绝对中立性，很可能会符合"通知—删除"规则适用对象的条件，从而并不能够免除其责任。

所以，以微信小程序为代表的中立性质的网络服务提供商，由于其基于多方面的因素，并不能够直接审核编辑甚至控制第三方提供的内容，还由于"通知—删除"规则法条规定的局限性，对它们适用该规则是不具有合理性也不具有合法性的。这一点在全国首例云服务侵权案件中也有所体现。根据案件的相关信息可以得知，阿里云公司提供的服务不同于微信小程序提供的移动页面技术接入服务，它提供的服务性质是服务器租赁。如果将其技术特征进行分析，并比照《条例》所规定的四类网络服务提供者，就会得出这种情形不适用"通知—删除"规则的结论，需要从其他法律法规中寻找适配的条款。而且，由于技术的发展，可能之后会出现越来越多不能够被法律法规所包含的网络服务提供者，那对权利人利益的保护是非常不利的，所以针对"通知—删除"规则法条规定的局限性需要有所突破。

（三）"通知—删除"规则中必要措施的局限性

一般而言，"通知—删除"规则要遵循比例原则，在使用删除、屏蔽、断开链接等处理方法的同时，要追求"定位清除"的效果，即只需把涉及侵权的内容删掉，其余合法的内容无须处理，不能超过必要的限度。举例而言，网络服务提供者可以通过彻底停止某个网站接入的方式阻止侵权，但这种阻止是以牺牲整个网站合法信息为代价的，显然矫枉过正。❶ 这样就意味着，具备精准删除的能力与网络服务提供者适用必要措施之间的关系是充分必要条件，即只有提供信息存储空间的服务者与提供搜索、链接的服务者，才能够真正做到将侵权内容精准删除，完成定位清除的追求效果。

可是，这样很容易让人对这类情形产生固定的想法，即如果采取的必要措施并不能够达到定位清除的效果，就不能适用"通知—删除"规则。通知受理

---

❶ 司晓，范露琼. 知识产权领域"通知—删除"规则滥用的法律规制 [J]. 电子知识产权，2015（Z）.

程序的设立以网络服务商能够实施"定位清除"为前提。❶ 在微信小程序案中，法院也是如此认为，小程序平台若是要删除侵权的内容，就需要下架整个小程序，这会对小程序开发者产生毁灭性的影响，对行业的发展也会产生巨大的打击。一审法院权衡再三，对"通知—删除"规则中网络服务提供者的含义进行了缩限解释，将小程序平台排除在《侵权责任法》第36条规范的网络服务提供者的范围之外。

但是，比较2017年的云服务器案的二审法院判决❷，可能小程序案的一审法院的做法还有待完善。在云服务器案中，阿里云与小程序平台相似的地方在于，如果要删除侵权内容，不符合必要措施的"定位清除"效果。在小程序平台上如果硬要屏蔽掉侵权内容，就是彻底删除整个小程序；阿里云也是如此，如果要删除涉及侵权的内容，就需要停止服务器的使用或者删除服务器内的全部内容。若是采取这样的处理措施，会对各自行业带来严重影响，甚至阿里云强停服务器的做法会对互联网行业产生巨大的影响。

然而，服务器租赁服务，并不属于《条例》规定的四种网络服务提供者，所以不适用《条例》规定的"通知—删除"规则。但是在案件中，二审法院——北京知识产权法院适用了《侵权责任法》的"通知—删除"规则，并且灵活地将该条款对网络服务提供者要求的义务表述为"通知—采取必要措施"。也就是说，"通知—删除"规则中的必要措施不要局限于删除、屏蔽这种措施，要衡量网络服务提供者、权利人以及行业的发展等多方面因素进行考虑。北京知识产权法院认为，为了考虑周密并且合理，在一些可以适用通知的情形下"转通知"是阿里云公司可以采取的必要措施。遇上不适合或者不能够采纳直接删除方法的情形，对侵权人的警示可以经由"转通知"这个措施来达到，在侵权人收到警示之后，根据其是否采取相对应的行动决定后续是否要采取必要措施，在一定程度上有利于防止损害后果的扩大。

由微信小程序案与云服务器案法院的做法，可以看出，对于"通知—删除"

<hr />

❶　刘文杰．"通知删除"规定、必要措施与网络责任避风港——微信小程序案引发的思考［J］．电子知识产权，2019（4）．

❷　参见（2017）京73民终1194号。

规则中必要措施的认识不要仅仅局限于删除、屏蔽等措施。对于能够采取定位清除措施的网络服务提供者要严格清除，而对于不能实施精准打击措施的网络服务提供者，要衡量行业发展情况和侵权的实施状况等多方面因素，承担适当的义务。

二、设立通知受理程序的必要性

（一）对比微信小程序案与苹果应用商店案

通过前面分析可知，对于微信小程序，一审法院认为其不适用"通知—删除"规则，从而也就不用设立通知受理程序。在实际生活中，众多新闻媒体将苹果应用商店案❶与微信小程序案进行对比分析，这也是有原因的。从实质上而言，小程序平台和苹果公司的应用商店是差不多的。小程序是一种无须下载安装就可以使用的应用。❷ 小程序平台上就是各种提供给用户使用的应用，这和苹果应用商店的功能类似。苹果应用程序商店中供下载的应用程序常常不是一件作品或制品，而是连接网站的软件，这与微信小程序类似。❸

但在与美国苹果公司应用商店相关的著作权侵权纠纷案件中，我国法院认为因为苹果公司可以控制并且管理其应用商店平台上的应用程序，所以对待应用程序内出现的侵权内容，苹果公司应该有着较高的注意义务。

苹果应用商店如果要将一个涉嫌侵权的应用程序处理，也是要采取下架该应用程序的措施，这与小程序下架不是一样有着不符合"定位清除"的效果？在苹果应用商店上传应用程序，与在小程序平台上传小程序基本流程是一样的，要根据平台的规则、技术要求进行编写设计，否则不能成功上传。既然苹果公司的应用商店与微信小程序从本质上看是属于同类产品，为何出现不同的判决

---

❶ 参见（2018）京 73 民终 537 号。

❷ 微信小程序概念［EB/OL］.［2020-06-19］. https//baike. baidu. com/item/% E5% BE% AE% E4% BF% A1% E5% B0% 8F% E7% A8% 8B% E5% BA% 8F/20171697？fr=aladdin.

❸ 刘文杰."通知删除"规定、必要措施与网络责任避风港——微信小程序案引发的思考［J］. 电子知识产权，2019（4）.

结果？所以，对于小程序适用"避风港"原则的合理性以及合法性还是有待考量。

（二）设立通知受理程序的独立价值

将微信小程序案、云服务器案、苹果公司应用商店案放在一起比较，腾讯公司可说是大获全胜，根据法院的判决，它既不像苹果公司那样要承担责任，也不像阿里云公司那样要承担"转通知"义务。难道微信小程序只要坚持自己属于自动接入或传输网络服务提供者，就几乎没有义务需要承担吗？对于自动接入或自动传输网络服务提供者而言，大多数学者认为其基本上没有注意义务与审查义务。但是，笔者认为，对于像微信小程序这样的网络服务提供者仍然有设立通知受理程序的必要。

对比我国的"通知—删除"规则与美国《数字千年版权法》的规定，可以发现，两者确实没有对自动接入或自动传输网络服务提供者规定设立受理侵权投诉的义务。但是，《数字千年版权法》与我国《条例》不同之处在于，它为所有的网络服务提供者进入"避风港"设立了共同条件，即对于反复侵权人，遇到合适的情况，网络服务提供商应当采取必要的方法终止其服务，网络自动接入或传输服务提供者同样适用该规定，对于反复的侵权行为，适当时候需要中断其网络接入，而对于反复的侵权行为需要设立相关的投诉机制用于被侵权人进行投诉，否则这个所谓的共同条件的"共同"并没有达到其想要达到的目的。如果要求终止反复侵权人的服务，前提就得知道哪些人是属于这个范围的，通过设立通知受理程序就可以有针对性地采取措施。

而且，在微信小程序案的判决中，一审法院也提到要求腾讯公司建立科学的知识产权保护机制及惩戒机制。而设立通知受理程序便是科学的知识产权保护机制的一个很好体现。仅仅接受侵权投诉以及将投诉进行转通知，与小程序技术的被动性、中立性并不冲突，也不会超过微信小程序所能负担的注意义务的范围。前文中提及的"转通知"义务与这里所说的设立通知受理程序，对于本文中所说的微信小程序等提供中立性质的网络服务提供者，是能够做到并采取的必要措施，并不会超过它们的能力范围。

将微信小程序纳入自动接入传输服务提供者后，强调其只是一个传输通道，或许会有人质疑，这样与中国移动、中国电信有什么区别。如果中国电信等网络接入服务无须接受侵权投诉，那小程序这样的自动接入传输网络服务提供者也就无须设立接受投诉的机制。事实上，虽然两者都属于网络自动接入或传输服务提供者，但两者有着显著区别。首先，对于网络自动接入或者自动传输服务提供者所传输的信息是具有反复性和持续性的，其传输的信息内容可能会在不特定的地方由不特定的人打开数次，而通话服务一般只是一次性和短时性，至于上网服务，运营商只是提供上网的流量，并不涉及信息内容。其次，通话服务一般具有私密性，不会被外人所知，而自动接入传输服务既会传输私密性的信息，也会传输大量公开的信息。最后，互联网传输信息的数量级是通话服务不能比较的，海量的信息在互联网情况下，可能会通过多种情况卷入侵权的争议之中。

总而言之，网络服务提供者应当在用户显而易见的地方公布专门用于接受侵权投诉的联系方式。网络服务提供者受理侵权投诉并不意味着其后续一定要采取删除、屏蔽、断开三措施，网络服务提供者在接到被侵权人的侵权投诉后，可以将投诉的信息转通知给被投诉方，所担任的角色只是投诉方与被投诉方之间的通信员，这样的机制无须将大量的争议诉诸法庭。毕竟，在微信小程序案中，小程序是不用承担侵权责任的，那众多的被侵权人得知腾讯公司无须承担责任后，可能觉得向腾讯公司投诉侵权也无用，直接向法院起诉，会造成司法工作人员负担过重。

三、对"通知—删除"规则的完善

在"通知—删除"规则的实施中暴露出了很多问题，比如没有有效的通知渠道，什么样的通知才是有效通知，对于通知没有明确的处理期限，等等。而本文对于"通知—删除"规则的完善是从自动接入或自动传输网络服务提供者角度进行分析，主要是通过以下两个方面。

（一）设置通知受理程序并转通知

上文中通过大量篇幅说明了对于自动接入或者自动传输服务提供者设立通

知受理程序的必要性和独立性。因为自动接入传输服务的自动性、被动性、技术纯粹性，使得其对于传输信息的控制、编辑能力非常之弱，要求主动承担注意、审查义务的现实性不高，只能够在其所承担的能力范围内找到合适的措施保护知识产权，维护尊重他人知识产权的网络环境。

笔者认为，网络自动接入或者自动传输服务提供者最好将接受侵权投诉与转通知相结合。虽然网络自动接入或者自动传输服务提供者不主动参与被传输信息的处理，但并非判断侵权就要以实质接触侵权内容为要件，通过其他证据也是可以间接地判断出侵权与否。因而，接受侵权投诉的通知仍然可以为侵权防范作出贡献。

但仅接受侵权投诉通知是不够的，若是网络服务提供者接到通知后不作为，那么投诉方进行投诉又有什么意义呢，还不如不投诉。所以，网络自动接入或自动传输服务提供者还需要承担将收到的侵权投诉通知进行转通知的义务，将投诉方的侵权通知转通知给被投诉方，虽然只是起到一个通信员的作用，但是对平衡投诉方与被投诉方也大有帮助。由平台向涉嫌侵权方发出通知后，会对被投诉方起到一个警示警告的作用，也尽到了自己身为平台管理的责任。

对于设置通知受理程序的具体措施可以是：网络服务提供者应当在显著的地方公布专门用于接收侵权投诉通知的邮箱或传真号码。大型网络服务提供者应当建立专门的知识产权投诉平台，以方便版权人填写和发送通知。❶

（二）必要措施的适度量化

采取必要措施，应以平台服务商技术和经营范围内力所能及为限。❷ 在上文的分析中，也提到了对于必要措施追求的"定位清除"效果在适用情形上具有局限性。对于"通知—删除"规则中规定的必要措施，不能完全死板地认为就是只有"删屏断"这三种方法。网络服务提供者所采取的必要措施是由每个侵权行为的多方面因素决定的，其中比较重要的因素就是侵权行为的严重程度，

---

❶ 谢惠加．网络版权侵权中"通知删除"规则的完善 [J]．中国出版，2015 (2)．

❷ 浙江省宁波市中级人民法院课题组，洪婧．"通知—删除"规则的区别适用 [J]．人民司法（应用），2018 (4)．

不同的侵权行为所导致的损害结果是不同的，损害结果影响较小的不至于要删除措施，损害结果严重的，仅仅是删除也不够。

互联网的本质是连接，互联网上防范侵权措施的本质是取消连接。❶ 所以，无论是什么必要措施，都是将侵权的内容与互联网的连接断开。对于网页侵权的，将该网页删掉就是断开网页与互联网的连接；对于服务器侵权的，其侵权行为所导致的损害结果是非常严峻的，将服务器强停也是断开连接。所以，必要措施可以考虑侵权的具体情形、侵权所采用的技术手段等多方面因素，从而采取强度不同的必要措施。

首先，网络服务提供者因为自身的特性不同，对信息处理参与的程度不同，因而采取的必要措施也会有所差别。例如，用户在使用微信小程序过程中上传的信息内容是不会被小程序平台主动审核的，这样也意味着平台无从得知用户的信息是否侵权。而对大多数的视频网站，上传视频是要经由该网站的审核之后才能被其他人点击，因此对于视频的内容是否侵权，网站所承担的注意审查义务就会比小程序那样的平台重得多。因此，对于侵权内容处理所采取的措施，要根据网络服务提供者自身所能承担的审查、注意义务而有所不同。

其次，网络服务提供者所采取的必要措施的强弱程度，也会根据不同类型的知识产权纠纷而有所区分。对于大多数的著作权纠纷而言，短期内将侵权内容删除就可以将损失降到最低，对被控侵权人的利益影响也不是很大，所以从利益衡量的角度，直接采取严厉程度最重的措施也无可厚非。对于商标和专利侵权纠纷，则可通过采取公开警告、降低信用评级、限制发布商品交易信息直至关闭网络用户账户等处罚措施。❷ 要采取层层递进的惩罚措施，不可给被控侵权人留申辩与辩驳的空间。

最后，采取必要措施还要顾及重复恶意侵权的可能性。实际上，如何判断属于重复恶意侵权是非常困难的，把握必要措施与阻止侵权效果之间的平衡很难。对于著作权纠纷，同一侵权人针对同一客体的恶意重复侵权还是比较容易

---

❶ 刘文杰. "通知删除"规定、必要措施与网络责任避风港——微信小程序案引发的思考［J］. 电子知识产权，2019（4）.

❷ 许谅亮. 网络交易平台提供商专利侵权法律责任［J］. 科技与法律，2015（3）.

判断的。但是商标和专利领域的侵权判定不同于著作权侵权，需要本专业领域相关人员的认定。这就导致对于同一用户的类似侵权行为，直接将其纳入重复恶意侵权的范畴是困难的，需要根据实际情况具体分析。

四、结　语

现如今的社会，网络信息技术的发展速度是我们不能想象的，网络服务提供者所提供的服务也是多种多样。对于微信小程序平台这样的网络服务提供者，现阶段在适用"通知—删除"规则时可能不太合理，但随着这个平台发展得越来越大，平台上传输的信息越来越公开，那么那时候它所承担的管理责任也就不是现在这样了。任何网络服务提供者所能够承担的义务和责任，归根结底还是与各自的能力息息相关。虽然让一个扮演通道（conduit）角色的服务商承担直接侵权责任并不妥当❶，但是至少它传输的信息是公开的，那么就应该根据侵权的严重程度，去承担严厉程度不同的"必要措施"。

对于自动接入或者自动传输服务提供者来讲，设立通知受理程序的价值是使得投诉方在服务提供者这里得到更多的重视。投诉方进行侵权投诉无论是有意的，抑或是无意的，这对后面进行侵权的合理判断都是有帮助的。如果被投诉方认为自己并没有侵权，那么其认为自己没有侵权的观点也会被服务提供者通知到投诉方，便于投诉方与被投诉方进行举证衡量对错。当然，我国的"通知—删除"规则存在的问题，可能在之后还是需要完善的。当新型的网络服务提供者不断出现，而现行法律不能够完全覆盖之时，这不利于权利人的权利保护，也给法院增加了负担。

---

❶　Religious Technology Center v. Netcom On-Line Communication Services, Inc., 907 F. Supp. 1361（N. D. Cal. 1995）.

第二编

实用性成果与知识产权保护

实用艺术作品的著作权保护

高书语[*]

高书语[*]

内容提要 关于实用艺术作品的保护，由于我国立法上的不明确，司法实践中法院所持的主流观点是将实用艺术作品纳入美术作品类型中予以保护，但也有一些法院则以专利的外观设计加以保护，司法实践中出现的保护路径不统一、保护客体属性认定标准不一致，是实用艺术作品保护中亟待解决的现实问题。我国于 1992 年加入《保护文学和艺术作品伯尔尼公约》，该公约明确将"实用艺术作品"纳入"文学和艺术作品"中进行保护，将实用艺术作品纳入著作权法保护范畴是符合国际立法趋势的。实用艺术作品不同于美术作品，应作为著作权保护的独立客体，应在结合我国国情的基础上，在著作权立法中注意平衡实用艺术作品著作权保护与其他知识产权保护制度之间的关系，确立保护实用艺术作品中的缺省地位，并在司法解释中明确实用艺术作品认定标准。

关键词 著作权；实用艺术作品；作品认定

一、实用艺术作品概念界定

世界知识产权组织编写的《著作权和邻接权法律词汇》中，将实用艺术作品定义为："具有实际用途的艺术作品，无论这种作品是手工艺品还是工业生产

---

* 高书语，南京师范大学法学院研究生。

的产品。"❶ 从该定义可见，实用艺术作品应兼具实用性和艺术性两方面的特征，且对于作品的产生方式不做考量。同时，世界知识产权组织出版的《伯尔尼公约指南》对实用艺术作品所包含的产品范围进行了界定，具体包括：玩具、小装饰品、金银器具、珠宝饰物、装饰物、服装、家具等。❷

我国关于实用艺术作品的概念学界一直有着较大的争议，基于实用性与艺术性的考量侧重点不同，主要呈现出三种观点：其一认为，实用艺术作品中的作品部分是服务于其实用部分的，因此在定义与考量实用艺术作品时，应当阐明实用性在认定实用艺术作品中的地位;❸ 其二认为，著作权保护的是作品而非技术，因此无论是定义实用艺术作品还是考量实用艺术作品，均应将侧重点放置在其作品部分而非其实用部分;❹ 其三认为，在定义实用艺术作品时，应当明确该实用艺术作品是否为由技术功能所决定的表达，即实用性与艺术性结合在一起，独创性是否达到较高的水准。❺ 2014 年 6 月公布的《中华人民共和国著作权法（修订草案送审稿)》（以下简称"草案送审稿"）中，将实用艺术作品定义为："具有实用功能并有审美意义的平面或者立体的造型艺术作品。"从该定义可以看出，"草案送审稿"将实用艺术作品所涵盖的范围界定在兼具"实用功能"与"审美意义"的工业设计产品之中。

关于实用艺术作品的概念，除前文所述第二种观点以外，其他观点均认为"实用性"应放置在实用艺术作品的概念中给予明确。笔者赞成前文所述的第三种观点，实用功能艺术作品多为工业设计产品，其艺术性与实用性相结合之时，必然受到实用性的影响，且这种影响会左右作品独创性所能达到的艺术水准。因而，笔者将实用艺术作品定义为：兼具实用性与美观性特征，且二者结合具有较高艺术水准的平面或者立体的造型艺术作品。

---

❶ 世界知识产权组织. 著作权和邻接权法律词汇 [M]. 刘波林，译. 北京：北京大学出版社，2007：233.

❷ 吴晓梅. 实用艺术作品的界定与保护 [J]. 人民司法，2005 (4).

❸ 曹新明. 知识产权法学 [M]. 3 版. 北京：中国人民大学出版社，2016：37.

❹ 马荣. 论实用艺术作品"概念可分离标准"的适用——兼论歼十战机的著作权属性 [J]. 中国版权，2015 (4).

❺ 梁志文. 论版权法上的功能性原则 [J]. 法学，2019 (7).

二、我国实用艺术作品保护现状

（一）案件数据统计

笔者通过裁判文书网、北大法宝两家文献数据库以及南京市中级人民法院的审判系统，对 2014～2019 年当事人以实用艺术作品作为权利客体进行主张的案件进行了检索，检索出各级法院裁判的该类型案件共计 56 件，且 57 件案件的涉案产品均为工业设计产品。

1. 作品属性认定的统计

从各级法院对涉案产品作品属性认定来看，有 22 件认定为实用艺术作品，17 件认定为美术作品，1 件认定为图片作品，17 件认定为涉案产品不构成著作权法意义上的作品。统计数据表明，司法实践中认定工业设计产品为著作权法意义上的作品继而受著作权法保护的案件占比为 70%（见图 1）。

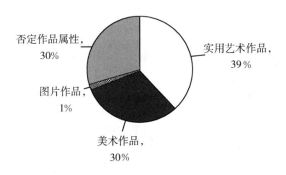

否定作品属性，30%

实用艺术作品，39%

图片作品，1%

美术作品，30%

图 1　工业设计产品认定受著作权法保护案例

2. 裁判认定标准的统计

笔者对 56 件案件梳理后发现，我国法院对实用艺术作品裁判认定的标准有以下情形，详见表 1。

表1　我国法院对实用艺术作品裁判认定标准

案名	案号	认定作品类型	裁判观点	判决结果
1. 平安宝宝饰品案（被告张良珠宝公司）	（2014）黄浦民三（知）初字第49号	美术作品	具有独创性，构成美术作品，即便如被告所述认定为实用艺术作品，仍构成作品并受到著作权法保护	原告胜诉
2. 平安宝宝饰品案（被告丽金珠宝公司）	（2014）黄浦民三（知）初字第50号			
3. 蒙古帽案	（2014）金义知民初字第257号	美术作品	帽耳表达了作者独立的想法，具有独创性，属于我国著作权法上的美术作品，其权利受我国法律保护	原告胜诉
4. 衣帽间组合柜案	（2014）宁知民初字第126号	不构成作品	涉案组合柜产品为实用工业产品，其功能性与艺术性无法分离，不构成作品	被告胜诉
5. 森林家族系列玩具案（因赔偿额而上诉的案件）	（2014）沪一中民五（知）终字第107号	实用艺术作品	涉案作品的元素组合排列方式，体现了一定的智力成果和艺术创作程度。因此，涉案作品具有实用性、艺术性，能够构成实用艺术作品	被上诉人（一审被告）胜诉
6. FREYWILLE手镯案	（2015）粤中一法知民初字第173号	实用艺术作品	涉案饰品体现了设计师对线条、色彩和具体画面设计的个性化的智力选择和判断，具有一定智力创造性，应认定为受到著作权法的保护	原告胜诉
7. FREYWILLE吊坠案	（2015）粤中一法知民初字第176号			
8. 茶具案	（2015）宜知民初字第70号	实用艺术作品	巧云—茶壶、巧云—茶海在壶把、壶嘴或壶钮的设计上融入作者独有的思想，外形设计不同于传统工艺制作的茶壶、茶海，具有独创性和艺术性	原告胜诉
9. 宝高积木案	（2015）宁知民初字第126号	美术作品	原告作品具有独创性且作品与被告抗辩证据中的乐高积木的设计具有较大差异	原告胜诉
10. 飞仙女玩具案	（2015）粤高法民三终字第504号	美术作品	涉案产品具有美感的艺术性与其实用功能在物理上或观念上能够分离而独立存在，且整个造型的艺术设计具有独创性，并已达到应有的艺术创作高度，符合美术作品的构成要件	被上诉人（原审原告）胜诉

续表

案名	案号	认定作品类型	裁判观点	判决结果
11. MGA 玩具车案	（2015）粤高法民三终字第74号	不构成作品	涉案产品的下部所呈现的艺术性仅仅给人一种新颖和有趣的视觉感受，无法与玩具的实用性相互分离，尚不足以达到美术作品的艺术创作高度，在一般公众看来，无法将该玩具车视作艺术品予以欣赏	被上诉人（一审被告）胜诉
12. 男士内裤案	（2016）粤2072民初6561号	不构成作品	涉案产品采用的双凸线条造型，虽与普通平面内裤不同，但该突出特点主要体现在使用功能上，在艺术性和美学方面没有满足构成美术作品的最低要求，不属于我国著作权法保护的美术作品	被告胜诉
13. 防震壁灯案	（2016）浙0281民初6328号	美术作品	涉案作品系原告自行设计并进行了著作权登记，且具有独创性，构成美术作品	原告胜诉
14. 周黑鸭锁鲜装案	（2016）鄂民终915号	美术作品	涉案作品虽然表达方式较为简单，但其通过深浅不一的黄色线条绘制的独特的黄鸭头部形象、上黄下黑的色彩布局，具有一定程度的创造性，符合美术作品的独创性要求	被上诉人（一审原告）胜诉
15. 扫描仪案	（2016）沪0104民初16753号	不构成作品	涉案扫描仪外形剔除公有领域后，其独有表达部分的独创性程度并不高，尚未能凝聚足够的美学领域的艺术价值，不符合著作权法关于美术作品的独创性要求	原告胜诉（因原告同时主张了知名产品特有名称）
16. 小鸟站树首饰架案	（2016）粤19民终8368号	实用艺术作品	涉案作品的设计元素取材于动物，在结构、造型以及线条等构成元素上均具有一定的艺术加工，体现了一定的智力成果和艺术创作高度。兼具实用性和艺术性，其实用性和艺术性相互独立，其所采用的艺术设计也具有一定的独创性，构成实用艺术作品	原告胜诉

案名	案号	认定作品类型	裁判观点	判决结果
17. 鹿头壁挂案	(2016) 粤 19 民终 6414 号	实用艺术作品	涉案作品的设计元素虽取材于野生动物,但在结构、造型、风格以及色彩、线条等构成元素上均有一定的艺术加工,体现了一定的智力成果和艺术创作程度。因此,涉案作品兼具实用性和艺术性,且实用性和艺术性相互独立,其所采用的艺术设计也具有一定的独创性,构成实用艺术作品	上诉人(原审原告)胜诉,被上诉人(原审被告)与下述四起案件不同
18. 斑马头壁挂案	(2016) 粤 19 民终 6415 号			
19. 长颈鹿头壁挂案	(2016) 粤 19 民终 6416 号			
20. 大象头壁挂案	(2016) 粤 19 民终 6417 号			
21. 鹿头壁挂案	(2016) 粤 19 民终 6959 号	实用艺术作品	涉案作品的设计元素虽取材于野生动物,但在结构、造型、风格以及色彩、线条等构成元素上均有一定的艺术加工,体现了一定的智力成果和艺术创作程度。因此,涉案作品兼具实用性和艺术性,其实用性和艺术性相互独立,其所采用的艺术设计也具有一定的独创性,构成实用艺术作品	上诉人(一审原告)胜诉,被上诉人(原审被告)与上述四起案件不同
22. 斑马头壁挂案	(2016) 粤 19 民终 6960 号			
23. 长颈鹿头壁挂案	(2016) 粤 19 民终 6961 号			
24. 大象头壁挂案	(2016) 粤 19 民终 6962 号			
25. 鹿挂钩案	(2016) 闽 05 民初 1244 号	不构成作品	涉案产品属于实用艺术作品,既有欣赏价值又有实用价值,兼具实用性和艺术性,但并未表达出作者的任何独特个性和思想,亦不具备美术作品应当具备的独创性	被告胜诉(被告不同)
26. 鹿挂钩案	(2016) 闽 05 民初 1246 号			被告胜诉(被告不同)
27. 鹿挂钩案	(2016) 闽 05 民初 1247 号			被告胜诉(被告不同)
28. 空中花园花盆案	(2016) 闽 05 民初 1249 号	不构成作品	涉案作品并未表达出作者的任何独特个性和思想,亦不具备美术作品应当具备的独创性,故不能作为美术作品而受到著作权法的保护	被告胜诉
29. 布莱奇挂钩—悦案	(2016) 闽 05 民初 1251 号			被告胜诉
30. 男士内衣案	(2016) 粤 20 民终 4505 号	不构成作品	涉案产品的艺术性和实用性在物理和观念上均不可分离,是相互交织在一起的,故涉案产品不构成著作权法意义上的实用艺术品	被上诉人(一审被告胜诉)

续表

案名	案号	认定作品类型	裁判观点	判决结果
31. FREYWILLE手镯案二审	（2016）粤20民终1573号	实用艺术作品	涉案饰品体现了设计师对线条、色彩和具体画面设计的个性化的智力选择和判断，具有一定智力创造性，应认定为受到著作权法的保护	被上诉人（原审原告）胜诉
32. FREYWILLE吊坠案二审	（2016）粤20民终1574号			
33. 方有隆公司产品包装案	（2016）粤73民终688号	美术作品	涉案作品具有独创性，属于著作权法中的美术作品	被上诉人（原审原告）胜诉
34. 龙之器茶具案	（2016）苏02民终1963号	美术作品	作品所体现的艺术美感已经达到美学领域基本的智力创作高度，表现了作者在美学领域的独特创造力和观念	被上诉人（一审原告）胜诉
35. 防震壁灯案	（2016）浙0281民初1131号	美术作品	涉案作品系原告自行设计并进行了著作权登记，且具有独创性，构成美术作品	原告胜诉
36. 佛跳墙陶罐案	（2016）闽0526民初3596号	不构成作品	涉案作品的器型、线条、色彩并无作者独创性表达的体现，在艺术性方面没有满足构成美术作品的最低要求，因此不属于美术作品范畴的实用艺术作品，不受我国著作权法保护	原告败诉
37. 扫描仪案	（2016）沪73民终279号	不构成作品	涉案扫描仪外形剔除公有领域后，其独有表达部分的独创性程度并不高，尚未能凝聚足够的美学领域的艺术价值，不符合著作权法关于美术作品的独创性要求	被上诉人（原审被告）胜诉
38. 轩尼诗酒瓶案	（2017）粤73民初3414号	美术作品	涉案产品体现了作者个性化的表达，具有较强的艺术性和独创性，表现出简洁典雅的风格，富有美感，故其构成著作权法保护的美术作品	原告败诉（因原告无法证明其为著作权人）
39. 美妆一体柜案	（2016）粤73民终537号	不构成作品	涉案美妆一体柜的区别设计不足以构成艺术上的独特表达，尚未达到美术作品的创作高度	原告败诉

案名	案号	认定作品类型	裁判观点	判决结果
40. 椅子案	（2016）粤民申1029号	不构成作品	涉案椅子在部分地方有一定的弧线设计和凹凸设计，有一定的美感，但这些设计仍然属于工业设计的范畴，并未达到著作权法对作品艺术表达的要求	再审申请人败诉（原审原告）
41. 空中花园花盆案二审	（2016）闽民终303号	不构成作品	涉案花盆的表达方式并非上诉人所独创，不能利用著作权登记来垄断已有的表达，否则将违背著作权法的立法原意，阻碍作品的多样性。涉案花盆不符合著作权法关于作品的独创性要求，不应受到著作权法的保护	上诉人（原审原告）败诉
42. 丽尊杯案	（2017）苏01民初1692号	实用艺术作品	涉案产品的审美意义可以与直身玻璃杯盛装物品的实用价值相分离，故系具有实用价值的艺术品，符合我国著作权法中对美术作品的定义	原告胜诉
43. 丽尊杯案	（2017）苏01民初1693号			
44. 真真老捞包装案	（2017）苏01民终8298号	美术作品	涉案夫子庙图作品系在绘画中以线条、色彩等方式构成的有审美意义的平面艺术作品，属于著作权法所规定的美术作品	被上诉人（一审原告）胜诉
45. 幼儿园装潢案	（2017）苏01民终6130号	美术作品	涉案设计系被上诉人（一审原告）独立完成，具有独创性与较高艺术价值，应受著作权法保护	被上诉人（一审原告）胜诉
46. 蒜香豌豆包装案	（2017）苏01民终11276号	美术作品	涉案包装设计与现有公知领域其他美术字体相比具有个性特征，体现了一定的独创性，能够独立构成美术作品	被上诉人（原审原告）胜诉
47. 尚岑服装案	（2018）粤1972民初7912号	美术作品	涉案作品系原告自行设计并进行了著作权登记，且具有独创性，构成美术作品	原告胜诉
48. 鸟之声马克杯案	（2018）津02民初185号	美术作品	涉案产品具有艺术领域的审美意义且具有独创性，符合美术作品的特征	原告胜诉

续表

案名	案号	认定作品类型	裁判观点	判决结果
49. 贝壳吸顶灯灯罩案	（2018）粤 20 民终 7325 号	实用艺术作品	涉案产品具有实用功能，艺术性较高，且实用功能与作品部分可以相互分离	原告败诉（因有证据证明原告产品系抄袭他人）
50. 餐牌移动电源案	（2018）粤 03 民终 8182 号	不构成作品	涉案产品系实用艺术作品，其独创性应具备较高的艺术价值，但该设计不具有审美意义，且如以实用艺术作品加以保护，禁止他人复制、发行，将不恰当地扩大上诉人所享有的独占权利，同时也损害了其他类似产品生产者以及消费者的合法权益	被上诉人（一审被告）胜诉，被上诉人与下述案件不同
51. 餐牌移动电源案	（2018）粤 03 民终 8183 号			被上诉人（一审被告）胜诉，被上诉人与上述案件不同
52. ARANYA 系列家具案	（2018）沪 73 终 452 号	部分涉案产品被认定为实用艺术作品	涉案产品共 15 件家具，其中 5 件具有独创性且具有较高的艺术美感，可以作为美术作品受到著作权法的保护；另外 10 件的造型不能构成美术作品受到著作权法的保护	上诉人（一审原告）败诉
53. 丽尊案	（2018）皖 15 民初 6 号	实用艺术作品	涉案产品的审美意义可以与直身玻璃杯盛装物品的实用价值相分离，故系具有实用价值的艺术品，符合我国著作权法对美术作品的定义	原告胜诉
54. 唐韵衣帽间家具案	（2018）最高法民申 6061 号	实用艺术作品	"唐韵衣帽间家具"作为兼具实用功能和审美意义的立体造型艺术作品，属于受著作权法保护的美术作品	再审申请人（一审被告、二审被上诉人）败诉
55. 机器狗玩具案	（2018）粤民终 361 号	实用艺术作品	机器狗玩具设计虽受到其实用功能的限制，但是仍可以看出其设计的独创性之所在，因此应予以保护	上诉人（一审原告）胜诉
56. 鞋盒案	（2019）苏 01 民终 3128 号	图形作品	通过图形的方式分别展示介绍了该款童鞋的功能和特点，让人一目了然，具备一定的独创性和美感，符合著作权法及其实施条例关于图形作品的规定	上诉人（一审原告）胜诉

从表 1 可以归纳出法院对实用艺术作品的裁判认定分为以下三类。

一是涉案外观设计产品认定为美术作品或者其他类型的作品时，法院采用"艺术性+独创性"标准判断。例如在案件 38 轩尼诗酒瓶案中，广州知识产权法院认为：涉案产品体现了作者个性化的表达，具有较强的艺术性和独创性，表现出简洁典雅的风格，富有美感，故其构成著作权法保护的美术作品。

二是在涉案外观设计产品认定为实用艺术作品时采取了两种不同的认定标准：一种是以美术作品的认定标准对实用艺术作品加以认定。如在案件 42 丽尊杯案中，法院认为：涉案产品的审美价值可以与实用价值相互分离，故该产品系具有实用价值的艺术品，且实用艺术作品属于美术作品的一种，故涉案产品符合我国著作权法对美术作品的定义；另一种认定是认为实用艺术作品的认定标准应当高于美术作品，其独创性应具备较高的艺术水准。如在案件 52ARANYA 系列家具案中，法院认为：与普通的美术作品不同的是，实用艺术品还可以受到外观设计专利权的保护。在专利法已经对外观设计专利提供专利权保护的情况下，实用艺术品若要构成作品受到保护应当达到较高水准的艺术创作高度。

三是在工业设计产品不构成作品的案件认定时，多数法院则采用"艺术性+高于美术作品独创性标准"。例如，上海知识产权法院在案件 15 扫描仪案中认为：就实用艺术作品而言，鉴于实用艺术作品的主要价值在于实用性，故其若要受到著作权法的保护，那么其独创性所体现的艺术美感，应当高于一般的美术作品。

（二）现实困境

1.《著作权法》未明文规定

从我国司法实践来看，法院运用著作权对实用艺术作品进行保护并非一朝一夕之举。但目前我国《著作权法》中，并没有专门针对实用艺术作品的制度设计作为参考。在目前可见的法律文件中，仅有 1992 年国务院颁布的《实施国际著作权条约的规定》❶ 中提到了我国对于国外的实用艺术作品应当给予保护，

---

❶《实施国际著作权条约的规定》第 6 条：对外国实用艺术作品的保护期，为自该作品完成起二十五年。美术作品（包括动画形象设计）用于工业制品的，不适用前款规定。

但该规定所涉及的客体范围仅限于国外的实用艺术作品，故该文件虽宣示性地表明了我国对实用艺术作品的保护立场，但并未解决我国在保护实用艺术作品时无法可依的尴尬境地。

2. 认定标准不一致

从前文案件统计表明，我国司法实践中对于实用艺术作品缺乏明确的认定标准，多数法院在认可实用艺术作品受到著作权法保护模式的基础上对其适用美术作品的认定标准予以认定，如在案件 1 平安宝宝饰品案中，上海市黄浦区人民法院认为：涉案产品各项细节均具有显而易见的独创元素和一定的艺术美感，能够受到著作权法的保护。虽涉案产品系实用艺术作品，但其具有审美意义的立体造型在观念上可以独立于实用功能而存在，依然可以参照美术作品的认定标准，并适用相关条款进行保护。但也有少数法院则认为不应按照美术作品的认定标准，应当提高认定标准。在案件 15 扫描仪案中，上海知识产权法院认为：实用艺术作品的独创性应当达到较高的艺术水准。由此可见，我国目前司法实践中对于实用艺术作品的作品认定标准并不一致。

司法实践对实用艺术作品认定标准的不一致，必然会导致同案不同判的后果：如动物头像形状的壁挂钩类案件，东莞中院在案例 17 鹿头壁挂钩案中认为：涉案产品具有美术作品所应具有的独创性，从而认定涉案产品为美术作品项下的实用艺术作品并给予保护。但泉州中院在审理统案例 25 鹿挂钩案时则认为：涉案产品的独创性并不具有一定的艺术高度，且对于该类型客体给予过度保护的话，易引起权利人垄断市场情形的发生，进而有损社会公共利益，故不认可涉案作品构成著作权法意义上的作品。

3. 司法保护路径不统一

如前文所述，由于缺乏明确的法律规定，致使对于实用艺术作品类型案件，法院的司法保护路径并不统一：一是有些案件中，法院将美术作品认定为实用艺术作品，如在案件 7FREYWILLE 吊坠案中，法院便将本应为美术作品的涉案首饰吊坠认定成了实用艺术作品；二是在有些案件中，法院则将实用艺术作品认定为了美术作品或者其他类型的作品，如在案件 33 方有隆公司产品包装案中，法院将本应认定为实用艺术作品的涉案产品包装设计认定为了美术作品；三是在有些案件中，实用艺术作品与外观设计专利出现交叉情形时，法院的裁判观点则有所不同：如案件 56 鞋盒案中，涉案鞋盒原为一项外观设计专利，后因构成现有设计而被无效。法院在裁判中认为：不论原外观设计专利权是否有效，均不影响涉案产品被认定为作品因而适用著作权法保护。但在 2004 年的三茂诉永隆包装标贴案❶中，涉案产品同时申请了外观设计专利与著作权登记，而法院在裁判时则认为：权利人申请外观设计的行为视为其自动放弃了著作权，故涉案产品仅能以外观设计专利权加以保护。

三、域外关于实用艺术作品的保护模式

（一）美国的保护模式

美国对于实用艺术品的保护模式采取的是版权和外观设计双重保护制，❷ 且在运用版权保护实用艺术作品问题上，1976 年颁布的《美国版权法》第 101 条已明确：若实用艺术作品构成作品的部分具有可分离性特征，即作品部分脱离具有实用价值的载体后，仍可依附于其他载体或者单独成为作品的，即可受到版权法的保护。❸ 在此后发生的美国明星体育公司诉校园品牌公司案中，美国最高法院对于实用艺术作品获得法律保护的条件进行了进一步的阐释：第一，实用艺术作品的作品部分或者设计的部分可以从作品当中分离出来，并且单独成为一个受到版权法保护的平面或者立体的作品；第二，上述的分离并非发生在实物之上，而是从思想上可以分离，即分离之后所得设计部分，亦可以通过其他形式的载体表现出来。❹ 美国的这种操作模式被称为"分离性测试"。

（二）欧洲国家的保护模式

欧洲国家关于实用艺术作品的保护存在两种模式：一种是英国所采取的特

---

❶ 参见（2004）深中法民三初字第 670 号民事判决书。

❷ 李明德. 美国知识产权法［M］. 北京：法律出版社，2014：827.

❸ 张慧霞，姚梦媛. 浅析实用艺术作品的"艺术性"的判断——以美国明星体育公司诉校园品牌公司案为引［J］. 法律适用，2018（20）.

❹ Star Athletica, L. L. C. v. Varsity Brands, Inc., et al 580 U. S.（2017）.

别工业版权保护模式，另一种是德国与法国所采取的著作权与外观设计双重保护模式。其中，英国采取的具体做法为，当实用艺术作品尚处于设计作品阶段时，适用普通的版权对其进行保护，一旦该设计投入工业生产，那么该设计作品将则自动转化为"特别工业版权"保护，实行较短的 25 年保护期。❶

德国和法国的具体做法与同样采取双重保护模式的美国存在一定的差异，具体表现在认定实用艺术作品独创性之时，奉行"个性体现"原则，即只有当某件工业设计品体现了极高的作品意义上的"创作个性"时，才能被认定为受著作权保护的实用艺术作品，这也就意味着多数工业设计品很难得到著作权法的保护。如此做法的用意是为了防止本属外观设计专利的客体享有广泛而长期的著作权保护。❷

（三）日本的保护模式

日本对于实用艺术作品采用的是单一著作权保护模式。日本法称美术作品为美术著作物，且美术著作物被分为纯美术作品与应用美术作品，其中的应用美术作品与实用艺术作品的概念相似，同时日本法又以社会公众的鉴赏需求作为标准，将应用艺术作品划分为手工艺品与工业艺术品。由于前者在社会公众看来具有较高的独创性与艺术价值，因此对于手工艺品适用著作权法进行保护；而工业艺术品相较于手工艺品，其大都为工业上的机械复制。因此，日本法认为，工业艺术品与手工艺品相比艺术性较差，故对其适用意匠法进行调整。❸ 不过大多数日本法院的观点认为，以工业上的机械复制从而缺乏艺术价值为由，否定工业艺术品的著作物属性并不合理，同时认为若工业艺术品在艺术性上能够达到与纯美术作品相同的程度即应当给予著作权的保护。日本法院还普遍认为，即便是可以适用著作权法对工业艺术品进行保护，也应当以厘清著作权法

---

❶ Copyright, Designs and Patents Act（1988），Section 52.

❷ 宋戈. 实用艺术作品分离规则的适用——以合并原则为视角 [J]. 电子知识产权，2018（2）.

❸ 王维雅，刘胜红. 我国实用艺术作品保护模式探析 [J]. 珠江教育论坛，2015（3）.

与意匠法之间的关系作为前提。❶

四、实用艺术作品著作权法保护模式的思考

（一）适用著作权法保护的正当性

1. 国际公约明确要求对该类型客体进行保护

《伯尔尼公约》明确将"实用艺术作品"纳入"文学和艺术作品"进行保护。❷ 同时还规定，如在某成员方并未设计专门的法律制度对工业设计进行保护，则应将工业设计认定为实用艺术作品，并通过著作权法加以保护。❸ 这是一项缺省规则，即《伯尔尼公约》规定各成员有权选择符合本国需求的制度对工业设计加以保护，若成员方未作出专门的制度设计，则应以著作权进行保护。由此可见，著作权法对于该类型客体的保护是一种兜底性的存在。TRIPS 协议沿袭了《伯尔尼公约》的精神，同时又对实用艺术作品如何适用著作权进行保护

---

❶ 李雅琴. 实用艺术作品对著作权适格性问题研究——兼论我国《著作权法》的修改 [J]. 湖北社会科学，2013（8）.

❷ 《保护文学艺术作品伯尔尼公约》第 2 条第 1 款："文学艺术作品"一词包括科学和文学艺术领域内的一切作品，不论其表现方式或形式如何，诸如书籍、小册子及其他著作；讲课、演讲、讲道及其他同类性质作品；戏剧或音乐戏剧作品；舞蹈艺术作品及哑剧作品；配词或未配词的乐曲；电影作品或以与电影摄影术类似的方法创作的作品；图画、油画、建筑、雕塑、雕刻及版画；摄影作品以及与摄影术类似的方法创作的作品；实用艺术作品；插图、地图；与地理、地形、建筑或科学有关的设计图、草图及造型作品。

❸ 《保护文学艺术作品伯尔尼公约》第 2 条第 7 款：考虑到本公约第 7 条第 4 款的规定，本联盟成员方得以立法规定涉及实用艺术作品及工业设计和模型的法律的适用范围，并规定此类作品，设计和模型的保护条件。在起源国单独作为设计和模型受到保护的作品，在本联盟其他成员方可能只得到该国涉及和模型所提供的专门保护。但在该国并不给予这类专门保护，则这些作品将作为艺术品得到保护。

作出了相应的指引。❶ 我国在《专利法》中已经设计了外观设计专利权对工业设计加以保护，但对于那些并未申请外观设计专利且兼具实用性与美观性的工业设计而言，便出现了一个权利保护的真空状态。如果要对该种情形下的客体进行保护，在我国境内仅能依照《伯尔尼公约》的精神，适用《著作权法》进行保护；虽然我国《著作权法》中暂无专门针对实用艺术作品的制度设计，但长期以来我国司法实践中一直未停止通过著作权对实用艺术作品加以认定和保护。因此，无论是从遵从国际公约的角度还是从我国司法实践的可接受度，适用《著作权法》对于实用艺术作品进行保护也是符合我国的国情之需。

2. 我国《著作权法》中已预留了保护空间

1990 年《著作权法》第 3 条对作品的范围进行了界定，即文学、艺术、社会科学、自然科学以及工程技术等作品。❷ 从中可以看到，彼时的著作权法承认了以工程技术所产生的作品能够受著作权法保护。工程技术所产生的作品即工业生产设计的产物，且作品自身带有一定的功能属性。而实用艺术作品同样具有功能属性，故该条文一直被学者视为我国著作权法保护实用艺术作品的早期理论依据。❸ 同时，在著作权法的两次修改中，又增添了诸如建筑作品、图形作品等具有功能性的作品。可见我国也曾有过通过修法增设功能性作品客体的先例，因此我国著作权法本身对于实用艺术作品的保护是有着充足的预留空间的。

3. 著作权法保护符合国际立法趋势

综观前文所述采取双重保护模式的国家，无论是美国还是欧洲的法国与德

---

❶　《TRIPS 协议》第 25 条：1. 各成员应对新的或始创的独立创造的工业设计提供保护。各成员可规定，如工业设计不能显著区别于已知的设计或已知设计特征的组合，则不属于新的或原创性设计。各成员可规定该保护不应延伸至主要出于技术或功能上的考虑而进行的设计。2. 每一成员应确保为获得对纺织品设计的保护而规定的要求，特别是有关任何费用、审查或公布的要求，不得无理损害寻求和获得此种保护的机会。各成员有权通过工业设计法或版权法履行该项义务。

❷　《中华人民共和国著作权法》（1990 年版）第 3 条：本法所称的作品，包括以下列形式创作的文学、艺术、自然科学、社会科学、工程技术等作品：（一）文字作品；（二）口述作品；（三）音乐、戏剧、曲艺、舞蹈作品；（四）美术、摄影作品；（五）电影、电视、录像作品；（六）工程设计、产品设计图纸及其说明；（七）地图、示意图等图形作品；（八）计算机软件；（九）法律、行政法规规定的其他作品。

❸　杨利华. 功能型作品著作权保护制度研究 [J]. 知识产权，2013 (11).

国，均有专门法律制度对工业设计进行保护。同时，上述国家亦不排斥著作权法对工业设计的保护；从其法律制度设计来看，这些国家均在其本国的著作权法中明确了对实用艺术作品的保护，同时亦通过具体的制度设计，来明确具体的作品认定标准以及适用法律的顺序。

（二）实用艺术作品客体独立的必要性

关于实用艺术作品能否独立成为著作权法上的客体，学界一直存在争议。"肯定说"认为实用艺术作品应当作为著作权法保护的独立客体。其理由是：实用艺术作品与外观设计专利所涉及的客体范围并无本质上的区别，❶ 故如果不明确著作权法对于实用艺术作品的保护力度与范围，将会使得该类型客体受到双重待遇，进而会对外观设计专利制度带来冲击。❷ "否定说"则不赞成在著作权法中将其作为独立客体，其理由是：著作权仅保护实用艺术作品构成作品的部分而非其实用部分，故仅就作品部分而言，其实质与美术作品并无区别，❸ 因此没有必要将其独立为单独客体加以保护。同时还认为，"草案送审稿"虽将实用艺术作品列为独立的客体，但对于作品认定标准等问题却未予明确。因此这种做法非但未解决实际问题，反而加剧了对外观设计专利的冲击。❹

笔者认为，实用艺术作品在著作权法上单列为独立客体加以保护是有其必要性的，理由如下。

1. 实用艺术作品与美术作品并不等同

从概念上看，美术作品是指包括书法、雕塑、画作在内的以色彩、线条或者它种方式构成的具有艺术价值的立体或平面的造型艺术作品。❺ 而如果单独看

---

❶ 徐棣枫，邱奎霖. 实用艺术作品双重保护问题及裁判路径探讨 [J]. 知识产权法，2016（12）.

❷ 孟祥娟. 实用艺术作品宜为著作权独立的保护对象 [J]. 学术研究，2013（3）.

❸ 郑成思. 版权法 [M]. 北京：中国人民大学出版社，1997：105.

❹ 管育鹰. 实用艺术品法律保护路径探析——兼论著作权法的修改 [J]. 知识产权，2012（7）.

❺ 《中华人民共和国著作权法实施条例》（2013 年修订）第 4 条第（8）项：美术作品，是指绘画、书法、雕塑等以线条、色彩或者其他方式构成的有审美意义的平面或者立体的造型艺术作品。

待实用艺术作品的作品部分，其实质上就是一种美术作品。不可否认的是，实用艺术作品与美术作品存在一定程度的交叉。❶ 但究其根本而言，二者仍存在本质上的区别：首先，纯美术作品最大的特点便是仅具有审美意义，换言之，其创作及其存在价值便是为了满足公众的审美需求，是属于文学版权。然而实用艺术作品则是兼有审美意义与实用性两个特点，且以实用性为主，美学设计为辅。设计者在进行创作之时，更多地要考虑相关美学设计尽可能地服务于产品的实用功能，有时甚至会为了迎合实用性而适当地舍弃一些具有美感的设计点，是属于工业版权。其次，实用艺术作品的保护期限是 25 年，而美术作品的保护期限为 50 年，如果将实用艺术作品认定为美术作品进行保护，那么实用艺术作品的 25 年保护期限便被美术作品的 50 年保护期所涵盖，如此一来，针对实用艺术作品设计的保护期限制度便不再有意义。最后，从作品所囊括的产品类型来看，任何一种具有实用功能的工业设计产品，均有可能构成著作权法意义上的实用艺术作品，而美术作品所囊括的产品仅包含那些纯粹满足审美需求的产品，如画作、雕塑等。因此，实用艺术作品所囊括的产品范畴要大于美术作品。

2. 客体独立是开展制度设计之前提

从前文分析可以看出，将实用艺术作品归入美术作品项下进行保护的做法，容易扩大美术作品的潜在保护范围，从而在司法实践中会导致客体认定上的混乱。因此，为了防止这种混乱的发生，有必要厘清著作权法中不同类型的客体，以便作出有针对性的制度设计，完善实用艺术作品的著作权法保护。笔者认为可以参照德国和法国的立法经验，将实用艺术作品单独列为著作权法中的一项客体。如此一来，便可脱离美术作品的认定规则，防止客体认定混乱情形的发生，这不仅解决了司法实践中实用艺术作品的著作权客体确定性问题，❷ 同时有利于结合我国实际情况，有针对性地设计相关制度，进而更合理地通过著作权法对实用艺术作品进行保护。

---

❶ 杨慧. 实用艺术作品著作权保护的现实困境极其消解［J］. 财经法学，2018（4）.

❷《关于〈中华人民共和国著作权法〉（修订草案送审稿）的说明》。

3. 客体独立符合国际立法趋势

通过对实用艺术作品与外观设计专利的定义及特征❶进行对比可知，二者均是对工业产品的设计创新进行保护。从权利效力层面上来看，无论是著作权还是专利权，对于工业设计的保护所起到的效果并无本质区别。因此，二者在保护之时会出现交叉保护的情形。❷ 但是相比较而言，著作权对于实用艺术作品的保护期限有 25 年，权利取得无须经过繁杂的行政确权程序；当前司法实践中对于实用艺术作品的独创性要求不高，相关工业设计很容易被认定为作品受到著作权法的保护，以至于权利人选择司法保护路径时，难免会弃专利保护制度而选择著作权法来予以保护，长此以往则很可能会出现案件 39 美妆一体柜案中主审法官所担忧的后果，即无人愿意申请外观设计专利，继而导致专利法相关制度形同虚设。因此，为防止上述情形的发生，应借鉴德国与法国的保护模式，明确著作权法保护的同时，将实用艺术作品列为著作权法中的一项独立客体，并有针对性地设计较为严格的作品认定标准。如此一来，不仅明确了著作权法对该类型客体的保护，同时亦可防止著作权法对于实用艺术作品过度保护情形的发生。

（三）明确著作权法保护缺省地位的必要性

前文所述，《伯尔尼公约》已明确了著作权法在保护该类型客体时的缺省地位，依照该公约之精神，仅在某种工业设计无法适用已有制度进行保护的情况下，方能以著作权法进行保护。具体至我国而言，明确著作权法保护该类型客体时的缺省地位，即仅在某种工业设计无法适用外观设计专利制度或者立体商标制度进行保护时，方能以著作权法来保护，是与公约精神的要求相一致；另外，司法实践中也会出现涉案产品同时受到专利权与著作权保护的情形，从既

---

❶ 《中华人民共和国专利法》第 2 条第 4 款：外观设计，是指对产品的形状、图案或者其结合以及色彩与形状、图案的结合所作出的富有美感并适于工业应用的新设计。

❷ 徐棣枫，邱奎霖．实用艺术作品双重保护问题及裁判路径探讨［J］. 知识产权法，2016（12）.

往的判决来看，有的法院在裁判中认定涉案产品仅能受到专利权的保护。❶ 这样的裁判在缺少法律明文规定的情况下，难免会有法官不当适用自由裁量权之情形发生。因此，应在结合我国国情的基础上在立法中予以明确，以利于平衡实用艺术作品著作权保护与其他知识产权保护制度之间的关系。

五、我国著作权法立法建议及设计

（一）明确实用艺术作品独立的客体地位

前文已述对实用艺术作品的保护应当在著作权立法中明确其独立的客体地位，并围绕实用艺术作品的特点进行相关保护制度的设计，在此不再累述。笔者认为，立法应对实用艺术作品的概念做出定义，目前"草案送审稿"对实用艺术作品与美术作品进行了划分，同时将客体范围限制在了诸如玩具、家具等兼具实用性与美观性的工业设计之上。"草案送审稿"中亦通过独立的一条，明确了实用艺术作品 25 年的保护期限。对此，笔者是赞同的。

（二）明确著作权法保护的缺省地位

前文所述，明确著作权法对该类型客体保护的缺省地位，既是国际公约的明确要求，同时亦有利于提高实用艺术作品的保护标准。因此，应当设计独立的条文，并分三种具体情况加以规定。

第一款设计为："已经依法取得外观设计专利权或者立体商标专用权，且兼具实用功能与审美意义的立体或者平面的工业设计，应当适用相应的知识产权制度进行保护。"该款如此设计，是为了保持著作权法的保护和其他知识产权保护制度之间的平衡。换言之，在权利出现竞合时，应当优先适用专利权或者商标权对涉案产品进行保护，以防止著作权保护出现泛滥，进而防止对现有保护

---

❶　例如前文所述三茂诉永隆包装标贴案中，法院即认为：权利人在涉案产品上申请了外观设计专利权，同时又进行了著作权登记，故在此情形下，视为权利人放弃了著作权的保护，仅能以外观设计专利权进行保护。

制度产生冲击。

第二款设计为："未申请过外观设计专利权或者立体商标专用权，或者曾被授予前述权利但权利期满失效或者已被无效的，兼具实用功能与审美意义的立体或者平面的工业设计，在其独创性具有一定的艺术高度时，权利人可直接主张以实用艺术作品进行保护。"该款如此设计，一方面明确了直接以实用艺术作品进行保护时所应满足的前提条件，即此前并未在相关工业设计上申请外观设计专利权，或者曾被授权但权利期限已届满或者已被无效；另一方面亦明确了构成实用艺术作品所应达到的标准，即仅在独创性具备较高的艺术水准时，方能被认定为实用艺术作品受到著作权法的保护。

第三款设计为："未申请外观设计专利的商品包装、装潢，同时构成了著作权法上所保护的实用艺术作品，权利人有权选择主张以著作权进行保护或者以产品包装、装潢相关权益进行保护。且在同一案件中，权利人仅可主张其中一项权利进行保护。"如此设计之用意，是因为著作权以及产品包装、装潢相关权益的取得均无须登记程序，因此，在未申请外观设计专利的商品包装、装潢之上，赋予权利人一项选择权，并不会引起权利主张与法律适用上的冲突，反而有利于加强对于该类型产品的知识产权保护力度。

（三）明确实用艺术作品的认定标准

关于实用艺术作品的作品认定，王迁教授提出了三个方面的认定模式：第一，相关客体必须能够实现作品部分与功能部分在观念上的分离；第二，构成作品的部分应当具有独创性；第三，作品部分的独创性应当具备较高的艺术水准。❶ 王迁教授的观点中，第三点是实用艺术作品与纯美术作品在作品认定时的不同点。笔者认为，"较高的艺术水准"稍显抽象，判断一个作品的艺术水平高低，本身就是一个仁者见仁智者见智的过程，不同文化程度的人观点是不同的。因此，笔者的观点是在王迁教授观点的基础之上，应当将实用艺术作品实用性与艺术性相结合，对作品进行认定。

笔者认为受到《著作权法》条文设计模式等因素的限制，针对实用艺术作

---

❶ 王迁. 著作权法 ［M］. 北京：中国人民大学出版社，2015：97-98.

品的作品认定标准不宜在《著作权法》的条文中直接体现，但可以通过司法解释的形式加以明确。具体设计如下。

1. 作品部分与实用部分可进行观念上的分离

所谓观念上可以分离，即我们假设将相关实用艺术作品的作品部分从中剥离，如果剥离之后并不影响实用部分的功能，且作品部分亦可以在其他载体之上进行呈现。❶ 如此，相关产品即可以被认定为实用艺术作品，反之则不可。

2. 实用部分与作品部分相结合，使得作品的独创性具备一定的艺术高度

参照德国与法国的立法例，若要提高实用艺术作品的认定标准，那么相关作品的独创性就必须具备一定的艺术水准。但正如前文所析，实用艺术作品的作品部分在设计之时必然会迎合产品实用功能的发挥，故实用部分必然会对作品部分的表达产生一定程度的影响。❷ 因此，在考量独创性所具备的艺术水准时，不仅不可忽略实用部分的存在，而且还应当将实用部分与作品部分相结合进行综合考量，使得考量标准具体化。具体操作时应考量实用部分与作品部分的契合程度，即不因满足美观需求而影响实用性，反之亦然。如此设计，仅是将实用部分作为影响独创性的艺术高度的一个要素加以考量，并不会因此对实用部分给予了著作权法的保护。❸

3. 以实用物品整体来认定实用艺术作品

实用艺术作品客体独立之后，其所涉及的产品不再受到美术作品的保护，故美术作品应当回归其原有的释义，即纯粹以美学设计为主，满足公众审美需求的作品。故此时是否具有实用性，便自然而然地成为实用艺术作品与美术作品的分界线。因此，在具体判断时应考量涉案产品的整体是否真正能发挥出其应有的功能，以此判断涉案产品具体应归属于实用艺术作品还是美术作品。具体而言，首先应当明确涉案产品是否为满足观赏需求而设计，如结论是否定的，那么涉案产品便有可能被认定为实用艺术作品；其次应当考察作品载体从整体

---

❶ 王迁. 著作权法 ［M］. 北京：中国人民大学出版社，2015：98.

❷ 梁志文. 论设计保护的功能性原则 ［J］. 现代法学，2019（3）.

❸ 顾缨. 论美术作品知识产权交叉保护引发的权利冲突 ［D］. 北京：中国政法大学，2005.

上是否具有实用性，以此来明确涉案产品是否可以适用实用艺术作品进行保护。以案件 14 周黑鸭锁鲜装案为例，权利人在主张权利时，主张涉案包装的封膜及图的设计构成美术作品，应受到著作权的保护。然而锁鲜装包装设计是由封膜与餐盒共同组成，封膜上面所附载的图案设计，并非基于满足观赏需求而设计，而是为了使包装更为美观同时介绍所包裹的产品。因此，该产品不属于美术作品，而应属于实用艺术作品。然而从实现实用价值的角度来看，该锁鲜装的实用价值是由封膜与餐盒组合所体现，仅封膜一部分是无法实现涉案产品的实用价值的。故该种情况下亦不能以实用艺术作品对其进行认定并加以保护。

六、结　语

随着我国人民物质文化水平的不断提高，人们对实用艺术作品的需求也会越来越高，将实用艺术作品纳入著作权法保护体系，既是顺应国际立法潮流，也是我国的国情所需。实用艺术作品不同于美术作品，应作为著作权保护的独立客体，突出其客体地位，应在立法中注意平衡实用艺术作品的著作权保护与其他知识产权保护制度之间的关系，在著作权立法中确立保护实用艺术作品中的缺省地位，并在司法解释中明确实用艺术作品的认定标准。

文身作品著作权冲突问题之思考

卢雅琦*

内容提要　与传统作品不同，文身作品以人体皮肤作为载体，很容易造成人身权与著作权的冲突。基于权利属性的不同，在行使时需要做出不同的让步。对于文身作品的修改权等著作人身权而言，首先，由于文身创作较为审慎，往往预先进行规划，因此皮肤上最终完成的创作并不具有唯一性，人身权人的修改并不必然造成作者智力成果的毁损灭失；其次，作品的修改权是法律赋予的权利，而人身权人自由支配身体的权利却是天然享有的；最后，从修改权与保护作品完整权的关系上来看，两种权利有相近的部分，具体到文身作品时，可以对作者的修改权进行合理限缩。文身作品的修改权可以参考"部分穷竭"原则，文身师的修改权随着创作的完成而丧失，后续则是人身权人行使人身权的体现。对于文身作品的复制权等著作财产权而言，更侧重于作品财产属性的保护，人身权人的权利行使不得超过非商业目的。

关键词　文身作品；著作权；人身权

一、文身作品的概念及著作权归类

文身是一种由来已久的艺术表达形式，在纷繁复杂的现代生活中，人们通过这种体肤的雕刻，表达着自己与众不同的一面，这种文身作品往往蕴含着独

---

* 卢雅琦，南京理工大学知识产权学院研究生。

特的含义，是人们精神情感的寄托，标志着人生新的阶段的开启。

（一）文身作品的界定

文身的创作过程包含规划、割线、打雾三个步骤，在规划设计完成的基础上，文身师用刺破皮肤的方式，在创口上用颜料上色，在皮肤上留下永久性图案。在现代生活中，人们出于各种不同的目的绘制文身，是张扬个性、释放情绪的方式之一，同时，文身消费群体数量的上升和人群的改变也极大地促进了该行业的蓬勃发展。

作品的表达需要载体进行外在化。与传统著作权的作品不同，文身作品载于人体皮肤。

从生物学的角度来说，皮肤是人体最大的器官，主要结构分为：表皮、真皮和皮下脂肪。三层结构分别起着不同的作用，对人体而言至关重要，同时还起着免疫屏障的功能作用。❶

从艺术的角度看，皮肤除了作为保护身体的一种组织和重要的感觉器官之外，同时还兼具个人外在形象的表达的作用，也就是说，皮肤包裹着我，他人也正因为对我"皮肤"的认识而认识我。皮肤还是一种特殊的媒介，不仅只是覆盖于人的体表，而且又可以成为人体的表现工具，兼具信息传达与感知功能。❷ 作为人体本身的再现，皮肤在艺术理论中，如在传统的雕刻艺术中，它被认为具有十分丰富的话题和内容。❸

（二）文身作品的归类

我国早在1990年《著作权法》中，就将美术、摄影作品纳入著作权所保护的作品范围，随后，在《著作权法实施条例》中将具有"审美意义"作为美术作品重要的构成要件之一。但是，"审美意义"的判断是因人而异的。一方面，一些绘画作品由于不被理解从而会被认为难以欣赏，但反过来被另一部分民众

---

❶ 皮肤的超级力量 [J]. 世界科学，2019（1）.

❷ Marshall Mc Luhan. Understanding Media：The Extensions of Man [M]. New York：Mcgraw-Hill，1965.

❸ 谷川渥，王凯. 皮肤艺术论的地平线 [J]. 美育学刊，2011（2）.

所接受、喜爱，美术作品需要体现独特创造力，审美意义的有无并不能完全取决于单个人的主观判断。❶ 在文身作品的著作权归类时，虽然载体特殊，但并非转瞬即逝，可以视为"有形载体"，在满足审美要求之后，符合著作权法上"美术作品"的条件。

二、文身作品著作权与人身权冲突的体现

（一）案例引入

当作品的载体是人体皮肤时，容易产生一些文身师与顾客权利的冲突。2005 年，美国职业篮球联赛运动员华莱士与耐克公司，受到了文身师里德的诉讼，理由是华莱士未经其许可，在耐克公司的商业性广告中，突出宣传了自己胳膊上的文身作品，在满屏特写之中配有华莱士对于文身含义的解释。该文身作品由里德按照华莱士的建议要求设计而成，并在创作过程中吸纳了华莱士的修改意见。里德随即对该文身的著作权进行了登记，并主张耐克公司和华莱士的行为并不属于日常公开展示。

同年，由于贝克汉姆未经允许，在商业广告中展示了皮肤上的文身作品，该文身图案甚至成了贝克汉姆的标志，引来了大量追随者的模仿，为此，引来了文身作者路易斯的警告。

2011 年，拳王泰森和华纳兄弟公司受到了文身师惠特米尔的起诉。惠特米尔在拳王泰森的面部创作了一个抽象图案的文身，但在泰森主演的电影《醉宿》中，另一个主要演员霍尔姆斯的面部出现了几乎与该文身图案相同的文身作品。惠特米尔认为华纳兄弟公司未支付报酬，也未经许可，在电影中突出使用了连续的文身，侵犯了其著作权。华纳兄弟公司主张以合理使用抗辩，但由于镜头展现的该面部文身并非电影情节的必要部分，被法官予以否定。

---

❶　Bleistein v. Donaldson Lithographing Co. , 188 U. S. 239, at 251 （1903）.

（二）争议分析

当人体皮肤成为作品载体时，著作权的保护问题容易引起争论。在日常生活中，皮肤所有者为满足自我欣赏的目的，不可避免地会对该文身进行展示，如拍照分享等。类似地，人身权人若不经作者同意，对作品擅自修改，理论上来说是侵犯了作者的修改权，但从人身权的角度来说，这种修改却是合理的，这便是修改权与人身权的冲突；人身权人未经许可复制该文身，也容易造成人身权与著作权的冲突。文身作品著作权与人身权产生冲突时，容易造成对基本人权的侵犯，在权利救济的方式上也较为特殊甚至难以执行。❶ 在未做出相关约定的前提下，应当确定权利合理边界，避免因双方权利的含混不清造成权利冲突。

三、权利冲突及解决途径

著作人身权与著作财产权在权利内容、保护利益等方面存在明显的差异，不能笼统而论。笔者在探究文身作品著作权保护问题时，将文身作品著作权分为著作人身权和著作财产权两部分进行阐述。

（一）著作人身权之修改权与人身权冲突

我国《著作权法》规定修改权的权利属于作者或经作者许可的其他主体。但是，当作品载体是人体皮肤时，对于存在于自己皮肤上文身作品，人身权人的人身权更优先于著作权受到保护。

第一，在美术作品中，对原件的修改、损毁，是侵犯作者著作权的形式之一。在敦煌壁画案❷中，四位画家受晴川饭店委托，创作壁画《赤壁之战》并受到了较高的赞誉，然而在该饭店后期的装修中，工作人员在未告知原作者的

---

❶ David M. Cummings. Creative Expression and the Human Canvas: an Examination of TATTOOS as Acopyrightable Art Form [J]. University of Illinois Law Review, 2013（20）: 279.

❷ 参见（2003）鄂民三终字第 18 号民事判决书。

情况下，将壁画损毁，四位画家以侵害著作权为由请求赔偿。该案中，由于该壁画作品由作者直接绘制，且墙壁是作品的唯一载体，具有唯一性，载体的消失导致这种著作权无从谈起，所以，应当承担相应的民事侵权责任。但这种侵权理由并不当然适用于文身作品。首先，文身作品区别于即兴壁画创作，更为审慎，往往并不是由著作权人直接创作在他人皮肤上的，而是先将创作思路通过手稿、电子稿等方式存储，因此可以认为不具有唯一性，皮肤并不是该作品的"唯一载体"，即便毁损修改，也不会造成著作权人作品当然的消失，著作权人依然可以基于已经创作完成的底稿、电子稿等，对作品进行再次的宣传、利用。

第二，修改权等著作人身权保护的客体是作者的人格利益，核心为人格尊严和人格自由，可以参照人格权理论，对著作人身权进行保护。著作人身权是法律赋予作者的权利，是"参照"民法上的人格权理解，这种权利并非与生俱来，只有基于法律的规定，才获得了保障。而人身权自然人生而享有，即使没有法律做出规定，也当然享有。人身权是绝对权，身体所有者当然享有对自己身体（皮肤）支配的权利，在文身作品权利行使中，皮肤是人体的组成部分，人们去除掉自己皮肤上的文身也是基本人权的体现。基本人权有着优越性，更应当优先被保护，基于此，人身权主体有权修改作品，不能因为修改权的保护，影响到人身权人自由支配身体的权利。

第三，根据我国《著作权法》第10条对保护作品完整权的定义，有观点认为，保护作品完整权与修改权相互关联，侵犯修改权的同时也会对保护作品完整权进行侵犯。❶ 这两种权利存在重叠部分：从积极方面看，作者有权修改自己作品；消极方面看，作者有权禁止他人修改、增删或歪曲自己的作品。❷ 著作权法中设立修改权如同去设立一项"作者有权创作作品"的"创作权"一样，应当予以删除。❸ 另一种观点认为，修改权与保护作品完整权虽然存在一定的重叠，但保护的侧重点不同：修改权侧重于给予作者及第三人对作品再次修改的

❶　胡康生. 中华人民共和国著作权法释义 [M]. 北京：法律出版社，2002：20-21.
❷　郑成思. 知识产权法 [M]. 北京：中国人民大学出版社，2009：168-169.
❸　王迁. 著作权法 [M]. 北京：中国人民大学出版社，2015：154-155.

权利，文字性的修改和内容性的修改都要受到修改权的制约。而保护作品完整权是侧重于防止作品受到歪曲和篡改，当这种歪曲达到损害作者声誉的程度时，才会被认定为歪曲、篡改，作者授权他人修改作品，并不当然损害其保护作品完整权。❶ 当作者将"修改权"授予他人后，若不满意，可以"保护作品完整权"拒绝出版。❷ 对于修改权与保护作品完整权的关系问题没有一致的结论，两种观点都有各自的合理性，不能一概而论。具体到这种以人体皮肤作为载体的作品时，修改权可以做出适当让步，防止由于对作者修改权的保护过高，侵犯人身权人的基本权利。

对于文身作品，可以适用修改权的"部分穷竭"原则。广义的"修改权"包括"收回权"，对于未发行的作品，作者可以自由地进行修改；而对于已发行、处于流通之中的作品，在作者收回前，不得对作品进行修改。文身作者享有的修改权随着作品的完成而丧失，后续则属于人身权人行使人身权的体现，由其自由决定。

（二）著作财产权之展览权与人身权冲突

对于自己皮肤上的作品，人身权人展览、展示行为的权利边界问题，是文身作品著作权的特殊性之二。

美术作品中，原件的展览权归属于原件的所有者，在人身权行使中，展览权天然归属于人身权主体，对人身权行使的保护应当较之物权更为广泛，可以推定文身作品的展览权同样归于人身权人享有。但是，在现实生活中，还是出现了因展示文身作品而被起诉的情形，人身权人对文身作品的展示，不宜超出一定范围，但是范围该做多大的限制，相关法律没有对这种范围进行明确，容易造成冲突矛盾。

一方面，人身权人在对自己文身作品进行展示时，应限定在非商业性使用的范围内。在泰森案中，由于剧组未经著作权人同意，对泰森文身进行了复制，

---

❶ 吴高盛. 中华人民共和国著作权法——释义及实用指南［M］. 北京：中国民主法制出版社，2015：76–77.

❷ 崔国斌. 著作权法：原理与案例［M］. 北京：北京大学出版社，2014：365.

而这种复制是为了满足电影中另一角色的需要，可以认定属于商业性使用，被判侵犯了原作者的著作权。在里德诉华莱士案中，由于镜头中出现了对皮肤作品的特写，并在广告中突出使用，故最终被判侵权。归纳这些被判侵权的展览行为的共性，都是商业性质的，造成了广告效果，或是间接带来了经济利益。人身权人权利的行使不是无边界的，在进行涉及商业性质展览时，应当经得著作权人许可，作者可以禁止人身权人以商业使用为目的的展览行为。而在进行非商业目的展览，如拍照编辑成朋友圈，其本质是人身权人的自娱自乐与自我欣赏，应该考虑到人身权的属性，不做过多限制，不以著作权法规范。

另一方面，作者将作品展出的权利同样受到限制。实践中经常有文身师对创作完成的文身作品进行拍摄，再将该照片进行展示的行为。作者在对此类照片进行展出时，应征得人身权人许可，而不能自行决定作品的展出。

综上，著作权是一个集合的概念，包括诸多具体的权利，在分析著作权与人身权冲突的问题时，将著作人身权与著作财产权相区分处理。涉及的著作财产权，应当参照有形物的财产权理论，将无形物视为其权利客体。❶ 在财产权的层面，人身权人并无特别的权利，人身权人不可以超出应有的范围进行使用。

四、结　语

有学者认为，著作人身权与人格权之间的相似关系不能被夸大：著作人身权只属于作者，不是任何人都能享有的，而且只能在与作品有关的情形下行使。❷ 这种观点也是平衡双方利益对作者权利进行限制的体现。在我国《著作权法》的法条上也体现了这种设计。著作人身权篇幅不多，仅例举了4项，采用穷尽式列举，发生冲突时，著作人身权的使用不能超过立法的范围。而著作财产权有18项，并且以"其他"兜底，体现了立法上充分保护著作权财产权的倾向，对于著作权人的经济性利益，要充分保护。

---

❶ 周晓冰. 著作人格权的保护 ［M］. 北京：知识产权出版社，2015：28.

❷ Andre Lucas, Pascal Kaminan, Robert Plaisantn, France. Paul Edward Geller. International Copyright Law and Practice ［M］. Matthew Bender & Company, Inc. , 2006：7.

从著作权经济学眼光看，需要综合衡量保护所付出的成本与保护所能获得的利益，著作权法也需要对著作权的保护加以限制。❶ 随着著作权客体范围的扩大，以皮肤为有形载体的立法在著作权法中并没有特别规定，容易造成权利的冲突争议。

建议我国可以将这种特殊著作权作品进行特别规定，著作权对文身作品的保护，可以适当把标准降低一些，考虑人身权人主观心态，在非善意且不履行通知义务时才承担相应法律责任，对人身权人对文身做出的为满足私人审美目的、不损害声誉的行为不做过大限制，以防影响人身权人的日常权利行使。在文身师与顾客之间，应该签署相关协议，对权利归属进行明确约定，防止因没有约定或约定不明产生的著作权纠纷，必要时，书面明确权利的转让与放弃，规避著作权风险。

---

❶ 冯晓青. 著作权扩张及其缘由透视 [J]. 政法论坛，2006（6）.

现有法律制度下对园林设计著作权保护的探究

艾　静[*]

内容提要　园林设计成果所展现的是设计师的别出心裁与独具匠心，一个优秀的园林设计作品更是与设计师高度的创造性息息相关，是设计师综合文学、艺术、生物、生态、工程、建筑等诸多领域知识独立创作的智力成果，其最终以景观的形式展现于大地之上，服务于人们的生活以及给予人们以美的熏陶。在司法实践中，关于园林设计作品的著作权保护实例少之又少，本文在我国现有的法律基础上，将园林设计分为园林艺术和建造艺术两个方面，分别从植物配置、园林道路和园林小品三部分分析园林设计的著作权保护，并对各个设计阶段的成果表现形式进行著作权保护的分析论证。

关键词　著作权；园林设计；作品；独创性

一、研究的起源

随着人们生活水平日益提高，无论是城市环境还是乡村环境，人们对园林景观在量的方面和质的方面有了更高的要求，同时，人们对园林的美学特征有了更高的期待，追求运用独特的景观设计手法将美观性、舒适性相融合。在园林设计过程中追求艺术品质与赋予景观设计创造性是相辅相成的，其最终追求的即为一个完整的园林设计作品。对于其创作者或者所有者而言，园林设计能

---

*　艾静，南京理工大学知识产权学院研究生。

否以及如何得到著作权法的有效保护，事关其智力成果的利益保护和创作的热情。另外，生活水平的提高推动了各地园林建设的步伐，人们对园林设计师的设计水平的期待也达到了一个新的高度，但部分园林设计师未能融合当地的地理因素和文化背景创作出独具特色的园林景观，对各种现有设计进行无下限的借鉴，导致各地的园林设计文脉缺失、风貌雷同，影响了各地景观的整体建设。

然而，在现阶段，园林景观作品的著作权保护存在很大的局限性，以下通过两个案例从正反两方面来简要阐述。

在深圳市方与圆旅游景观设计工程有限公司（以下简称"方与圆公司"）与襄汾县中惠源文化旅游开发有限公司（以下简称"中惠源公司"）等著作权侵权纠纷案中，方与圆公司在接受中惠源公司委托后按合同约定对龙澍峪景区进行了规划和设计，最终作出《襄汾县龙澍峪旅游景区修建性详细规划》设计稿。此设计稿是作者综合大量专业知识获得的成果，具有独创性，构成著作权法意义上的作品。但双方在履行项目编制委托合同时产生纠纷，致使合同未完全履行。根据尊重当事人自愿原则，方与圆公司与中惠源公司可以就著作权的权利归属进行约定，即双方当事人可以以合同的方式进行著作权划分，在合同未作明确约定或者没有订立合同的，著作权属于实际进行创作的受托人。因方与圆公司与中惠源公司在《襄汾县龙澍峪景区修建性详细规划及可行性研究报告项目编制委托合同》中未对委托作品的著作权归属进行约定，故该设计作品的著作权属于实际进行创作工作的方与圆公司。中惠源公司在 2013 年 9 月 6 日与博雅方略公司签订《襄汾县龙澍峪景区修建性详细规划项目修编委托合同》，向博雅方略公司提供基础资料和待修改龙澍峪详规资料。被提供的方案为方与圆公司的劳动成果《襄汾县龙澍峪旅游景区修建性详细规划》。中惠源公司未按约定支付所有设计费用，其对方与圆公司的设计作品的使用应受到限制，且在方与圆公司和中惠源公司签订的《项目编制委托合同》中，第 10 条明确约定双方保护对方的知识产权，在未经对方同意的情况下，合同双方当事人均不得擅自修改、复制或向第三人转让对方的资料及文件或将其用于本合同项目外的项目。中惠源公司在未与方与圆公司协商一致的情况下又与博雅方略公司签订项目修编委托合同，属于修改或授权他人作品，即非法行使修改权，构成对方与圆公司规划设计作品著作权的侵害。

北京水韵园林景观有限公司（以下简称"水韵园林公司"）诉北京泰和通金典建筑装饰工程有限公司（以下简称"泰和通公司"）、华联新光百货（北京）有限公司（以下简称"华联公司"）侵害著作权案是一个比较典型的涉及著作权保护范围界定的案件，该案争议的焦点在于受著作权法所保护的复制行为是否包括工程设计图的建造利用行为。本案争议起源于甲方华联公司对乙方泰和通公司进行委托，委托对象是华联公司所拥有的某商场的景观设计，以及后期设计方案通过后的制作、安装。❶ 在本设计委托进行过程中，在未与水韵园林公司签订委托设计合同的情况下，泰和通公司将水幕的设计部分交给水韵园林公司设计并接受该公司交付的设计图纸，至此在未与水韵园林公司协商一致的情况下将其提供的全部工程设计图纸交付给案外人并就此水幕工程签订了《建设工程施工合同》，案外人在不知情的情况下接受泰和通公司的委托并完成对涉案水幕工程进行后期的深化与完善。对此，水韵园林公司主张，泰和通公司擅自决定将水韵园林公司提交的图纸交付给第三方，由第三方在此工程设计图基础上进行修改，并基于该图纸实际建造该水幕工程，将设计转化为实物，此行为侵害了水韵园林公司对该设计图所享有的著作权中的复制权。工程设计图能否成为著作权法意义上的客体，最关键的因素在于工程设计图是否达到著作权法所要求的独创性标准。以"独""创"的角度进行分析，通过判断图形本身的"独"，即其是否为独立创作完成，通过判断图形本身的"创"，即该图是否体现了创作者的思维高度和选择，而非仅仅对设计图纸中所表现出的技术方案是优秀或者拙劣、能否根据此设计图纸进行施工等方面进行判断。工程设计图纸的作用即为实际施工建造提供指导，依据上述设计图纸实行建造的行为是否构成对作品的复制，首先应该考虑的是该落地项目所表现的整体美感是否属于作品本身所体现的整体美感的再现，园林设计的最终目的为项目落地，即要完成整体设计从设计图纸到实物作品的完美转化，如果最终的实物作品是对设计图纸的完美转化，则应该承认该作品为对工程设计图作品的复制，如果该图纸只是单纯地体现传统的施工方法与经验，采用传统的施工方案和操作方法，

---

❶ 李自柱. 图形作品的保护范围及侵权认定——从水韵园林"水幕工程设计图"著作权侵权纠纷案谈起［J］. 中国版权，2017（5）.

由此行为所产生的实物景观并没有展示一定的创作高度，则此种仅仅体现实用性的工程设计图纸的利用行为，并不属于著作权法意义上的复制行为，即不属于著作权法的保护范围。若工程设计图中所蕴含创作者构思的图案本身美感未能最终落实到工程实物中，则据此建造完成的工程实物过程并不是一个复制图形作品的过程，该行为不属于对设计图的复制，不能获得著作权法的保护。

通过以上案例可以得知，在园林设计著作权保护方面，功能性的设计图与艺术性的设计图在实践中的界限难以区分。实际上，一个园林的建造依据包括景观、施工、建筑、给排水等大量专业的图纸，这些图纸多数是体现功能性的，追求建造完成后的实用功能。其中，能体现创造性与艺术性设计的图纸可能只有较少量的景观学和美学概念上的图纸。所以，专业性的判断对园林作品侵权判断来说也是一个不可缺少的重要因素。

二、园林作品概述

（一）园林的定义

根据刘滨谊教授提出的风景园林三元论理论，"园林""风景""地景"是风景园林的三个要素，最早表现为山水、囿、圃、台。在形态上，"园林"讲究精巧细致，相对属于微观尺度；"风景"限于一定的区域，与该区域内的自然风貌相关，相对属于中观尺度；"地景"囊括大地万物，相对属于宏观尺度。上述三种要素皆为风景园林演变史中不可或缺的部分。在现阶段讨论的景观设计中，人们对风景园林的设计改造仅为微观层面的园林。

园林最早起源于《园冶》中的"造园"一词，其是人工与自然结合的产物，体现了人对于自然的改造运用，是人独特创造性的直接表达。在园林的构成中，其包括三部分：（1）植物、建筑和园林小品的综合搭配；（2）园林艺术和工程艺术的综合创作；（3）一种具备独创性的建造活动。随着时代的发展与进步，人们对于园林的功能要求不断增加，致使园林的功能不断完善，至此，现代园林又被赋予更多的新的含义，它不仅能够满足人们的休憩需求，而且与保护和

改善环境息息相关，并且包括在心理和精神上对人们所产生的有益作用。❶

（二）作品的定义

在我国的法律规定中，作品必须具有"独创性"和"可复制性"两个特征，缺一不可。首先，"独创性"具有很高的概括性，标准模糊，根据字面可以分解为"独"和"创"两部分，"独"是指本人独立创作并独立表达，可以是本人从无到有独立创造出新作品，也可以是在已有的作品基础上所做的延伸。❷ 假设世界上原本不存在这个表达，作者通过自己的独立思考创作了这一作品，或者世界上原本已经存在这种表达，作者在不知情的情况下独立思考创作出相同或类似的作品，这两种方式所获得的作品均满足独创性特征中所要求的"独"的特性。"创"是思维发散的产物，是一种智力创作，创作者所作出的创作表达需要具备一定程度的智力创造性，即"创"意味着对作品的创作高度有着一定程度的要求。著作权不保护所有的独立表达，一项作者独立完成的表达也可能因为未达到智力创造性的高度而未能进入著作权法的保护范围。其次，著作权法所保护的作品必须具备"可复制性"，即作品必须满足能以物质复制的形式加以表现。不同法系对作品的定义不同。大陆法系国家深受德国哲学家康德的哲学思想影响，致使在大陆法系国家，创作完成的作品被视为精神产品。这意味着具有独创性的智力活动成果只要具有独创性，并不需要附着于一定的载体，即被视为作品并给予法律保护。对于作品而言，只需要满足实质性的要件而不需要满足特定的形式要件即可获得著作权法的保护。而在英美法系国家，为了商业交易的便捷以及更好地达到经济效益目的，法律所保护的作品大部分需要被固定在有形载体上，著作权法保护作品不仅需要创造性的实质要求，也需要满足形式要件的要求，二者缺一不可，这实质上是著作权法只保护表达，不保护思想，这是著作权法的基本原理。当先进的思想、创新的理念能够被公众阅读或亲身感知，即要求作品能够被复制，使得有用的知识能够被复制、传递，以此来实现经济价值和社会价值，才可能诉求著作权法的保护。

---

❶ 徐馨. 中国古典园林对现代城市景观设计的影响［J］. 美与时代（城市版），2019（8）.
❷ 王迁. 著作权法［M］. 北京：中国人民大学出版社，2015：1.

三、园林艺术与建造艺术的著作权保护

园林艺术和建造艺术作为园林设计的两个部分，二者相辅相成。园林艺术是以"美"为中心并在其指导下完成的改造、修缮或重造园林环境，在与当地自然条件相融合的情况下最大限度地进行创造，以满足人们不断提升的生活需求。为了达到景观设计的最终目的，设计师们可以通过植物配置、园林道路、搭建园林小品三部分来表达。园林设计除了具有园林艺术的特性外，还强调建造艺术，即园林设计还具有工程项目的属性。

（一）植物配置能否构成著作权法意义上的作品

植物在整个园林环境中占据极大比重，是景观环境的主要构成要素，其在园林设计中扮演着重要的角色，在配置上不仅包含美学的内容，对生态学、生物学等多学科内容也有所涉及。人是景观环境的享用者，植物不仅要在视觉上给予观看者颜色上的丰富性与层次性，还要考虑植物在当地自然条件下的适配性以及对当地气候的良性影响。植物配置的最终目的就是给人以更好的景观与生态体验，所以在植物配置的过程中，其一，要遵循多样性的原则，挑选不同类型的植物进行搭配，以此来丰富植物配置。其二，要遵循功能性原则，在设计过程中坚持在以人为本的基础上追求科学合理，从而使园林设计更加人性化，满足人们的各种需求。其三，要坚持适地适树原则，简单来说就是因地制宜，在合适的地方种合适的树种，并合理安排以此让风景园林中不同类种的植物与不同地段的光照、水分与土壤养分相匹配，保证植物的成活以及园林植物配置与其生活环境的和谐，并在一定程度上为各种环境污染起到不同的防治和降低作用。综上，植物配置是园林设计师在遵循各种原则的基础上，通过地理考察和调研工作，综合区域特点，协调整个地区的园林植物，提高了园林建设的价值，其中包含了园林设计师的各种体力和脑力劳动，即在整合各种信息的基础上创造性地将花草树木有机结合，并注重多层次的搭配，达到了一定的创作高度，形成独具特色的植物景观。而在可复制性方面，植物配置通过实物搭配进行展示，可以对该植物景观进行摄影、录制等，当然具备可复制性。因此，植物配置在园林景观设计中的重要性决定了其能否被纳入著作权法的保护范围。在著作权法所保护的客体中，美术作品所保护的作品种类及范围很广，不但包括平面作品，也包括立体形象，其中包括但不限于运用不同表现形式的绘画作品以及运用不同工艺与材料制作的立体作品，在作者进行创作的过程中，作品的灵魂在于作者将其对于美学的独特观点赋予其上，这是一个创造的过程，只要这个创造的成果满足著作权法中关于创造性最低限度的要求，就能获得法律的保护。综上，在研究对植物配置的创意表达进行保护时，其可归于美术作品这一客体种类中进行保护。

（二）园林道路能否构成著作权法意义上的作品

关于园林道路，可分为连通道路的路线及铺砖两部分。园林道路根据园林设计整体的风格定位而形态各异。但是，在整个园林设计中，园林的使用功能是园林道路设计所首要追求的，应当结合当地的自然环境和周边环境综合考虑，在为周边居民的通行提供便捷的前提下，充分利用地形地貌，在此基础上统一规划以尽可能优美的线条实现最大化的使用功能。综上，功能性是园林道路的主要目的。任何操作方法、技术方案和实用功能都被归入思想范畴，而园林道路强大的功能性特征决定了其不可以天马行空地进行创造构思，故其不在著作权法的保护范围。但是，园林道路的路面却可能成为一张画纸，设计师成为执笔的画家，在设计师的手中，各种不同材质、不同形状的铺装材料被赋予不同的位置与意义，这些天马行空的组合设计，使得园林道路铺装设计凝结了设计师大量的思维创造，这使得园林道路铺装能够构成著作权法所保护的客体。园林道路铺装集中表现在广场、人行道以及一些活动场所，通过地面装饰物的形式来完成设计师对整个硬质铺装部分区域的划分以及完成引导游览的功能，使得整个园林各个部分环环相扣、紧密联系，提升地面景观环境的艺术效果，给人们的行走增加乐趣。综上，园林设计师在对花岗岩、红砖、青砖、鹅卵石等材料进行设计搭配使得路面呈现出独特美感的时候，只要其体现作者在美学领域的独特思考和观念，具备独创性，即符合美术作品的要求，成为著作权法所保护的客体。

（三） 园林小品能否构成著作权法意义上的作品

小品是园林中的特殊存在，其或具有很高的欣赏性或具有很强的辅助性或对提升人们体验的舒适性有很大的作用。园林小品包含照明设施、休憩场所及服务设施等，包含但不限于建筑小品和功能设施。其中建筑小品包括长廊、观景亭、雕塑、卫生间等；基础生活设施小品包括指示牌、座椅、垃圾桶等；道路设施小品包括路灯、防护栏等。这其中包含的小品部分可以纳入专利权的保护范围，部分可以纳入外观设计中予以保护，对涉及其他法律领域的小品不做过多的分析，在此着重对建筑作品的著作权保护进行分析探究。建筑作品极具审美意义，其最初是放在著作权保护范围内的美术作品一类予以保护，直到2001 年对《著作权法》进行修改时对此做出改变，至此建筑作品才得以从美术作品中分离出来被单独予以保护。❶ 建筑作品是设计师智力和体力劳动的成果，体现着设计者独立于实用功能之外的关于美的思考，体现着设计师独特的建筑审美和创造力，如位于美国匹兹堡市郊区熊溪河畔的流水别墅和位于北京市大兴区与河北省廊坊市广阳区之间的北京大兴机场航站楼，都因为设计师独特的设计展现出别具一格的造型而给人以美的感受。艺术性、美感是一个建筑能够成为著作权法意义上的建筑作品所必须具备的特性，缺乏创造性或者毫无美感的建筑物或构筑物并不能称为建筑作品，如临时搭建的仓库和农村地区大多自建的居民住房等。❷ 并且，对于建筑作品，若只是单纯地体现技术方案和实用性功能方面的特征，并未体现设计师的创作高度，则其无法获得著作权法的保护。如某一建筑独特富有设计美感的造型是为了能够在地震来临时保持楼体的坚固以此来增加建筑抗震性的需要，在这种情况下，该建筑造型无论多么具有艺术性，都不能成为著作权法保护范围内的建筑作品。

（四） 设计阶段表现形式能否构成著作权法意义上的作品

美学意义上的园林作品，除了最终的实体成果外，前期设计部分主要用于

---

❶ 陈贤君. 论建筑作品著作权保护［D］. 广州：华南理工大学，2013.

❷ 刘鸿华. 我国建筑作品著作权保护问题研究［D］. 广州：广东财经大学，2017.

思想表达的形式包括作为其施工基础的平面图、立面图、剖面图、效果图和模型。在拿到甲方提供的基础地块后，对整个地块进行园林设计过程中，一般分为草图设计、初步设计、技术设计和施工图设计四个阶段。一般来说，初步设计图纸是对草图设计进行深化的成果，再对其进行分析并以技术设计的形式呈现，设计分析完成进入实际操作阶段，以技术设计为基础，结合施工技术进行施工图设计，即园林设计除了包含三维形式的表达外，还包括各设计阶段形成的二维形式的表达以及模型作品。❶ 其中，图形作品不同于美术作品而被囊括在科学领域，主要为实用功能服务。但其具有一定程度的美感，意味着图形作品又可以获得著作权法的保护。在园林设计中，用以展现设计进程以及设计理念的各阶段设计图纸，都是由设计师运用最基础的点、线、面和各种几何图形创作的整体，体现着设计师眼中严谨、简洁、精确、和谐的科学之美，这与著作权对作品独创性要求息息相关，设计过程中的图纸，符合独创性方面要求的即构成著作权法所保护的图形作品。设计图对于技术方案的体现或先进或落后，设计成果或优质或拙劣，都不会影响设计图作为著作权法保护的客体的地位。而对于园林设计过程中的效果图，从绘画角度来说，其为美术作品，从其用于展现设计局部效果及细节的角度观察，则为图形作品。"为展示、试验或者观测等用途，根据物体的形状和结构，按照一定比例制成的立体作品"是《著作权法实施条例》关于模型作品的定义。著作权法不保护达不到创造高度的作品，只有具有艺术色彩、达到一定程度的独创性的要求的模型才符合《著作权法》关于作品的要求。那么，从二维到三维，从设计图纸到模型，它清晰直观地展现出各个景观构成部分的位置关系、比例关系，给观看者更为直观的感受，一个模型的制作，能很大程度帮助设计师进行空间调整，起到了很好的辅助作用。此模型是设计师按照一定的比例与原场地对应缩小而来，体现设计者艺术性的设计，具备独创性，足以纳入著作权法所保护的模型作品范畴。

---

❶ 刘逸. 建筑设计图集盗版频发　知识产权维护任重道远［J］. 建筑时报，2012（3）.

四、结　语

关于园林作品的著作权保护的道路探索任重而道远。完善园林设计作品的著作权法律保护，有待于进一步加强立法。我国提高对建筑作品权利保护的标志为 2001 年《著作权法》的第一次修改，在此次修改中，建筑作品被单独列为著作权法保护的客体之一，以更加完善的法律形式来保护建筑作品，这无疑促使园林设计作品的法律保护更上了一层台阶，使得园林设计相关人员的智力成果得到了更大力度的保护。虽然在园林设计作品的保护范围的确定方面仍然存在实践上的难题，但随着人们维权意识的不断加强，实践是检验真理的唯一标准，园林设计作品的著作权保护会在各种法律实践中得到完善。

法定作品类型化条款适用问题研究

——以西湖音乐喷泉案为例

王小涵*

内容提要 采用法律解释的方法适用法定作品类型化条款保护新作品的判决思路成功地解决了音乐喷泉的著作权保护问题。通过具体分析影响类型化条款适用的因素，如作品部分与整体的关系、法律条款解释空间的大小以及能否兼顾利益平衡等，避免在选择适用何种类型化条款保护新作品时产生分歧。司法实践中，应当首先根据作品整体特征判断可能适用的法定作品类型条款，其次根据作品定义和合理的法律解释缩小可适用的条款范围，最后根据新作品与法定作品类型定义相匹配的程度判断具体适用哪一条款进行保护。

关键词 音乐喷泉；法定作品类型化；法律解释

2018 年 6 月，西湖音乐喷泉著作权保护案在北京知识产权法院审结。[1] 该案不同于传统审判实务中结合某一特定作品类型认定是否构成著作权法意义上的作品，而是采取了"分步判定"的模式。[2] 即首先根据音乐喷泉的制作流程具有独创性和最终呈现效果具有美感，属于文学、艺术领域内的成果，认定其构成作品，在此基础上再进一步判断音乐喷泉属于何种法定作品类型。这为当

---

* 王小涵，南京理工大学知识产权学院研究生。

❶ 参见（2017）京 73 民终 1404 号民事判决书。

❷ 梁艺凡. 新技术背景下"新作品"司法保护路径之思考——兼评"音乐喷泉著作权第一案"[J]. 广西教育学院学报，2019（2）.

下科技发展产生的"新作品"的著作权保护提供了一个新思路。

一、问题的提出

我国《著作权法》第 3 条采用例举式的方法明确规定了 8 种法定作品类型，关于该 8 种作品类型的规定即为法定作品类型化条款。通过法律解释的方法适用法定作品类型化条款保护新作品是司法实践的一次新尝试。虽然成功解决了音乐喷泉的著作权保护问题，但在实践中关于具体适用类型化条款中的哪一项保护音乐喷泉存在争议，具体而言就是将音乐喷泉归为哪种法定作品类型更为适合。

1. 著作权登记为"电影和以类似摄制电影方法创作的作品"

音乐喷泉以"电影和以类似摄制电影方法创作的作品"进行著作权登记。因为在法定作品类型中并没有音乐喷泉的类别，于是权利人根据两者都可以通过摄像方式固定下来的特征认为两者性质相似，并且音乐喷泉作品和电影作品都需要被观众欣赏才能产生价值，都需要通过表演展现，只不过一种是机械表演的现场展示，另一种是活表演的拍摄录制，但终究同属于表演范畴。在没有单独的法定作品类别可以对其进行保护时，权利人才选择类电作品进行著作权保护登记。

2. 考虑适用"计算机软件作品"保护

北京知识产权法院在审理过程中，曾经考虑将音乐喷泉归入"计算机软件作品"进行保护。因为音乐喷泉的整场表演都是由计算机软件操纵音乐喷泉控制系统完成的。设计师对整个音乐喷泉的创作构思，音乐、灯光、水型编排组合产生的最终效果，都必须由编程人员将设想呈现的最终效果转换为符合实施性的程序性命令，并将程序命令编辑输入数控软件。因此，是否可以依据这一相关性将音乐喷泉归入计算机软件这一法定作品类型中。

3. 司法判决为"美术作品"

然而，法院终审判决以法定作品类型中的美术作品对音乐喷泉进行著作权保护。日常生活中，喷泉通常用来装饰建筑，供人观赏，所以喷泉一般都具有展示一定美感的功能。而音乐喷泉，通过音乐和灯光的加入，更是强化了喷泉展示美感的特定表达。二审法院通过法律解释的方法具体分析音乐喷泉的构成要素、造型表达和展示效果，寻找出其与美术作品都具有审美意义这一共同特点，将音乐喷泉创新性地归于美术作品而保护。

二、法定作品类型化条款适用分歧原因分析

1. 混淆作品整体与部分的关系

音乐喷泉作品作为一个整体受到著作权法的保护，那么构成音乐喷泉的各个部分能否受到著作权法的保护呢？喷泉的背景音乐、水型的舞美设计以及控制灯光和喷射效果的计算机软件程序，这些组成音乐喷泉的各个部分，因为具有独创性可以单独构成作品因而也受到著作权法的保护。因此，在适用类型化条款保护音乐喷泉时不免会受到这些独立部分的影响。混淆了音乐喷泉作品与其组成部分的关系，误认为将音乐喷泉拆分开以音乐作品、美术作品以及计算机软件作品等对各个部分分别进行保护，也是对音乐喷泉作品的一种保护方式。在曲艺作品的著作权保护中，就有学者提出是否可以按照戏剧作品的保护模式将戏剧与表演分开进行保护。❶

鉴于新作品类型具有特殊性，拆分后会改变其作品原有的性质，不利于新作品所在行业的发展，且拆分保护在实践中会增加司法判决的复杂性，一般都是将新作品作为一个整体进行保护。但是作品整体应该如何定性，又时常受到作品部分的影响。如音乐喷泉最终呈现的能够展示美感具有艺术审美价值的喷射效果实际是音乐、灯光和水形的编排组合，因此不可能脱离音乐喷泉的组成部分去判断音乐喷泉适用何种法定作品类型条款保护更为合适。如何通过作品各部分的特征把握作品的整体定性，明确新作品需要被保护的内容究竟是什么，是确定适用何种法定作品类型条款的关键。

2. 忽视作品定义条款的规定和法律解释的合理性

在我国著作权法规定的 8 种法定作品类型中，每一种作品类型的定义都是

---

❶　杨利华. 我国著作权客体制度检讨 [J]. 法学杂志，2013（8）.

经过精心设计，尽可能明确作品类型的法律边界。同时又都留有一定的解释空间，为新作品的保护做准备，确保具体的作品能够归入相应作品类型。例如，口述作品的定义中，具体例举了演说、授课和法庭辩论三种类型的口述作品，但是又以"等"做兜底，以示这种例举是非限定性的、例示性的，即便不属于此三种类型也可能属于口述作品。但是必须要以口头语言的形式表现，也即为非限定性列举划定了范围，排除非口头语言形式表现的作品被归为口述作品的可能。因此，在出现新作品时，非封闭式的例举方式使得口述作品定义条款存在一定的弹性解释空间，但这种弹性解释空间又受到"口头语言形式"的限制，不能随意扩张。

虽然立法时尽可能在预留法律解释空间和明确作品类型法律边界之间寻求平衡，但是仍存在部分例示性作品类型的定义相对狭窄，需要拓宽，以及相似但不同的作品之间保护边界需要厘清等问题。❶ 各法定作品类型法律条款之间解释空间大小的不同，使得采用法律解释的方式保护新作品时适用可能性也不相同。定义狭隘的作品类型条款即便和新作品有一定相似也无法适用，而保护边界模糊的作品类型条款又不能随意适用。音乐喷泉以电影作品进行保护既不符合电影作品定义条款的规定，又没有适当的法律解释空间，因此被否定。结合音乐喷泉作品不超出法定作品类型条款的保护范围是确定适用何种法定作品类型条款的又一关键。

3. 未充分考虑利益平衡原则

具体适用哪一种法定作品类型条款保护新作品还要考虑到在实现著作权保护的同时能否坚持利益平衡。充分考虑利益平衡原则要兼顾适用某一法定作品类型条款保护该种新作品时带来的辐射效应。例如，在关于香水气味能否受到著作权法保护的案件中，做出否定性判决的法院就是考虑到如果香水气味能够受到著作权法保护，那么其带来的辐射效应就使得其他气味也应该受到保护。❷ 这显然不合理。考虑音乐喷泉适用何种法定作品类型条款保护时，相应地也要

---

❶ 杨利华. 我国著作权客体制度检讨［J］. 法学杂志，2013（8）.

❷ 刘文琦. 论著作权客体的扩张——兼评音乐喷泉著作权侵权纠纷案［J］. 电子知识产权，2017（8）.

考虑在往后出现类似音乐喷泉的新作品时是否也可以根据合理的逻辑推理归入相同的作品类型条款进行保护。将音乐喷泉作品归入美术作品进行保护，即便在未来出现了类似音乐喷泉作品的更为新型的喷泉作品，只要其喷射效果呈现具有审美意义，仍然可以归入美术作品条款进行保护。而采用其他法定作品类型保护未必能满足此要求。

充分考虑利益平衡原则不能违背著作权的立法初衷。著作权法保护知识产权的最终目的是鼓励、刺激更多的人投入对社会有益的活动（如创作作品、进行发明创造等），以促进文学、艺术和科学的进步。❶ 不同法定作品类型条款的保护期限并不相同，例如摄影作品的保护期限就长于电影作品的保护期限。而不同作品的"独创性"程度高低也不同，对于那些"独创性"较高的作品如果采用保护期限较短的法定作品类型条款进行保护，就有可能损害创作者的创作积极性，不利于产业发展，破坏利益平衡。音乐喷泉作品具有较高的独创性，采用美术作品进行保护，其保护期限合理，既能够保障权利人的利益又能推动技术产业的发展。采用电影作品进行保护，其保护期限就相对较短，虽然能够保护权利人的利益，但往往不能兼顾各方的利益平衡。

三、法定作品类型化条款的适用方式

法律的滞后性使得越来越多应该被保护的新客体在著作权法上找不到合适的位置，例如，电子游戏直播的著作权保护、微信公众号的著作权保护以及短视频的著作权保护等，它们作为新生事物一边蓬勃发展一边摩擦不断。通过法律解释的方法利用作品类型化条款保护新作品为其提供了一个新的解决思路，无须在已有类型作品外再单独创设一类音乐喷泉作品。根据上述影响作品类型化条款适用的因素，现就音乐喷泉作品如何适用类型化条款进行著作权保护作简要分析。

1. 根据作品定义划定适用范围

根据作品定义判断，具体而言就是参照著作权法及相关实施条例中各个类

---

❶　王迁. 著作权法［M］. 北京：中国人民大学出版社，2015：8.

型作品的法律定义，对新作品进行全面的审查，如果该款法定作品类型的法律定义与新型作品的某个特征或者某个部分相矛盾，则排除适用该条款，即进行否定性要件的审查，进而划定具有适用可能性的法定作品类型条款。电影和以类似摄制电影方法创作的一类作品必须要满足存在于一定"介质之上"的要求，这一点与音乐喷泉作品的现场呈现方式相矛盾，因此就不能适用，即便音乐喷泉能够满足电影作品法条定义的其他要件。

通过法律解释利用类型化的方式保护新作品，必须要严格遵守作品定义条款的规定，在作品法律定义预留的弹性解释空间内，满足法律意义上的具有共同特征的要求。中科水景公司将音乐喷泉作品登记为以类似摄制电影方法创作的作品这一类别，明显扩大了电影作品的法律范畴，不具备必要的共同特征，因此难以成立。同时要求注重法律解释的合理性，根据作品定义划定新作品可能适用的法定作品类型化条款范围，而非随意地强加硬塞。即便不同意王迁教授对音乐喷泉作品著作权保护的观点，但其所言的"不能将一种明显不属于法定作品类型的表达形式解释为一类作品"的观点❶，在适用法律解释时应该被考虑到。

然而仍有部分法定作品的定义条款内涵模糊，仅根据法律定义判断新作品的类型存在一定的局限性。例如，在美术作品和建筑作品的法律定义中都采用了"审美意义"一词，这种偏向主观的"审美"定义描述，在两类作品中同时使用，明显不利于法律上的作品类别判断。所以，在根据作品法律定义划定适用范围后，还要结合新作品的特征进行判断。

2. 根据作品特征判断

根据新作品的特征进行判断应该立足于分析新作品的特征和哪些法定作品类型的特征相似，即进行相似性要件的审查。筛选出可能适用的保护音乐喷泉的法定作品类型条款后，要将焦点转移到作品整体，结合权利人的保护要求和被侵权的内容探究新作品寻求著作权法保护的内容到底是什么。因为新作品所要保护的实质往往和作品整体特征紧密联系，而在一审法院判决中已经认定音

---

❶ 王迁. 论作品类型法定——兼评"音乐喷泉案"［J］. 法学评论，2019（3）.

乐喷泉作品所要保护的实质是特定音乐、灯光背景下所形成的喷射表演效果。❶
因此，可以根据音乐喷泉的喷射效果明确其整体特征，并将明显适用于保护其
组成部分的法定作品类型条款予以排除。

　　根据《计算机软件保护条例》的规定，计算机软件仅包括计算机程序及其
有关文档，音乐喷泉作为一个实体本身不可能属于代码程序或者文档，借助计
算机软件和其他设备装置配合形成的喷射效果也并非程序或文档本身，所以自
然不包含在计算机软件的类别中。不能因为计算机程序和文档辅助了音乐喷泉
的创作呈现，就改变了音乐喷泉的定性。计算机软件在整个音乐喷泉的表演过
程中实际上起到的是一种工具性的作用，与音乐喷泉中的喷射装置、灯光设备、
监控设施一样，是帮助音乐喷泉达成最终呈现效果的一种工具。因此，音乐喷
泉作品不属于计算机软件类的作品，合理排除将音乐喷泉作品归入计算机软件
类作品进行著作权保护的可能性。

3. 根据新作品与法定作品类型定义匹配程度判断

　　经过上述分析，音乐喷泉作品有适用美术作品条款进行保护的可能性，但
是并不能因此就直接将音乐喷泉作品归为美术作品一类，还要考察音乐喷泉作
品与美术作品定义条款相匹配的程度。根据《著作权法实施条例》的规定，美
术作品可以运用线条、图形、颜色这些典型要素进行创作，但是并不排除其他
方式，可以是平面静态的呈现，但也不排除立体的形式，能够艺术性地表达美
感即可。音乐喷泉虽然不同于以静态、持久固定的表达方式呈现的典型美术作
品，但是其动态立体表达方式并没有超出美术作品的范畴。虽然其没有完全采
用传统的线条、色彩等典型要素进行创作，但是音乐、灯光、水型等创作要素
在美术作品中并没有被禁止性规定不能采用。❷ 再加上绚丽壮观的喷射效果的展
现符合美术作品具有审美意义的要求，因而音乐喷泉作品与美术作品定义条款
之间具有较高的匹配程度。

　　需要注意的是，考察新作品与法定作品类型定义相匹配的程度，并不是要
求新作品的各项特征完全符合法条定义。如果要求百分百满足法定作品类型的

---

❶　刘仁. 音乐喷泉作品案的法律界定［N］. 中国新闻出版广电报，2017-07-13.

❷　李铁柱."喷泉著作权第一案"二审维持原判［N］. 北京青年报，2018-07-04.

法律定义，那便不存在新作品著作权法保护类型化条款适用不当的问题。将音乐喷泉认定为美术作品，即便音乐喷泉中音乐、灯光、水型等创作要素和动态立体的表达方式与传统的美术作品存在差异，但是并没有超出美术作品的范畴，二者具有一定的相似度，因而可以通过法律解释，使美术作品的定义涵盖音乐喷泉作品进而对其进行著作权保护。在进行以上判断的过程中，都不能违背利益平衡原则。

四、结　语

音乐喷泉案引发的争议和关注表明在科技不断发展的当下，我国著作权法虽然不断调整，但仍有诸多不足之处，其中新作品的著作权保护问题尤为突出。除了从立法层面完善著作权法保护新作品，司法实践给我们提供了另一解决方案，即通过法律解释的方法适用法定作品类型化条款进行保护。

为新作品选择合适的类型化条款进行保护需要分析影响类型化条款的适用因素有哪些。首先要厘清作品部分与整体的关系，排除作品组成部分干扰类型化条款的选择适用。其次要选择存在合理解释空间的类型化条款，使新作品既能满足法律定义上的具有共同特征的要求，又不至于超出法定作品类型的法律边界。最后还要考虑采用该种法定作品类型条款保护新作品会不会造成利益失衡，影响后续新作品的可持续发展。鉴于法律没有规定类型化条款的具体适用方式，司法实践者可以结合新作品的整体特征和各法定作品类型的法律定义，在兼顾利益平衡的基础上，综合判断具体适用哪一条款进行保护。

地理标志证明商标的权利范围与侵权认定

叶朦朦 *

内容提要 我国自 2001 年《商标法》修改时将地理标志纳入商标法保护体系以来，针对司法实践中产生的问题，不断完善发展相关法律制度。本文结合对典型案例的思考和类型化案例的思路归纳，分析地理标志证明商标的权利范围界定以及司法实践中地理标志证明商标的侵权认定标准两个焦点问题：第一，在《商标法》视阈下确定地理标志证明商标的权利范围过程中，首先应当坚持其作为商标权的一类客体，具有一般商标的功能，再者结合地理标志与证明商标两个方面对此进行权利范围限制；第二，在商标法保护体系下应当坚持混淆理论在地理标志证明商标侵权认定中的适用，从"注册时间先后""地名范围确定"和"核准适用范围认定"三个方面进行相似性比对分析，结合个案适当变通，以期更好地保护与促进地理标志证明商标的发展。

关键词 地理标志证明；商标权利范围；侵权认定

一、问题的提出

五常市大米协会系第 1607996 号"五常"文字及图形、第 5789043 号"五常大米"商标的注册人，商标核定使用商品范围均为第 30 类大米以及大米制

---

* 叶朦朦，南京师范大学法学院研究生。

品。2015年4月20日，五常市大米协会委托代理人以普通消费者的身份购买了永超公司生产销售的包装袋上标有"五常稻花香"字样的大米1袋，认为永超公司出售的大米包装袋上突出使用与五常市大米协会商标近似的"五常"标识，已造成混淆，遂提起诉讼。

一审法院❶认为，五常市大米协会系上述证明商标的注册人，其享有的商标专用权依法受保护。根据有关证明商标的法律规定以及五常市大米协会制定的《"五常大米"证明商标使用管理规则》，使用五常市大米协会证明商标须同时满足两个要件：（1）产品来源和品质特征符合五常市特定区域产品；（2）必须向五常市大米协会提出使用申请并获许可使用的证明。根据上述两个要件，法院认定永超公司在其生产销售的大米包装袋上所标识的"五常"文字使用较显眼的红色字体同时位于包装袋正面显著位置，属于包装袋上的主要识别部分，构成商标法意义上的使用，与本案引证商标构成近似，且永超公司未经证明商标权人许可，在同类商品上使用相近似标识，易使一般消费者产生混淆，构成侵权。二审法院❷认同一审法院对于永超公司侵权行为的认定，在侵权认定中也坚持商标使用人需要满足产地品质与申请许可实质和程序两个要件，辅之永超公司未对自己主张满足两要件的事实充分举证，二审法院据此也认定侵权成立。

不难看出，一审、二审法院在认定永超公司构成侵权时采用同时满足"产品符合涉案证明商标所要求的特定区域范围及生产加工条件"和"向证明商标所有人申请许可"两个要件，结合《商标法》及相关规定，法院在认定地理标志侵权问题时是否需要考虑行为人有无向商标注册人申请许可的程序？进一步而言，应当如何理解地理标志证明商标侵权案件中适用要件？五常市大米协会作为五常大米证明商标的商标注册人，享有注册商标专有权。在分析是否应当适用商标法予以保护时，界定商标的类型及权利范围是侵权认定的前提。因此，笔者首先从地理标志证明商标的权利范围入手，以阐释其权利保护范围，为侵权认定奠定基础。

---

❶ 参见（2015）济民三初字第923号民事判决书。
❷ 参见（2016）鲁民终第812号民事判决书。

二、地理标志证明商标的权利范围

根据《商标法》第 3 条规定，法律保护商标注册人享有的商标专用权。注册商标中包含集体商标、证明商标与一般商标（包括商品商标与服务商标），即三者在商标类型中居于并列地位，由此是否表明三类商标在商标法中都应一致适用相同规则？笔者认为，第 3 条作为总则部分之一的规定具有统括性，即上述三类商标均具有商标的一般共性特征，而在商标法体系中各类型的商标正是基于自身的特殊性而得以将其区分。证明商标与一般商标相比，具有更为特殊的构成要件：商标注册主体的条件限制；商标使用的差异等。❶ 鉴于此，地理标志证明商标的性质应当如何认定？笔者认为，基于地理标志因环境、文化等因素所产生的自身特性，作为证明商标类型之一，更应从这二者自身特征相结合的角度来认识地理标志证明商标权利范围认定问题。

1. 具有一般商标权客体的属性特征

《TRIPS 协议》中明确指出知识产权是一种私权。❷ 作为知识产权一类客体，地理标志应当具有一般知识产权客体的基本属性，即非物质性、专有性、时间性与地域性。在商标法体系范畴中，地理标志作为一类特殊商标需要满足一般商标的基本属性。与其他知识产权客体仅在有限时间中予以保护不同，商标可视为享有相对永久性的特征。《商标法》中规定注册商标的有效期为 10 年，商标注册人可以通过办理续展手续继续享有其商标专有权。❸ 基于这一特性，地理标志经注册获得法律上的确认与保护，有利于长期持续稳定的发展，与其通过历史积累孕育的商品特定品质和承载的商誉相辅相成。

2. 兼具地理标志和证明商标的双重属性特征

《商标法》第 3 条与第 16 条分别给证明商标与地理标志下了定义，即证明

---

❶　宋亦森. 地理标志证明商标侵权认定问题研究［J］. 科技促进发展，2017（2）.

❷　参见《TRIPS 协议》序言部分中明确 "各成员承认知识产权是私权" 的表述。

❸　《商标法》第 39~40 条的规定。

商标与地理标志为两个不同的概念❶，为两类不同的商标权客体。而二者在证明商品的地域来源和质量等特征方面又具有共通性。以美国为代表的"新世界"国家将地理标志作为一种特殊商标，利用证明商标或集体商标对其加以保护，❷我国商标法体系中对地理标志制度保护中亦包含此种方式。❸当地理标志以证明商标的形式加以注册使用时，即被称为地理标志注册商标，其实质是以证明商标为表现形式呈现的地理标志。❹因此，地理标志证明商标兼具地理标志与证明商标在《商标法》中体现的双重属性特征，即在考虑地理标志证明商标的权利范围时，应当从地理标志与证明商标两个方面进行限制。

根据《商标法》中的定义，地理标志的构成要件有三点：一是地理来源，即地理标志明确商品来自某一区域；二是品质特征，包括特定质量、信誉和其他特征；三是特定联系，即地理来源与品质特征之间存在紧密的关联性。参照《TRIPS协议》的规定❺，笔者认为地理来源要件与品质特征要件二者不仅是一种并列关系，更是一种递进关系。商品的地理来源是认定地理标志的前提，品质特征要件取决于该地区的自然因素或人文因素，系表明二者之间的关联性是决定性因素。

与一般商标使用主体不同在于，证明商标的定义中强调证明商标的商标注册人与商标使用人并非同一人，排除了商标注册人自身享有该商标的使用权，只能通过许可的方式允许注册人以外的其他符合证明商标使用条件的单位或个人使用。进一步而言，其他任何主体只要满足该注册商标的使用条件，商标注

---

❶ 《商标法》第3条第3款规定："本法所称证明商标是指由对某种商品或者服务具有监督能力的组织所控制，而由该组织以外的单位或者个人使用于其商品或者服务，用以证明该商品或者服务的原产地、原料、制造方法、质量或者其他特定品质的标志。"第16条第2款规定："前款所称地理标志，是指示某商品来源于某地区，该商品的特定质量、信誉或者其他特征，主要由该地区的自然因素或者人文因素所决定的标志。"

❷ 于波. 地理标志保护制度［M］. 上海：上海人民出版社，2018：124；曾德国. 地理标志理论与实务［M］. 北京：知识产权出版社，2014：12.

❸ 于波. 地理标志保护制度［M］. 上海：上海人民出版社，2018：139-140.

❹ 陈昭华. 商标法之理论与实务［M］. 台北：元照出版有限公司，2013：289.

❺ 《TRIPS协议》第22条第1款规定："地理标志是指表明一种商品来源于某一成员的领土内或者该领土内的一个地区或地方的标志，而且该商品的特定品质、声誉或其他特征主要是由于其地理来源所致。"

册人应当允许其使用该证明商标。我国《商标法实施条例》（以下简称《实施条例》）中亦对此做出了明确规定。❶ 也就是说，证明商标的所有人为特定的某一组织，而该商标的使用人可以是不特定的多数人。区别于一般商标用以区别不同商标的提供者或服务者的功能，证明商标往往无法区别不同企业的商标或服务，只能指示同类商品或服务中的共同特征。

在申请注册地理标志证明商标的过程中，申请人往往采用"具体地名+商品通用名称"的方式❷，例如"五常大米""余姚杨梅""金华火腿"等，即以此种命名方式间接弥补了证明商标只证明商品特定品质相关的特性而缺少与地理自然区域之间的联系。当然在实践中，我国《商标法》中的禁用条款也应对此种商标形式的使用加以限制。《商标法》第 10 条第 2 款及第 11 条规定单独的"县级以上行政区划的地名或公众知晓的外国地名"或"仅有商品的通用名称"不得作为商标注册，只能作为证明商标的组成部分。换言之，在地理标志证明商标的权利范畴中，一方面，地理标志因其自身特殊性应当核准限定商品使用类别及范围，如本文提及"五常大米"商标仅针对第 30 类大米或大米制品，而不能扩张到相关地名或通用名称的单独使用；另一方面，地理标志证明商标注册人有权禁止他人在核定相同或相似的商品上使用与其核准注册商标相同或近似的商标，例外之处在于《商标法》第 59 条规定商标的描述性合理使用。

3. 地理标志证明商标的功能特征

一般认为，传统商标具有识别、质量保障与广告宣传功能。❸ 对于一般商标而言，商标的识别功能主要在于区分不同商品或服务的生产者或提供者，而地理标志证明商标虽然根据定义解释无法对该商品上的不同提供者（不特定多数的许可使用者）进行区别，而只能表明同类商品中存在的共性特点，例如，指示商品的产地。但笔者认为这不能否认地理标志商标也具有识别功能，将地理标志所指示的所有商品提供者看作一个整体，也同样应当适用与其他商标相区

---

❶　《商标法实施条例》第 4 条规定："以地理标志作为证明商标注册的，其商品符合使用该地理标志条件的自然人、法人或者其他组织可以要求使用该证明商标，控制该证明商标的组织应当允许。"

❷　宋亦淼. 地理标志证明商标侵权认定问题研究 [J]. 科技促进发展，2017（2）.

❸　王迁. 知识产权法教程 [M]. 5 版. 北京：中国人民大学出版社，2016：391-394.

别的识别功能。因此，从某种程度上来说，地理标志证明商标的识别功能相对弱化。而在质量保障功能方面，地理标志通常展现优于一般商标的效果。这是因为地理标志证明商标展现的某一商品的特定优良品质是某一特定区域内数代人民长期性经营和广泛性宣传的结果。人们在提及商标时联想到的往往是商标背后所蕴含的商品品质、商誉或者其他特征，而鲜少关注该种商品的提供者。与一般商标的不同之处在于，地理标志证明商标所指示的商品特定质量保障功能在经法律核准前已然存在，该商标的申请注册仅是法律上对这一事实的确认而已。❶ 例如，在西山焦枣案❷中，一审法院认为，"地理标志是一种客观事实状态，对其的保护并不以注册申请日或受保护日为权利保护的起点"❸。这表明在司法实践中，即便是未经注册或登记的地理标志证明商标，只要有相关证据能够认定该商标符合《商标法》第 16 条的规定，也可以得到其的保护。

综上所述，在《商标法》视阈下兼顾地理标志与证明商标两个层面，结合法律中的相关概念阐述，笔者认为地理标志证明商标的权利范围应当定义为"在特定区域❹内，该地理标志证明商标注册人以外符合该商标使用条件的其他主体在该商标核准同类商品范围内使用该商标的权利"。

三、地理标志证明商标的侵权认定标准

根据《商标法》第 48 条、第 57 条规定，一般商标侵权认定首先认定行为人使用诉争商标的行为是否构成商标法意义上的使用，其次认定是否属于在同一种或类似商品上使用相同或近似商标的行为。❺ 即诉争商标"必须是商标意义上的使用，或者说必须是将该商标作为区分商品来源的商标来使用。如果所使

---

❶ 颜峰. 地理标志证明商标侵权案中的混淆及合理使用 [J]. 人民司法（案例），2017（29）.

❷ 参见（2015）京高行（知）终字第 1568 号行政判决书。

❸ 参见（2014）京一中知行初字第 1463 号行政判决书。

❹ 对特定区域范围的理解，笔者认为应当参照地理标志证明商标注册人申请商标时所确定的符合法律规定的范围，即不一定与现行行政区划一致。

❺ 何怀文. "商标性使用"的法律效力 [J]. 浙江大学学报（人文社会科学版），2014（2）.

用的标识不具有区分商品来源的作用即不构成商标意义上的使用，因而也不会构成对他人商标注册权的侵害"。❶ 与一般商标侵权认定相比，笔者认为，地理标志证明商标的侵权认定不仅需要遵循商标侵权的一般规则，还需注意因其自身差异产生的侵权认定的特殊性。

自 2001 年地理标志被纳入司法保护体系后，越来越多地区的社会组织、团体通过申请注册地理标志证明商标的行政程序确权或通过司法保护措施维护商标的相关性利益，以促使地理标志得以长久稳定持续发展。通过"知产宝"以"地理标志证明商标"作为关键词，笔者搜索到了 2013～2019 年共 420 篇案例，其中民事案件约占全部案例的 87.86%，行政案件主要为商标无效宣告案件。❷由于此部分主要讨论的是地理标志侵权认定，故笔者将从民事案件中挑选典型案件，归纳法院在判定地理标志证明商标侵权时具有代表性的认定思路。总结有如下两种思路。第一种思路：部分法院认为是否构成地理标志证明商标侵权需从两个条件考虑：（1）商品需来源于地理标志所标示的特定区域以及满足特定质量等品质保障；（2）行为人必须向商标注册人申请并获得使用许可证明。缺少其中一个条件，擅自在同类或同一种商品上使用相同或近似的商标均构成侵权。❸ 第二种思路：部分法院认定是否构成侵权应当从一般消费者是否会对商品的产地、品质等特定特征产生混淆作为判定标准。❹ 可能会使一般消费者对商品品质产生混淆的认定为侵权，反之，则不构成侵权。结合第二部分对地理标志证明商标权利范围的界定，笔者认为以上两种裁判思路均有待商榷。第一种思路中笔者赞同法院的裁判前提，即地理标志证明商标与一般商标之间系特殊与一般的关系。法院在认定侵权过程中严格按照法律之规定"与证明商标有权的注册管理事项由国家工商行政管理部门规定"，即强调证明商标与一般商标的差异，但忽

---

❶ 孔祥俊. 商标法适用的基本问题 根据最新商标法和商标法实施条例修订［M］. 北京：中国法制出版社，2014：134.

❷ https：//www. iphouse. cn/cases/list? rawdata＝地理标志证明商标，2019-12-25.

❸ 参见（2016）鲁民终第 812 号民事判决书、（2017）鲁民终第 146 号民事判决书、（2018）鲁民终第 130 号民事判决书。

❹ 参见（2012）京高民终字第 58 号民事判决书、（2016）沪民申第 1585 号民事裁定书、（2016）浙民申第 1589 号民事裁定书；（2015）浙知终字第 106 号民事判决书。

视了《实施条例》第 4 条规定的行为人对地理标志证明商标的合理使用的行为。此种举措实际上会扩大商标注册人的权利范围而损害未申请许可使用商标但满足该商标使用条件的第三人的合法利益。第二种思路中法院首先将地理标志证明商标的混淆标准与一般商标侵权混淆认定标准区分开来，即结合地理标志自身的特性，以一般消费者是否对商品原产地、特定质量等方面产生混淆作为判断标准，笔者赞同这种思路。然而，笔者认为在对商品的地理来源或商品特定质量、商誉等特征产生混淆的标准中，对后者产生混淆才是更重要的因素。原因在于，一是笔者在前文中所提到的，定义中表述的二者之间的关系实则并非并列关系，而是一个递进或者包含的关系，地理标志背后所蕴含的商品质量或商誉更是承载该地区人民数年辛劳生产经营的结晶。二是假设在实践中采用一般消费者对地理来源混淆的标准，行为人在证明其商品确实属于该特定地域时便推定商品具有符合地理标志商品的品质而不认定构成侵权，显然这样的推断不符合逻辑，有失诚实信用和公平原则的考量。一方面，仅考虑到了法条中所规定的自然因素而完全忽视了人文因素，即地理标志商标注册人与使用者为此付出的劳动；另一方面，地理来源与特定质量之间不具有绝对必然关联性。因此，笔者认为地理标志证明商标案件侵权认定的前提在于坚持地理标志证明商标的特殊性。再者，应当适用一般商标的侵权认定，即混淆理论。具体而言，在认定两者商标之间是否构成混淆，相似性比对则是其中的重要因素。

1. 地理标志证明商标侵权认定应当适用混淆理论

随着时代的进步与发展，商标类别在不断增加，商标侵权行为方式也日趋多样化。针对司法实践中暴露出来的问题，越来越多的法律界人士从混淆的类型化认定、影响混淆的因素分析、比较法视角下的混淆理论研究等角度深入探讨相关问题。在此种背景下，商标侵权认定的基础——混淆理论也在法律修订与法律解释中得到进一步的完善与发展。

"法律的解释和适用应当立足和置身于法律规范的系统。"❶ 对地理标志是否适用混淆理论时采用体系解释在强调《商标法》的立法目的与符合法律体系

---

❶ 孔祥俊. 商标法适用的基本问题：根据最新商标法和商标法实施条例修订 [M]. 北京：中国法制出版社，2014：289.

性、完整性与逻辑性方面均具有合理性。根据《商标法》第 3 条、第 16 条以及《实施条例》第 4 条规定，当地理标志作为证明商标注册时，毋庸置疑其性质是商标。当没有其他法律的特殊规定时适用《商标法》一般规定首先存在合理性。其次，混淆原则作为商标法中的一个基础理论，从商标注册到商标无效全过程均有涉及。假设地理标志无法适用混淆理论，也就意味着地理标志无法适用基于混淆理论而设的任何相关条款，换言之，法律只是给予地理标志形式上法律保护的外衣。显然此种观点不符合商标法将地理标志纳入保护体系的立法意图。再进一步思考，肯定地理标志是商标权的一种客体后，将地理标志类比为未注册的驰名商标是否能够得到相近的保护？司法实践中的做法通常是在个案中首先判断引证商标是否构成驰名商标，而证明是否构成驰名商标也是为之后商标侵权认定奠定基础。未注册的商标被认定为驰名商标后如何保护在所不问，但避不开的问题依旧是对诉争商标与引证商标之间的侵权认定，即需要适用混淆原则。因此，地理标志作为商标权的客体适用混淆原则在商标法体系中显然具有合理性。

也有观点❶认为，混淆原则适用的前提是产生争议的商标具有区分商品来源或服务的提供者的识别功能，而地理标志证明商标因不满足这种前提条件而不适用混淆原则。笔者在第二部分讨论功能时也提及，地理标志作为商标，符合商标的一般功能特征，即具有识别功能。地理标志因其自身的特殊性使得商标所有人与使用主体的割裂，但这不能构成否认地理标志具有识别功能的理由。原因在于，地理标志证明商标的商标注册人通过许可方式允许不特定的多数主体使用该商标，好比一般商标所有人将自己商标通过合同方式许可他人使用，即一般商标的商品或服务的提供者也可以是不特定的多数人。从这一层面来说，以商品或服务提供者或使用者的人数多寡来认定是否具有识别功能的观点有待推敲。因而笔者认为地理标志侵权认定应当适用混淆理论，这也是讨论相似性比对在地理标志侵权认定相关问题中的重要前提。

2. 相似性比对是认定混淆的重要因素

在司法实践中，曾经有法院认为地理标志证明商标与一般商标之间不可以

---

❶ 参见（2013）京行终字第 1201 号行政判决书。

进行近似性比对，"他留乌骨鸡"商标异议复审案中的一审法院认为❶，证明商标与商品商标之间因具有不同功能而不应适用使用在相同或类似商品上的近似商标的比对，以相同理由判决的还有"恩施玉露"案❷。一审、二审法院均认为证明商标与一般商标不能适用《商标法》第 28 条的规定（2001 年《商标法》商标注册申请驳回条款），有学者也持同样的观点。❸ 此种做法在当时引起广泛讨论。随后在"螺旋卡帕 SCREW KAPPA NAPA"商标异议复审案❹中，北京法院否认前案做法，认为证明商标与一般商标之间可以进行相似性比对。修正后的做法与司法解释中对近似性比对的规定❺也具有一致性。在司法解释中提及已经注册的地理标志证明商标注册人也可以选择《商标法》第 30 条请求保护，势必会产生地理标志证明商标与一般商标之间应当如何比对的问题。

地理标志与一般商标的比对主要涉及以下几个方面的问题：一是二者注册的时间先后；二是二者均含有地名；三是二者在核准适用范围上如何认定等。

笔者认为，上述问题中第一个问题涉及《商标法》第 30 条、第 32 条。司法实践中主要遵循的是保护在先权利或在先使用的原则。第一种情况假设地理标志证明商标为在先注册商标，此时毫无疑问商标注册人有权禁止其他任何主体在同一种或类似商品上使用近似商标。结合地理标志标识的特定质量特征及承载的商誉，在后被诉商标一般情况下会被认定构成攀附地理标志商标的行为而构成侵权。第二种情况假设地理标志为在后未经注册的标识，而相似的一般

---

❶　参见（2014）京一中知行初字第 1602 号行政判决书。

❷　参见（2012）京一中知行初字第 2131 号行政判决书、（2013）京行终字第 1201 号行政判决书。

❸　周波．地理标志证明商标不应与商品商标进行近似性比对——"恩施玉露 ENSHIYULU 及图"商标异议复审行政案评析 [J]．科技与法律，2014（2）．

❹　参见（2016）京行终字第 2295 号行政判决书。

❺　《最高人民法院关于审理商标授权确权行政案件若干问题的规定》第 17 条规定："地理标志利害关系人依据商标法第 16 条主张他人不应予以注册或者应予无效，如果诉争商标指定使用的商品与地理标志产品并非相同商品，而地理标志利害关系人能够证明诉争商标使用在该产品上仍然容易导致相关公众误认该产品来源于该地区并因此具有特定的质量、信誉或者其他特征的，人民法院予以支持。如果该地理标志已经注册为集体商标或证明商标，集体商标或者证明商标的权利人或者利害关系人可选择依据该条或者另行依据商标法第 13 条、第 30 条等主张权利。"

商标已经核准注册，此时地理标志能否再次申请注册以及假设地理标志注册成功后，在先注册的一般商标能否宣告地理标志无效或起诉侵权？首先应当肯定的是，结合《商标法》第16条规定，凡是满足地理标志条件的主体，即使未经注册也应当得到商标法体系的保护。其次地理标志能否注册成功取决于待注册的标识是否满足《商标法》第16条的条件，即特定区域性、品质保障性与关联性等。在产生权利冲突时，笔者认为还应当结合其发展历史、市场占比份额、知名度等外在客观因素共同认定。在先注册商标与未注册地理标志之间由于存在利益的冲突，需要对二者界限作出规定。有学者❶认为应当对在先原则的适用进行灵活变通；有学者❷同样坚持在先原则的适用，也提出了可以从法经济学角度看待二者间利益平衡问题，即采用社会成本理论分析二者对商品发展的贡献作用来衡定彼此间的矛盾；也有学者❸认为在地理标志证明商标与一般商标进行比对时，应当优先保护地理标志。笔者赞同坚持在先原则的基础上结合地理标志的特殊性作适当变通的观点。原因在于根据综合因素比较在先注册的一般商标与在后未注册地理标志之间的贡献度、影响力，地理标志占绝对优势并非必然结果，此时如果核准地理标志为注册商标时便会产生相近商标共存的问题。在这种情况下，笔者更倾向于在司法措施上保护在先注册商标的权利，辅之以其他措施对地理商品进行长久稳定的保护。

上文第二个问题笔者认为，这个问题的关键是厘清相关性法条之间的关系，即《实施条例》第4条地理标志证明商标的正当使用与《商标法》第59条规定

---

❶　周波. 商标法框架下的地理标志保护——从"螺旋卡帕"商标异议复审案说起［J］. 法律适用·司法案例, 2018（8）.

❷　社会成本理论主要内容在于平衡不同主体之间的利益冲突，以期达到社会利益最大化的结果。李亮. 论商标权与地理标志权冲突的危害、成因与对策［J］. 法律适用, 2008（10）.

❸　亓蕾. 商标行政案件中地理标志司法保护的新动向——兼评《关于审理商标授权确权行政案件若干问题的规定》第17条［J］. 法律适用, 2017（17）.

的对注册商标中含有的地名的描述性合理使用。❶ 前者强调的是将地理标志证明商标作为一个整体看待，即行为人在满足其商品符合地理标志证明商标使用条件的情况下，即使不向该证明商标注册人申请许可，也有权使用该地理标志证明商标。进一步来说，倘若一般消费者对该行为人提供商品的行为产生误认，也仅仅只会将行为人误认为是该地理标志的允许使用者，而不会对商品的地理来源和特定质量两个实质方面产生误认。换言之，此种情况下，一般消费者对提供者形式上的误认不会对地理标志证明商标背后的商品质量或承载的商誉造成损失。而后者强调的是对注册商标中含有地名部分的合理使用。法律将地名的合理使用保留在公共领域之中，即法律仅保护行为人在其注册商标中使用地名用以指示商品产地的这一行为。如果地理标志证明商标中含有地名，很大程度上一般消费者会对含有该地名的商品与地理标志证明商标上的商品造成误认混淆。从这一层面来说，在先注册地理标志证明商标的权利人有权禁止他人使用地理标志证明商标中的地名，而对于仅指示产地的地名使用则属于例外。因此，如果行为人对地理标志证明商标中的地名使用不只是客观上起到指示产地的作用，例如在商品包装袋上突出使用地名行为或主观上具有攀附的故意，即便其商品确来源于该地理标志所指示的特定区域，也可能会被认定为一种侵权行为。

上文的第三个问题主要是涉及《商标法》第 16 条第 1 款对"商品"二字的解释。有观点❷认为对商品保护应当限于地理标志商品本身或类似产品，也有观点❸认为对地理标志商品保护应当扩大范围。笔者赞成第一种观点，可以从商标注册程序以及侵权认定标准两个方面来分析。第一，注册人在注册商标时应当选定商标类别，即商标适用范围需经法律核准。基于公平原则，法律保护商标

---

❶ 冯术杰. 论地理标志的法律性质、功能与侵权认定［J］. 知识产权，2017（8）.《商标法》第 59 条第 1 款规定："注册商标中含有的本商品的通用名称、图形、型号，或者直接表示商品的质量、主要原料、功能、用途、重量、数量及其他特点，或者含有的地名，注册商标专用权人无权禁止他人正当使用。"

❷ 参见（2010）高行终字第 560 号行政判决书。

❸ 作者在文中提及此观点，但目前商标审查与司法实践中均未有此做法。参见：亓蕾. 商标行政案件中地理标志司法保护的新动向——兼评《关于审理商标授权确权行政案件若干问题的规定》第 17 条［J］. 法律适用，2017（17）.

注册人对商标享有的专有权，也保护其他人在注册人商标专有权之外的其他权益，例外情况在于驰名商标的跨类别保护。地理标志针对特定区域因自然和人文因素造就的特定商品应当具有范围的限定性。第二，在认定商标侵权行为时也是基于商标性使用的前提下，在同一种或类似商品上进行比对，商标注册人并非享有对某一特定商标在商品类别和范围上的绝对权利，即使是驰名商标也需要经过相关条件认定得以保护。故而，地理标志在与其他一般商标进行相似性比对时同样需要遵循限定商品范围的比对。进一步而言，假设地理标志证明商标在个案认定中达到驰名商标的标准，基于对商标保护的一般性规定，笔者认为也可以将驰名商标的相关规定适用于地理标志证明商标中。

四、结　语

五常大米案中诉争商标与引证商标之间实际上是部分地名的重合问题。笔者认为，结合上述权利范围界定及侵权认定思路分析，应当坚持"整体比对，保护在先"原则进行判断。永超公司使用"五常"实际上构成了商标意义上的使用，与引证商标构成在同一种商品上的近似，故而认定为侵权。至于永超公司是否向五常市大米协会申请许可在本案中并非判断侵权的核心因素。

地理标志证明商标作为商标法上一种特殊客体的存在，既应当适用商标法保护体系的一般规定，也应当结合其自身特点关注其特殊性。在权利范围界定中，应当坚持从地理标志与证明商标两个方面看待其特征同时注意法条中的例外情形。在侵权认定中，总体而言应当坚持适用混淆原则与保护在先权利的原则，同时在个案实践中通过灵活变通的手段解决地理标志与一般商标在近似性比对中产生的问题。

第三编

知识产权保护与限制

限制"侵权不停止"适用

——禁止向"一般条款"逃离

李　坪*

内容提要　《专利侵权司法解释（二）》规定的专利侵权不停止是一个外延十分宽泛的制度。将"许诺销售""销售""进口"归属到"已经制造"概念之下与"继续制造"经过经济学的比较考察，如果判决不停止侵权行为将造成发明人利益的损害以及破坏市场运行规律，浪费了比停止侵权行为更多的社会物质财富。而对于"已经使用"在公共领域的侵权产品，因为关涉市民生活的安全和便捷这一超越物质层面的公共利益，使得不停止"已经使用"获得了正当化依据。

关键词　侵权不停止；制造停止；已经使用；公共领域

一、引　言

　　1984 年《中华人民共和国专利法》（以下简称《专利法》）并没有规定"侵权不停止"制度，其对于侵害专利权的救济首先肯定的路径是侵权人停止侵权行为。❶ 之后在 2000 年《专利法》的修改之中，仍然坚持了停止侵权的基本

---

　　*　李坪，南京师范大学法学院研究生。
　　❶　《中华人民共和国专利法》（1984 年）第 60 条。

权利救济途径。❶ 2004 年广州市中级人民法院对珠海市晶艺玻璃工程有限公司诉广州白云国际机场股份有限公司等专利侵权纠纷案作出的判决有了不停止侵权行为的内容，权利人向法院提出了要求被告停止侵权等权利救济，在确认被告确实存在知识产权侵权事实的基本前提下，法院认为"考虑到机场的特殊性，判令停止使用被控侵权产品不符合社会公共利益，因此被告白云机场股份公司可继续使用被控侵权产品，但应当适当支付使用费"❷。该判决在司法层面确认了"侵权不停止"制度。虽然在该案件之后陆续出现了"侵权不停止"判决，遗憾的是 2008 年《专利法》修改却并没有将该制度纳入《专利法》之中。❸ 2009 年，最高人民法院发布《关于当前经济形势下知识产权审判服务大局若干问题的意见》。在该意见中，最高人民法院在肯定了停止侵害对于权利救济的重大意义之后，强调了对于停止侵害这一救济途径的有区别、有选择地适用。❹ 2016 年，最高法院发布《关于审理侵犯专利权纠纷案件应用法律若干问题的解释（二）》（以下简称《专利侵权司法解释（二）》），该司法解释在第 26 条以司法解释的形式确认了"侵权不停止"制度。❺ 自《专利侵权司法解释（二）》颁布以来，其第 26 条规定的专利侵权不停止在司法实务中的适用呈增加态势，然而对于其内涵之界定却十分模糊，法院在适用时只是加之"基于公共利益之考量"等文字而一笔带过。专利制度的内涵包括：发明专利、实用新型专利以及外观设计专利，且权利的侵害方式又各有不同，是否可以不加区分一律适用"侵权不停止"条款存有疑义。每个权利都蕴含着不同的价值，每个侵权方式带来的损失也不尽相同，其对于社会利益的影响程度也会呈现出差异性特征。

二、司法实践应用情况概览

笔者在中国裁判文书网输入"《最高人民法院关于审理侵犯专利权纠纷案件

---

❶ 《中华人民共和国专利法》（2000 年）第 57 条。
❷ 参见（2004）穗中法民三知初字第 581 号。
❸ 《中华人民共和国专利法》（2008 年）第 60 条。
❹ 《关于当前经济形势下知识产权审判服务大局若干问题的意见》第 15 条。
❺ 《关于审理侵犯专利权纠纷案件应用法律若干问题的解释（二）》第 26 条。

应用法律若干问题的解释（二）》第二十六条"作为全文搜索的依据，是因为需要了解《专利侵权司法解释（二）》第 26 条在司法实践中的具体适用情况，而且可以限定研究样本的范围，同时限定文书类型为判决书，得到 13 份判决文书。❶ 现将整理如下。

在收集的判决书中，只有武汉科兰金利建材有限公司、韩某某与武汉浩坤建设工程有限公司、武汉水资源发展投资有限公司侵害发明专利权纠纷案，深圳万向泰富环保科技有限公司与武汉绿茵园林景观工程有限公司、中铁十八局集团有限公司侵害发明专利权纠纷案，浙江路赛富交通科技有限公司与杭州市交通工程集团有限公司侵害发明专利权纠纷案 3 份判决书中承认已经投入使用的发明专利可以继续使用，4 份判决书——昆明迈克西门科技有限公司与新余市天工水陆建设有限公司保山分公司、新余市天工水陆建设有限公司等侵害实用新型专利权纠纷案，亚太泵阀有限公司、昆明排水设施管理有限公司侵害实用新型专利权纠纷案，孙某某与长沙市天心区园林管理局专利权权属纠纷案，美通重机有限公司与程力专用汽车股份有限公司侵害实用新型专利权纠纷案承认发明实用新型专利投入已经使用不停止。其余的判决书中虽有论及《专利侵权司法解释（二)》第 26 条的规定但是却直接判决停止侵权行为，没有对公共利益或者国家利益展开论述，意味着其没有依据"侵权不停止"作出判决。

"侵权不停止"适用在发明和实用新型专利侵权领域，司法实践中并没有对外观设计专利侵权适用"侵权不停止"的规定。在不同的侵权行为中，法院也仅仅是在"使用"这一领域支持侵权不停止。在"使用"这一侵权行为中，法院不停止"已经适用"是 6 例，不停止"继续使用"的仅有 1 例。❷ 司法实践中对于《专利侵权司法解释（二）》第 26 条的运用并不频繁，之于"侵权不停止"的适用更是少之又少。

---

❶ 该统计截止日期为 2019 年 8 月 24 日。

❷ 在收集的明确使用"侵权不停止"作为裁判的 7 起司法案例中，其中浙江路赛富交通科技有限公司与杭州市交通工程集团有限公司侵害发明专利权纠纷案判决基于公共利益的考量，不宜判决停止侵权行为，并要求原告在被告工程竣工后，重新起诉确定赔偿数额。其实该判决已经明确允许被告继续使用原告的专利产品。在法院判决可以不停止"继续使用"时，其实已经暗含着不停止"已经适用"的含义。

虽然样本容量有限，却传递出这样的信息：《专利侵权解释（二）》第 26 条不加区分权利种类，不加区分侵权行为类型对"侵权不停止"的适用作笼统的规定，存在一定局限性。司法实践中依据其作出判决秉持着谨慎态度。但是从近年趋势来看，适用的情况呈现出增加态势。虽然不加限制地允许权利人行使停止侵害的权利救济方式会过度妨碍对知识财产的运用，❶ 但是知识财产是权利人正当利益的体现，停止侵害是权利被侵害的首要救济方式，限制知识产权请求权必须基于正当充分的理由，"公共利益"不应该沦为一种修辞工具，限制知识产权请求权只能是例外情形。

三、"制造不停止"不符合利益要求

笔者认为，对于"侵权不停止"制度做合乎经济效益的制度安排，需要对于侵权行为的类型基于一定的标准分类，然后分别检讨。"制造""使用"是产品进入市场流通的起点和终点，以其作为依据将产品分为"未制造""已经制造""已经使用""继续使用"四个阶段分别检讨。"侵权不停止"制度是否合乎经济理性的要求，结合《专利法》现阶段规定的侵权类型，侵权产品的进口，使得国内市场中某种产品经历从无到有（至少对于侵权人来说是如此），增加产品在市场中的份额，其在本质上相当于制造，将销售、许诺销售归属到"已经制造"的范畴下。至于"使用"这一侵权行为类型将包括"已经使用"和"继续使用"两个阶段。

自《专利法司法解释（二）》生效以来，在不足三年的时间内，引用第 26 条作为裁判依据有 13 次；当然在《专利法司法解释（二）》生效之前，也有 19 例案件直接根据维护公共利益的需要判决限制知识产权请求权。在司法实践中，都是以公共利益的保护作为限制知识产权请求权的正当理由。例如，"天兴洲堤防加固工程系用于防洪的公共水利工程项目，在侵权植生块已铺设在堤防上且部分标段已竣工验收的情况下，要求被告水投公司拆除已铺设的植生块反

---

❶ 李扬，许清. 知识产权人停止侵害请求权的限制 [J]. 法学家，2016（2）.

而会造成公共利益更大的损失。"❶ "由于侵权产品已经使用于保山市保岫东路城市综合管廊工程,如果停止使用会对社会资源造成不合理的浪费,同时亦可能对公共电力安全造成影响。"❷ 然而"'公共利益'这一法学术语,在性质上是一个不确定法律概念。"❸ 在使用这一概念时应该保持谨慎的态度,在根据"公共利益"保护的需要限制权利救济的实现更加应该谨慎。知识产权请求权作为维护知识产权原权圆满性的重要权利,对其限制也应该持谨慎态度。法院不能依靠直觉认为该知识产权关涉"不特定人的利益"便认为其继续使用有助于公共利益的保护。例如,"判决赔偿的数额已经包含了被告王某某已投放市场的侵权产品所获得的利润,再要求收回并销毁这些产品,既不利于保护社会公共利益,也无法切实执行,故本院对原告的该诉讼请求不予支持。"❹ "因烟道已实际安装并交付使用,拆除并予以销毁不利于保护社会公共利益,且陆某某已获得侵权损害赔偿,因此对其销毁侵权产品的诉讼请求,不予支持,但在确定赔偿数额时将对上述情况予以综合考虑。"❺ 在这些案件中所涉及的侵权人运用在市场中的营利行为侵犯知识产权,法院竟然以拆除和销毁侵权产品会侵害公共利益为由限制权利人的知识产权请求权,依照该种逻辑只要将侵权产品投入市场,就关涉社会公共利益。其认定标准忽视了公共利益的共享性。

显然这里对公共利益的内涵有所误解。知识产权请求权是维护权利完整的基本路径,限制知识产权请求权作为知识产权复杂性、模糊性特点在请求权方面的反映,其是基于公共利益共享性作出的价值判断,是权利救济不得不做的妥协。所以,对于限制知识产权请求权应该持谨慎的态度。基于公共利益是个不确定性概念,其也具有不确定性、模糊性特点,极容易产生"向一般条款逃避"。所以,在基于公共利益保护的基本目的而限制知识产权请求权时,应该采取限制态度,双重不确定性、模糊性使得法律确定性特点理论基础受到冲击,妨碍了法律预测功能的实现。在司法实践中对于限制知识产权请求权进行公共

---

❶ 参见(2016)鄂 01 民初 319 号。

❷ 参见(2017)云民终 308 号。

❸ 吴高盛. 公共利益的界定与法律规制研究 [M]. 北京:中国民主法制出版社,2009:18.

❹ 参见(2005)宁民三初字第 365 号。

❺ 参见(2006)苏民三终字第 0084 号。

利益的认定有扩大的趋势。

公共利益在权利形式表达上，包括个人、集体以及国家。在检验制度合理性时，自然要将个人的利益纳入考量范围。权利人以及侵权行为人是"侵权不停止"判决直接影响的个体。所以，极有必要分析在"侵权不停止"判决后，二者利益变化情况。

1. 个人利益之考察

首先，发明人的单位会计利润（accounting profit），是单位商品价格与其会计成本（accounting cast）之差。固定成本（fixed cost）包括两个部分：发明人所投入的研发成本以及商品生产所需要的生产资料。❶ 侵权人使用发明人的发明设计，使得其生产成本仅仅限定在商品的生产资料之上，其投入的固定成本得到极大的减少，"模仿过程支付的成本往往低于为取得许可而支付的对价、更低于独立研发"。❷ 在认定侵权人侵权行为确实存在而不判决停止侵权行为的情况下，法院会自主裁量要求侵权人向发明人支付一笔在法院眼中合理的大致相当于许可使用费的赔偿费用。在不质疑该笔费用是以事后人的视角判定数量几何的合理性情况下，侵权人不停止侵权行为，任由其制造侵权产品，或者使用专利方法生产产品，因为边际成本的存在，侵权人的竞争优势随着时间的流逝以及销售产品的数量而愈发明显，发明人的研发成本固定在成本之中，得不到利益之外的冲抵，"自然垄断者通过在无竞争的市场收取远远高于边际成本的价格以补偿其固定成本"。❸

其次，发明人的总收入是由单位利益及所售产品数量二者共同决定。市场的需求量以发明人与侵权人所提供的商品数量为满足，不能断然地说侵权人的商品提供减少了发明人的产品销量，但是至少存在这样的风险。发明人的市场产品唯一提供的优势地位，即自然垄断（natural monopoly）被人为打破，侵权不停止的判决使得侵权人在市场中的地位受到了法律的认可。在这里，市场不

---

❶ 发明人所投入的研发成本是不可避免的，一旦被支付其就不可能被补偿，区别于发明人的物质生产资料，经济学上称为沉没成本（sunk cost）。这里不涉及机会成本（opportunity cost）的讨论，该利润不指代经济利润（economic profit）。

❷ 康添雄. 专利侵权不停止的司法可能及其实现［J］. 知识产权，2012（2）.

❸ 理查德. A. 波斯纳. 法律的经济分析［M］. 北京：中国大百科全书出版社，1997：473.

是一个完全竞争市场，在非完全竞争市场结构中，价格随着产量的增加而降低。影响需求的不仅仅是商品价格，在判决侵权不停止后，侵权人销售的产品获得了与发明人生产的产品相同的正当性依据，如果判令继续"制造"其对市场的挤占只会愈发强烈。发明人为了克服成本收回的障碍，只能降低生产成本，或者降低销售价格。虽然"卖方不会以低于其机会成本的价格出售物品或者服务，因为那意味着他为了更低的价格而放弃了更高的价格"❶，但是至少在短期的市场行为过程中，其中任何一项应对措施，都会对发明人的物质财富产生消极的影响。

最后，在侵权人的生产成本小于发明人的生产成本情况下，发明人的利益不仅面临其他市场供应者来分享的压力，还需要面对侵权人随时可能降低价格扩大竞争优势以挤占市场份额的危险。发明人寄希望于法院通过确认侵权行为以阻止侵权人的生产行为，法院只是完成了发明人所期待的行为，而最终使得诉讼目的落空。之于其财产利益的损失，发明人对法律的信仰破灭，致使其发明的动力受到挫折显得更加严重。

之于侵权人，在明确其侵权事实的前提下，法院判决其不必停止侵权行为，法院赋予其正当资格在市场中继续生产，对于侵权人的物质财富的积累只会起到积极的效果。虽然法院在作出此判决的同时会要求其支付给发明人一部分合理的费用，但是对于侵权人的利益不会造成额外的负担，因为即使该费用相当于许可费，甚至高于许可费，但相对于发明人来说其节省了大量的研发成本，其以有限的财富的支付，获得了至少相当部分的市场（进入壁垒被打破，自然垄断失效）。

侵权不停止的判决使得发明人的物质财富不可避免地减少了，而对于侵权人其收获的物质财富会增加。这样的结论对于在个体层面的利益增减以判断侵权不停止在经济上的正当性没有足够的说服力，关键在于二者的利益之和是否等于甚至可以期待大于判决侵权人停止侵权行为出现在市场竞争中发明人所获的利益。

---

❶　理查德．A．波斯纳．法律的经济分析［M］．蒋兆康，译.北京：中国大百科全书出版社，1997：355.

如果按照法官基于社会公共利益的考量而作出此等判决，至少在极为狭隘的市场物质财富增长的立场上看，侵权人与发明人的利益之和必须大于停止侵权行为由发明人独自生产销售所带来的利益。遗憾的是，法官并不能做到这样准确的判断，甚至任何一个人都不能做到。时间流逝，市场一去不返，没有参考量来验证经济利益的增加或者减少。

上述论述针对的是"继续制造"，而没有涉及已经制造完成或根据专利方法已经制造完成的侵权产品。在专利法所论及的侵权方法中其对应着"销售"和"许诺销售"。任由侵权人继续提供已经制造完成的产品，同样会出现法院判决"继续制造"所带来对市场的影响，会对权利人的经济利益带来损害，增加侵权人的社会财富。如果法院判决判决停止"销售""许诺销售"，将会使得已经制造出来的侵权产品不能进入市场流通，不能使其实现自身的经济价值，会使得侵权人的财富减少，而且浪费了社会资源。然而侵权人物质财富的减少却是可以接受的，因为其符合正义的基本要求。侵权人借助侵权行为谋取财富，就是违背市场经济竞争的基本规则。但是社会资源被消耗却没有得到可以进入市场流通的产品，显然不能依靠侵权人的客观行为的性质而得到合理解释。

2. 社会利益物质财富的考量

"制造不停止"对于社会财富的影响，需要借助经济学的均衡价格模型（见图1）进行考察。虽然该模型主要体现在价格对市场供求的影响，但是不妨碍运用其分析侵权行为继续对市场造成的影响。

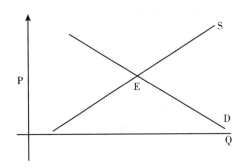

图 1　均衡价格模型

"继续制造""已经制造"一旦法院判决支持不停止侵权行为，那么该产品无可厚非地将流入市场。侵权产品进入市场流通，那么 S 曲线将往右移动。当 S 在 E 点左侧移动时，无限接近于 E 点，其供给量增加，需求减少，市场的需求与供给趋于平衡，而市场价格趋于市场均衡价格。在 E 点左侧，允许"制造不停止"实际加速了 S 的移动速度，使得市场的需求与供应加速达到平衡。当然这样的加速同样会作用于 E 点右侧的 S 移动，其加速供大于求，造成社会资源的浪费，这样的浪费会比单一生产者独自提供市场供应更加严重。"有时生产者在短期内可能供给太多或者太少，但是通过市场，这些错误往往会被纠正"❶，但是其纠正的成本在主体不唯一时增加了。市场中供应者数量的增加，会使得彼此之间竞争加剧，为了占据市场进行大量的生产，使得库存增加。更为严重的是，市场主体的不唯一性，使得 E 点的确定更为困难，各自供应量的不同，加之信息的不透明，主体愈多，不确定性愈强烈。如果判决停止侵权行为会使得 S 点的移动速度变得相对缓慢。给予市场产品的供应者足够的时间以及相对简单的市场运行情况来对 E 点以及 S 点的状况进行判断，从而尽可能地避免出现 S>D 的情况出现。或者使得 S 偏离 E 的距离相对较近，从而减少社会资源的浪费。

在确认侵权行为后，侵权产品进入市场流通之前，侵权人之于侵权产品处于完全支配状态，法院使其停止侵权行为是相对简单的，在不关涉不特定第三人既有利益的情况下，只有停止侵权行为才符合国民朴素的"正义观"，法院判决"制造不停止"，必须明确论证社会利益增加，且明确增加为何。侵权不停止适用的正当性依据在于通过对社会利益的量化，在明确甚至模糊地可以判定适用该制度会使得社会利益得到满足，而不能以社会利益为一般条款不加区别地适用。

由于社会利益是一个极为广泛而且不够确定的概念，在没有客观作用的前提下，对其作出量化的努力，只是使得判断不断接近其应有的含义。法院欲找到适用的准确依据，其寻找成本可能会超出其所欲保护对象自身价值。其对社会资源的消耗会使得主体对其所寻找的正当性产生怀疑，甚至怀疑其主体的正

---

❶　奥斯坦·古尔斯比，史蒂文·莱维特，查德·西维尔森. 微观经济学［M］. 杜丽群，等译. 北京：机械工业出版社，2016：20.

当性。简而言之，"制造不停止"的正当性探求会使得社会利益的增加呈现消极态势。

3. "制造侵权不停止"是对社会无形利益的损害

在个人利益与社会利益相互转化的视域下，一种观点认为，提出权利保护，就是对于权利所对应的社会秩序的维护。另一种观点认为，只有个人利益受到侵害具有普遍性和典型性意义时，才有可能转化成社会意义。笔者认为第一种观点显然更加符合权利保护的要求，在以"权利为本位"的时代背景下，强调权利本身所对应的社会秩序应然要求，从而将权利所蕴含的法秩序予以升华，在权利反映的同一意义的背景下，可以在一定程度上避免个人权利被社会利益这一相对宽泛的利益所限制，从而尽可能地保护私人利益。

法院作出"制造侵权不停止"的判决，蕴含着一个前提，即侵权人侵权行为确实存在，权利人的权利被不法侵害。在社会利益结构中，利益意识起着纽带作用，调整着利益单元互动从而产生作用。制止侵权行为从而保护权利，是民众权利意识组成的重要部分。提出权利保护的请求本身就是对社会利益的保护，承认侵权，而判决停止侵权行为停止，无疑是在肯定社会利益被侵犯的基础上，放纵社会利益继续被不法侵害，民众的权利意识不能接受个人权利被侵害，同时社会利益也得不到满足，这显然不符合各利益单元之间的流转与互动的需要。法院没有社会利益外在足够的表现形式，论证所牺牲的社会利益大于所欲保护的社会利益。

四、公共利益的理性回归

在收集的关于"侵权不停止"相关的司法案例中，有 6 例案例是关于已经适用专利不停止，只有 1 例判决侵权人继续使用专利，待所涉工程结束才停止使用侵权专利。现将判决书关于"侵权不停止"的论述部分，摘录如下：

> 天兴洲堤防加固工程系用于防洪的公共水利工程项目，在侵权植生块已铺设在堤防上且部分标段已竣工验收的情况下，要求被告水投公司拆除已铺设的

植生块反而会造成公共利益更大的损失。❶

由于本案的特殊性，涉案的工程为铁路基础设施建设工程，强行拆除已经实际使用的涉案侵权产品将会造成公共利益受损。❷

鉴于涉案产品被纳入工程设计方案且该工程涉及公共交通，故其实施关系社会公共利益，依据《最高人民法院关于审理侵犯专利权纠纷案件应用法律若干问题的解释（二）》第二十六条之规定，不宜判令停止侵权。❸

由于侵权产品已经使用于保山市保岫东路城市综合管廊工程，如果停止使用会对社会资源造成不合理的浪费，同时亦可能对公共电力安全造成影响。❹

考虑到安装有被控侵权产品的车辆云A××××××排水车，主要承担昆明主城区城市排水突发事件应急处置及城市防汛排涝工作，基于国家利益、公共利益的考量，昆明排水公司可以向专利权人福建侨龙公司支付一定的许可使用费获得实施许可，如果昆明排水公司有意继续使用被控侵权的液压油冷却装置，可以向福建侨龙公司支付人民币5万元的许可使用费获得实施许可。❺

本案被上诉人的行为是为了公共利益目的的事实，本院认为，本案可以不判令被上诉人承担停止侵权、销毁侵权产品及赔偿损失的民事责任，但应判令其支付相应合理的费用。❻

根据《最高人民法院关于审理侵犯专利权纠纷案件应用法律若干问题的解释（二）》第二十六条的规定，原告请求判令被告立即停止侵犯原告涉案专利权的侵权行为的诉讼请求于法有据，本院予以支持。至于原告请求销毁侵权产品，因实施涉案专利只涉及部分组件，销毁侵权产品可能波及包含有涉案侵权专利部分的同步封层车整车其他构造和功能部分，该部分并不是原告专利权的专有范畴，且通过经济损失的补偿足以弥补涉案侵权行为给原告造成的经济损

---

❶ 参见（2016）鄂01民初319号民事判决书。
❷ 参见（2016）云民终214号民事判决书。
❸ 参见（2017）浙01民初399号民事判决书。
❹ 参见（2017）云民终308号民事判决书。
❺ 参见（2017）云民终9号民事判决书。
❻ 参见（2017）湘民终393号民事判决书。

失。故原告该项请求，本院不予支持。❶

在上述判决书中，法院在确定侵权事实存在的情形下，判决不停止的是"使用"行为，而且其进一步增加内涵，限于"已经适用"（只有 1 起案例支持继续使用，直至所涉工程结束）。而且不停止适用的专利大多适用在公共领域，如公共水利工程项目、铁路基础设施建设工程、公共交通工程、公共电力安全、防汛排涝。只有 1 项判决基于侵权专利的适用只是整个产品的一个部分，如果停止已经使用侵权专利将会使得整个产品的构造以及功能受到影响，作出不停止已经使用专利的判决。

对于已经使用的侵权专利只有在涉及公共领域时，才能判决不停止已经使用的侵权产品。其原因在于该产品所面对的使用者是不特定的社会主体。如果停止使用，势必使得该产品的功用得不到发挥，其停止使用的成本是巨大的，该成本以不特定主体的使用表现，停止侵权所支付的成本是无形的，所以无法用物质财富进行衡量。（虽然也会造成物质损失，但是其损失不是阻却违法使用的理由。）有的学者基于"添附"理论来论证"已经使用不停止"的合理性，❷其不正当地限缩了公共利益的范围。笔者认为不是被侵权专利经过使用添附成不可分离的产品而赋予不停止适用的正当性，用"添附"理论论证"已经适用不停止"的正当性，只是立足于物质成本的考量。如果没有脱离物质成本场域进行探讨，那么任何侵权的适用均应该停止，因为其关涉的成本分担仅仅在于发明人与侵权人之间，侵权人的侵权行为本是不符合法秩序的客观要求的，法律似乎没有对其特殊关爱的必要。而且如果依据"添附"理论作出不停止判决，那么侵权人在得不到发明人许可使用其专利时，会有足够的动力通过不必要的添附达到使用专利的目的。社会生活的不确定性使得公共产品的完成必须是及时的，如果停止已经使用的专利将使得社会生活重新回到不确定的状态，满足不了社会组成部分对于安全以及便捷生活的合理期待。

在上诉判决中，有 1 例判决书是基于已经生产的完全产品的功能以及构造判决不停止已经使用在产品中的被侵权专利（实用新型）。笔者认为，该项判决

---

❶ 参见（2017）鄂 01 民初 3413 号民事判决书。

❷ 张耕，贾小龙. 专利"侵权不停止"理论新解及立法完善［J］. 知识产权，2013（11）.

是基于公平的考量而做出的判决，因为被侵权的专利只是完全产品的一个部分，所以不能停止侵权进而影响到整个产品的使用。该观点将侵权人所付出的侵权代价不恰当地归于国家利益、社会利益，侵权人所付出的侵权成本不等于国家利益、社会利益的减损。如果该论据可以成立，那么所有的已经使用专利侵权纠纷，都不能得到停止（除非侵权人完全使用侵权产品或者依据专利方法制造出产品，然而在已经使用的专利侵权领域却并不多见）。这与《专利侵权司法解释（二）》第 26 条的规范意旨相去甚远：法院判决停止侵权行为是原则，只有基于某些特殊利益的特殊要求才在突破基本权利保护模式下判决不停止侵权行为。如前所述，只要产品被制造，判决停止必然会涉及侵权人的利益。法院基于公平的考量作出不停止的判决，自认为在一定程度上实现了"个案正义"（自认为的正义不等于正义本身，因为其错误地将"不正义"等于"个案正义"），其实质将《专利侵权司法解释（二）》第 26 条、民事赔偿体系置于倾覆的境地。

在司法实务中也有法院在明确侵权人侵权事实存在的前提下，判决侵权人继续侵权行为，将还未实施的侵权行为实施完成。"因侵权产品所涉甬台温高速公路复线温州南塘—××段工程尚未竣工，故本院在被告侵权情节未确定的情况下无法就被告应支付的合理费用作出裁判，原告可在工程竣工后、或依据其所查明的侵权产品使用数量，另案对被告提起诉讼。"❶ 法院判决继续使用为使用的侵权专利原因似乎不是基于国家利益、社会利益的考量，而是基于法院利益的考量。法院确定合理费用的成本似乎不应该由权利受到侵害的权利人负担。已经制造而未投入使用是否应该支持继续使用，即使其关涉不特定主体的无形利益？笔者认为应该持反对的态度，因为其停止使用并不会必然使得该公共产品必然无法完成，而且该侵权专利如果是公共产品中必不可少的部分，是否可以由权利人与侵权人达成许可专利以期完成产品之可能。如果不能达到达成某种合意，法院也不能径直判决侵权人继续使用未使用的侵权专利。因为如果法院不在现行法中寻找判决依据，而依据公共利益满足的直觉作出判决，势必会

---

❶ 参见（2017）浙 01 民初 399 号民事判决书。

破坏整个《专利法》体系。法院应该以《专利法》第 49 条❶的规范作出裁判而不是《专利侵权司法解释（二）》第 26 条。其判决继续使用未使用的被侵权专利在维持整个《专利法》体系和谐的努力上支付了高昂的代价，不是以公共利益的客观需求就可以达到解释的合理要求。

综上所述，个人利益只能在关涉已经达到的符合合理期待的公共生活所呈现的"应然状态"才能作出适当的让步。停止已经使用的专利所支付的无形成本才是其正当化的唯一理由。"停止使用"的范围应该限缩在"已经使用"而不包括"尚未使用"，只有如此解释方能维护整个法律体系的和谐。

五、"侵权不停止"适用外观设计之否定

如前所述，专利侵权不停止的范围应该进行必要的限缩，因为基于经济视角考察，除了因为满足社会不特定主体进行安全以及便捷生活的客观要求，只能限定在已经使用在公共领域的侵权专利可以不停止适用。《专利法》第 12 条规定了侵犯外观设计的侵权行为类型，其并不包括使用外观设计的行为。基于现行法的规定，通过演绎逻辑得出该结论只能满足法体系的自主性。对于外观设计的本质的说明以及排除使用所产生的利益状态则解释了外观设计排除在侵权停止的应然性。

外观设计是对产品的形状、图案或者其结合以及色彩与形状、图案的结合所作出的富有美感并适于工业应用的新设计。其保护客体不同于发明专利和实用新型专利。"体现是一种美学设计，而非功能性或技术性考虑"。❷ 外观的运用不可能涉及公共利益的满足，其体现的是一种大众审美需求，然而其不同于发明或者实用新型所体现的功能或技术需求。加之权利人获得外观设计的保护，是基于其提交的"图片或者照片中该产品的外观设计"，所以权利人的外观设计权以直接的视觉体验呈现给权利人以外的不特定主体。如果还实施侵权行为只

---

❶ 《专利法》第 49 条：在国家出现紧急状态或者非常情况时，或者为了公共利益的目的，国务院专利行政部门可以给予实施发明专利或者实用新型专利的强制许可。

❷ 崔国斌. 专利法原理与案例 [M]. 北京：北京大学出版社，2016：898.

能认为其主观上有恶性，基于社会利益的考察，不可能不停止侵权行为。

六、结　语

停止侵害责任在专利侵权诉讼中的当然适用并非时时具有正当性，应当允许人民法院在专利侵权诉讼中限制停止侵害民事责任的适用。❶《专利侵权司法解释（二）》规定侵权不停止是符合社会发展的客观需要的，但是其外延太过广泛，使得民事赔偿体系面临倾覆的挑战。应该明确其内涵，对该条的适用范围作合乎目的的限缩，该法条规定为了保护国家利益可以判决不停止侵权行为，在市场经济体制内，个人利益与国家利益属于平行概念，法条作此规定似乎有违背市场客观规律的嫌疑，应该将国家利益的考量排除于侵权不停止的范围之外。专利之下包括三项权利，外观设计因为不涉及功能性与技术性内容不应该成为侵权不停止的对象范围。权利的侵权行为类型是不同的，其有着各自的特性。

---

❶　贾小龙. 知识产权侵权与停止侵害［M］. 北京：知识产权出版社，2014：123.

论反不正当竞争法对外观设计专利的
后续保护及限制

林雅亭[*]

内容提要 外观设计兼具功能性和艺术性的多重属性，除了专利法的保护，还可能受到多重法律保护。多重保护不是重复保护，外观设计的多重保护符合利益平衡的要求，国际上多个国家也承认多重保护的正当性。经过长期商业投入、具备识别性的产品外观设计可以得到反不正当竞争法的后续保护。从晨光笔案的判决和《反不正当竞争法》第 6 条规定可知，失效的外观设计专利要寻求竞争法的保护，应当具备显著性、有一定影响和非功能性这三个条件。

关键词 外观设计专利；多重保护；后续保护；反不正当竞争法

一、问题的提出

外观设计是针对工业产品作出的富有美感的新设计，因而其除了具有实用功能，还具有一定的美术价值，在知识产权的保护中具有独特的地位。外观设计在我国主要受专利制度的保护，但由于外观设计的实用、艺术及商业的多重价值，又可能符合其他法律的保护客体要求，如著作权法、反不正当竞争法等。司法实践中外观设计权利人为了捍卫自己的权益，往往会积极寻求多种途径主

＊ 林雅亭，南京理工大学知识产权学院研究生。

张权利，导致外观设计的多重保护问题。❶ 2010 年的晨光笔案❷中，原告晨光公司拥有一项中性笔的外观专利，从专利法的角度看，该专利过期失效后本应进入公共领域，为公众所享有，但晨光公司却以反不正当竞争为由将使用该失效专利的微亚达公司告上法庭。外观设计在失去专利法的保护后能否寻求反不正当竞争法的保护，最高人民法院在 2010 年给出了明确的解释：外观设计专利过期失效后，其本身受专利制度保护的部分价值不再受专利制度的保护，但并不排除其他部分的价值受到其他制度的保护，因为知识产权具有特殊性，一项外观设计可以同时承载受多种权利保护的多种价值，而一种权利的失效不代表所有权利都失效。最高人民法院这一解释表示了我国司法对于知识产权多重保护的态度。多重保护按时间划分又可以分为同时保护和后续保护，本文主要讨论后续保护，本文中的多重保护可以指代后续保护。就外观设计来说，在外观设计专利保护期限之后主张著作权、商标权或竞争法权利的保护就是外观设计的后续保护。从晨光笔案出发，本文关注反不正当竞争法对外观专利的后续保护，有两个方面的问题：一个是后续保护的正当性和必要性，另一个是后续保护的条件和限度。

二、反法对外观设计后续保护的正当性

反对外观设计专利后续保护的主要学说认为，外观设计的后续保护破坏了权利法定原则，侵占了公众利益，影响公众对专利制度稳定性的认识，打破知识产权的平衡机制。这些观点的背后逻辑是：首先，专利权已经为该客体提供了足够用以激励创造的保护。当专利法的保护期过后，该客体就应当流入公共领域，属于公共财富，允许公众免费使用。若对失效的外观设计继续给予后续保护，使得失效权利又成为新的权利，那么本属于公共领域的外观设计就不能再免费使用，剥夺了公众合法无偿使用的权益。❸ 其次，外观设计作为专利法的

---

❶　何炼红．知识产权的重叠保护问题［J］．法学研究，2007（3）．
❷　参见最高人民法院（2010）民提字第 16 号民事裁定书。
❸　应振芳．意匠多重保护评析［J］．西南政法大学学报，2006（6）．

保护客体，以专利法为基本制度，若接受其他法律的后续保护则相当于无限延伸了其受保护的期限，这是对专利制度的架空，破坏了专利制度的稳定性。最后，坚持功利主义原则的学者认为，知识产权制度应当实现"成本—收益"的最大化，专利制度本身已经为外观设计制定了 10 年保护期限作为成本，平衡了权利人和公众之间的利益，实现了创新与收益之间的平衡，后续保护将打破这种平衡，不利于收益的最大化。❶ 除此之外，后续保护也扩张了外观设计的保护范围，将会破坏知识产权原有的激励机制和平衡机制。❷

本文认为，由于知识产权的保护客体是具有无形性，一个有形体上可能承载了不同的知识产权专门法的保护客体。尤其是外观设计既具有功能性，又具有艺术性，也可能经过商业使用具有识别性，从而可能获得不同知识产权专门法的保护。因此，后续保护是多重保护不是重复保护；后续保护仍是在原来的知识产权保护范围内对外观设计进行保护，没有扩张外观设计的保护范围；后续保护既尊重专利法的稳定性，也尊重其他知识产权专门法的独立性，不会破坏知识产权现有的激励和平衡机制，是有利于实现利益平衡的。

1. 多重保护不是重复保护

后续保护是多重保护的一种形式，我国目前没有关于多重保护的相关法律规定，对于多重保护的问题存在很多争议。在晨光特有装潢案中，微亚达公司提出多重保护就是重复保护，同样也有很多学者支持这一观点，认为重复保护没有正当性，多重保护也没有正当性。❸ 对于这种观点，首先要提出的是，私权的一般原则是法无禁止即自由，多重保护并不法律所禁止的，禁止多重保护也没有正当性。其实法院在莫奈壁纸案❹中就提到，我国法律不禁止用多重民事权利保护同一客体，不同民事权利之间不相互排斥，可以共存。其次需要明确的是，重复保护是指对同一客体给予了完全相同的保护。对于知识产权客体来说，不同知识产权专门法保护的无形的客体并不相同，但却可能在同一个有形体上

---

❶ 张涛，黄春燕 . 实施已失效外观设计专利不侵犯该外观设计图片的著作权 [J]. 人民司法，2014（18）.

❷ 吴汉东 . 知识产权的私权与人权属性 [J]. 法学研究，2003（3）.

❸ 钱翠华 . 失效的外观设专利不再受著作权法保护 [J]. 人民司法，2009（14）.

❹ 参见（2015）苏知民终字第 00037 号民事判决书。

出现。比如，专利法保护具有创造性、新颖性和实用性的技术方案，著作权法保护独创性表达，商标法保护可识别的商业标识，反不正当竞争法通过制止不正当竞争行为来维护公平自由的竞争秩序。不同法律从不同的视角和切入点对同一有形体进行保护的机理和立足点是不同的，保护目的、保护的手段和程度也是不同的，对同一保护对象给予多重保护并不属于重复保护。多重保护的基础是不同的知识产权专门法，这些法律共同组成了知识产权法的保护平衡机制，判断是否需要其他法律对外观设计进行保护只需要从其他法律的保护原理和条件出发，对知识产权给予多重保护不会造成法律冲突。

2. 利益平衡的视角

利益平衡原则是知识产权正当性的重要支撑，也是知识产权制度和反不正当竞争法共同追求的最终价值目标。知识产权制度寻求每个知识产权权利人、传播人和使用人等利益主体的利益最大化，保护权利人的合法权益不受侵犯和妨害。❶ 知识产权作为专有权，必然存在与其他利益的冲突，知识产权制度需要寻找不同利益之间的平衡点，促进知识产品的创造、传播和使用。而对外观设计进行后续保护也是利益平衡原则的要求，是内置在知识产权制度中的，不会破坏利益平衡。

首先，外观设计的专利保护期终止后失去专利价值，不导致其全部价值都成为公共财富，因为可能受到其他法律的保护，但这并不会阻碍市场自由竞争，相反却可能促进竞争。原因之一是产品的外观设计往往不构成产品的核心竞争力，是一种附加的竞争力。在自由竞争的市场上，外观设计也总需要不断更新换代，以适应日新月异的市场需求，往往等不到外观设计专利的保护期届满就被生产者抛弃了，缺少竞争力又被淘汰的外观设计如何阻碍其他竞争者的自由竞争呢？原因之二是即使外观设计具有较大的竞争和利用价值，但因为只有专利权保护技术功能，其他法律并不限制对其功能性的利用——著作权法"思想表达二分法"的原则会将产品功能的唯一表达形式排除在外，商标法只保护具有可识别性的商标，反不正当竞争法防止混淆等不正当竞争行为。其他竞争者在外观设计专利失效后，只要不对其进行著作权法或商标法、反不正当竞争法上的利用，就是合法的利用。

---

❶　冯晓青. 知识产权法前沿问题研究［M］. 北京：中国人民公安大学出版社，2004：6.

而著作权法上的利用就是对外观设计艺术性的再现，而美的体验千差万别，美的形态千姿百态，竞争者总能找到美的替代品。同理，商标法和反不正当竞争法的利用也显然不是竞争者合理正当的竞争手段。因此，多重保护对自由竞争的影响是很小的。

其次，外观设计的反不正当竞争法后续保护并没有使利益平衡的天平向权利人倾斜，没有损害到社会公众的合法权益。一般社会公众也就是产品的消费者，消费者一般不会利用外观设计生产或制造商品，消费者是通过支付价款的方式获取权利人的劳动成果，获得包含外观设计专利的产品。产品的市场价格在生产价格的基础上浮动，生产价格包括平均利润和生产成本。❶ 外观设计产品的生产成本包括权利人的创造性劳动和商业性劳动。当专利权的保护期限届满，权利人创造性劳动的投入已经通过以利益平衡为核心的专利法制度得到回报。而只要产品还在销售，商业性的宣传和维护劳动就不会停止，根据洛克的劳动理论，权利人享有商业性劳动带来的收益也是理所应当的。因此，后续保护没有偏爱外观设计权利人，没有导致权利人和公众之间的利益失衡。

3. 对选择原则的批判

反对知识产权重叠保护的"知识产权选择原则"理论源于美国的 Coats v. Merrick 案❷，该理论的核心为，一个客体只能受一种知识产权法律的保护，而不管该客体是否还满足其他知识产权法律的保护要求。这一理论强调多重保护会不正当扩张知识产权的保护范围，因此必须选择唯一一种保护方式。本文认为，知识产权多重保护并没有改变和扩张各个知识产权专门法和相关法的保护范围：专利法保护具有实用性、新颖性、创造性的技术功能，著作权法保护独创性表达，商标法保护商业标识，反不正当竞争法保护竞争秩序，不能说当以上这些要素在同一个知识产品上被体现出来时，技术功能就不再是技术功能，

---

❶ 温桂芳，张群群. 中国价格理论前沿 [M]. 北京：社会科学文献出版社，2011：5-6.

❷ 本案中原告拥有一个外观设计专利，并在专利权到期前申请将该外观设计注册为商标，之后其外观设计专利到期，由于被告生产的产品与自己的外观设计十分相似，原告便以侵犯商标权为由提起诉讼。但美国联邦最高法院认为，虽然原告本可以根据反不正当竞争法获得救济，但由于其专利权已经终止，该外观专利应当进入公共领域供公众享有，外观设计不能作为商标注册。

独创性表达就不再是独创性表达，等等。知识产权的多重保护只是体现了知识产权权利人对于权利保护的渴求，知识产权的范围没有扩张，只是由于技术发展中上述要素的界定在新的产品和技术中越来越困难。不应当排斥知识产权的多重保护，而应将重点放在明晰各个知识产权部门法的保护边界，这样才能真正地解决问题。仅仅因为选择了一种知识产权保护形式就必须放弃其他的法律保护形式这一理由并不充分，仅仅维护了知识产权体系的表面上的合理性，看似避免了权利冲突，其实缺少正当性基础。其实美国版权局在 1995 年就已经宣布放弃"选择原则"，这一做法体现了美国法院对外观设计多重性质的再思考，艺术和功能的结合体现了创造者的独具匠心，凝结了创造者的智慧和心血，仅有专利法的保护并不能完全照顾到外观设计的艺术价值。多重保护才是符合知识产权制度保护激励创新的要求的。

4. 域外经验

1954 年美国联邦最高法院审理梅泽案[1]时，就认可了知识产权的多重保护。法官在裁判中指出，一个原本可以受著作权保护的作品不会因为工业应用就失去了著作权的保护，没有任何一部法律规定一个作品成为外观设计专利后就不能再受著作权的保护。1987 年《美国版权法》[2] 也确定了由该案延伸出的"分离特性与独立存在"原则[3]；法国也立法支持多重保护，1920 年《法国版权法》确定了工业品外观设计同时受到专利法和著作权法的绝对双重保护的模式；德国为外观设计专门立法，当外观设计的艺术性未达到著作权法的独创性高度时

---

[1]　Mazer v. Stein，347U. S 201，100 USPQ 325（1954）. 1954 年美国联邦最高法院审理的 Mazer. v. Stein 一案，确立了"分离特性与独立原则"。该案原告起诉被告擅自复制原告设计的人体舞蹈造型小雕像并将之用于台灯底座进行销售。法院注意到小雕像设计的艺术性成分，判定小雕像可以获得版权保护。

[2]　1987 年《美国版权法》第 101 条规定："实用物品的设计，如果有可以同该物品的实用区分开来单独存在的绘画、刻印或者雕塑等特征，在这个范围内，该设计应视为绘画、刻印或者雕塑作品。"

[3]　分离特性与独立存在原则是指，如果物品的唯一内在属性是其实用功能，即便该物品具有独特并吸引人的外形，它也不能视为艺术作品。若实用物品的外形设计具有一些诸如艺术雕塑、雕刻、图形等特征，并且其所具有的独特外形设计又能够作为艺术品被分离出来而独立存在，那么这些独特的外形特征可以获得版权注册。参见：陈剑玲. 美国知识产权法［M］. 北京：对外经济贸易大学出版社，2012：215.

只能用外观设计法来保护，但若满足独创性要求则可以获得著作权法的双重保护。❶ 通过域外经验来看，虽然曾经否认过知识产权多重保护，各个发达国家都逐渐通过立法承认了外观设计的多重保护。

　　而通过反不正当竞争法对外观设计给予后续保护的做法在许多国家的立法中也有迹可寻。《德国商标和其他标志保护法》将产品外观也纳入商业标识的保护范围，并在第 2 款排除了对功能性标识的保护。❷ 当外观设计不符合商标法的保护要求时，还可以寻求反不正当竞争法的保护。根据《德国反不正当竞争法》的规定，市场上流通的产品包括外观设计只要造成市场混淆，就受到反不正当竞争法的规制；❸ 日本的商标法可以保护三维标志，产品外观可以注册商标获得商标法保护。不能注册商标但具有保护价值的产品外观，则可以通过《不正当竞争防止法》关于混淆的规定获得保护；❹《美国兰哈姆法》兼具商标法和反不正当竞争法的双重性质，该法用主簿注册和辅簿注册对不同的商业标记给予不同的保护，主簿注册保护可注册商标，辅簿注册保护不可注册但具有识别性的

---

　　❶　Gesetz betreffend das Urheberrecht an Mustern und Modellen. 参见：雷炳德．著作权法 [M]．13 版．张恩民，译．北京：法律出版社，2004：96.

　　❷　《德国商标和其他标志保护法》第 3 条：" (1) 任何足以将其使用的商品或服务与使用其他标志的商品或服务相区别的标志，可以作为商标获得保护，特别是包含人的姓名在内的文字、图案、字母、听觉标志、包括商品或其包装的形状在内的三维外形以及其他的包括颜色或颜色的组合在内的装潢。(2) 仅由下列形状组合的标志不能作为商标保护：①由商品本身的性质产生的形状；②为获得技术效果而需要有的商品形状；③使商品具有实质性价值的形状。"

　　❸　种明钊．竞争法 [M]．北京：法律出版社，2016：32.

　　❹　《日本不正当竞争防止法》第 2 条："商品因下列各项之一的行为，营业上的利益可能蒙受损害者，有权要求停止该行为：(1) 在本法施行的地区内，使用众所周知的他人的姓名、商号、商标、商品的容器包装等与他人的商品标记相同或类似的标记，或者销售、周转或出口使用这种标记的商品，而与他人的商品产生混淆的行为；(2) 在本法施行的地区内，使用众所周知的他人的姓名、商号、商标等与他人营业上的标记相同或类似的标记，而与他人营业上的设施或活动产生混淆的行为。"

标记。❶ 一般认为，产品外观具有显著性就可以获得主簿注册。1976 年美国第八巡回法院在卡车案❷中指出，对外观设计来说，相比专利制度，商标法和反不正当竞争法对其商业价值的保护更重要，它们的法律内涵和保护目的不同，产生于一个法律的权利不受限于另一个法律的权利。综上可以看出，以上几个国家都对产品外观给予反不正当竞争法的保护，都不排斥外观设计专利的其他法律保护形式，即便是专利权失效后。

三、外观设计的反不正当竞争法后续保护的必要性

如前所述，在一定条件下，知识产权的各个专门法可以给予外观设计不同的法律保护，虽然有重合但不重复，后续保护符合知识产权利益平衡的要求。外观设计因具有创新的功能而受到专利法保护，与现有设计存在区别，在产品的商业使用过程中，很可能获得识别性。若这种商业识别性被其他竞争者利用，造成不正当的市场混淆，将会损害外观设计权利人以及消费者的利益，破坏市场竞争秩序。因此，用反不正当竞争法对外观设计进行后续保护具有必要性。

1. 外观设计的识别性

由于专利制度对外观设计的新颖性要求，使得外观设计应当与现有设计存在明显区别。通过对产品形状、图案、色彩等要素作出艺术性改变，外观设计可以使消费者将该产品与其他产品区分开来，并且和经营者联系起来，这是外观设计产品的识别性来源之一。即使外观设计本身没有做到上述的识别性，但经过经营者长期的宣传、推广和完善等商业性劳动，知名外观设计产品被更多消费者认识了解，也可能具有识别性。消费者通过产品外观就能知道其来自特定经营者，外观设计因此可以具有识别来源的作用。

---

❶ 《美国兰哈姆法》第 23 条第 3 款规定："在辅簿注册簿上注册的标记可以是商标、符号、标签、包装、商品外形、名字、文字、标语、短语、姓氏、地理名称、数字、图案等整体上不具有功能性的事物组成的，或上述要素的组合，但标记本身必须能够区分申请人的商品或服务。"

❷ 案情是原告设计了一款独特的农用拖车，并且取名"玉米壳 800"，而被告也是农用机械的制造和销售者，完全模仿了原告的农用拖车。

2. 反不正当竞争法的兜底保护

外观设计的识别性一是来自艺术性设计本身，二是来自经营者的商业性劳动。前文也已经论述仅有专利法保护外观设计的技术功能是不符合利益平衡要求的。著作权法虽然可以对外观设计的艺术价值进行保护，但著作权法有独创性要求，只有具有一定独创性且包含一定思想内涵的表达才能受到著作权法的保护。除此之外，著作权的保护与专利权一样受到固定期限的限制，而识别性价值随产品市场竞争力的存在而存在，没有固定期限。商标权的保护虽然可以通过不断续展商标权来突破保护期限的限制，但商标法主要保护注册商标，如果外观设计没有申请注册商标也没有达到驰名商标的程度时，在其他竞争者利用外观设计的识别性制造混淆时，就无法保障权利人的合法权益。

对于反不正当竞争法与知识产权法的关系，郑成思先生做过一个比喻："如果把著作权法、商标法、专利法这些知识产权的单行法比作冰山，那么反不正当竞争法就是冰山下的海洋。"❶ 这一观点就是"补充说"，该观点认为反不正当竞争法对知识产权专门法提供补充保护，当知识产权单行法无法给予保护，但出于公平正义的呼唤又应当受到保护时，反不正当竞争法这片"冰山下的海洋"就会依照诚实信用原则，制止违反商业道德的不正当竞争行为。当产品的外观设计不再受专利法保护，又不满足受著作权的独创性表达要求，不是注册商标，但因为权利人长期的商业投入等因素积累了一定商誉，具备了识别性，其他竞争者擅自使用该外观设计就可能构成不正当竞争，需要用反不正当竞争法来规制。

四、反不正当竞争法对外观设计后续保护的条件及限度

外观设计能够受反不正当竞争法的保护首先需要满足反不正当竞争法对调整对象的要求。在晨光笔案中，最高人民法院分析了外观设计受反不正当竞争法保护应达到的条件：第一，外观设计产品应当是知名产品；第二，该设计作为包装装潢，应当具有识别商品来源的作用；第三，该设计不受商品性质的限

---

❶ 郑成思. 反不正当竞争——知识产权的附加保护 [J]. 知识产权，2003（5）.

制，不是为达到某种技术效果所必须实施的设计；第四，其他竞争者对该设计的使用会造成相关消费者的混淆或误认。❶

《反不正当竞争法》第 6 条❷对混淆行为做出了列举加概括的规定，混淆行为使消费者误以为特定产品与他人的商品或服务存在联系，造成误认。产品外观若造成这种误认，就可能受反不正当竞争法的规制。该条文删去了旧法"知名商品"的规定，只需达到"有一定影响"的程度，扩大了竞争法的保护范围。结合法院判决和对《反不正当竞争法》第 6 条的理解，外观设计要获得竞争法后续保护需要满足的条件有以下要求。

1. 显著性

外观设计能受到竞争法保护的前提是具有可识别性，识别性又称显著性，是使消费者能将外观设计与生产者联系起来的特性。产品装潢可以分为两种：一种是文字图案及其组合的装潢，这种装潢只要不构成通用类装潢很容易符合显著性要求；另一种是形状构造类装潢，因其通常难与产品分离而不容易建立起其与生产者之间的联系，也就难以具有显著性。最高人民法院在晨光笔案中认为形状构造类装潢具备显著性需要同时满足先天显著性和使用显著性两个要求，也就是形状构造本身与现有技术相比具有很大区别，并且经过长期使用使相关公众能将该装潢与生产者、经营者联系起来。❸

2. 有一定影响

新的反不正当竞争法用"有一定影响"的要求取代了旧法关于"知名商品"的规定，避免了由于对"知名商品"认定不一致带来的司法争议。"有一定影

---

❶　黄晖 . 反不正当竞争法对产品形状的保护问题研究——中华人民共和国最高人民法院（2010）民提字第 16 号民事裁定书评析［J］. 电子知识产权，2011（5）.

❷　《反不正当竞争法》第 6 条规定："经营者不得实施下列混淆行为，引人误认为是他人商品或者与他人存在特定联系：（1）擅自使用与他人有一定影响的商品名称、包装、装潢等相同或者近似的标识；（2）擅自使用他人有一定影响的企业名称（包括简称、字号等）、社会组织名称（包括简称等）、姓名（包括笔名、艺名、译名等）；（3）擅自使用他人有一定影响的域名主体部分、网站名称、网页等；（4）其他足以引人误认为是他人商品或者与他人存在特定联系的混淆行为。"

❸　黄晖 . 反不正当竞争法对产品形状的保护问题研究——中华人民共和国最高人民法院（2010）民提字第 16 号民事裁定书评析［J］. 电子知识产权，2011（5）.

响"的产品是被相关公众知悉，并能通过外观识别产品来源的产品。由于与《商标法》"在先使用并有一定影响的商标"的表述方式相一致，对该要件的理解也应当考虑《反不正当竞争法》和《商标法》共同的立法宗旨和定位。产品是否为相关市场内的相关公众熟悉，要综合产品销售额、产品宣传的时间、程度和范围等因素考虑，对"有一定影响"既不能过高要求将范围缩小到"熟知"，也不能过低标准致该要件失去限制作用。

3. 非功能性

不正当竞争法对外观设计进行后续保护的正当性基础在于保护机理的不同。因此，竞争法不能保护具有功能性的产品外观，否则就是变相延长了技术方案的保护期，与专利制度相冲突。另外，排除功能性商业标识的保护也是为了实现自由竞争的反不正当竞争法价值，技术垄断的对价应当在专利制度内调节，超过专利权保护期的功能性设计为公共财富。❶ 世界各国的立法和司法都将功能性的保护排除在商标法和竞争法之外，典型的如《美国兰哈姆法》明确将非功能性作为保护要件。我国《商标法》也将功能性商业标识排除在外。❷ 区分产品外观的功能性特征和艺术性特征并不简单，因为外观设计的功能性与艺术性往往是融为一体的，功能性特征也能体现艺术性。❸《美国反不正当竞争法第三次重述》第 17 节确立了一种区别原则：（1）一个设计要具有艺术性，就不能是为达到某种技术效果所唯一能采用的；（2）一个设计要具有可专利性，其外观不应由功能决定，应当具有多种可选的外观设计。❹

4. 混淆可能性

外观设计受竞争法的后续保护除了要具有显著性、有一定影响、非功能性这些条件，还需要侵权行为具有"混淆可能性"，也就是侵权行为要"引人误认"，这也是《反不正当竞争法》第 6 条规定的混淆行为侵权成立的要件之一。这一要件强调侵权的成立不一定要造成实际后果，因此，除"实际混淆"外，没有造成

---

❶ 沈玮玮，姬德华. 外观设计专利的后续保护及其限制［J］. 知识产权，2016（7）.

❷《商标法》第 12 条："以三维标志申请注册商标的，仅由商品自身性质产生的形状、为获得技术效果而需有的商品形状或者使商品具有实质价值的形状，不得注册。"

❸ 秦开宗. 关于外观设计中的功能性设计问题［J］. 中国专利代理，2005（1）.

❹ 吴大章. 如何对待具有实用功能的外形设计［J］. 中国专利代理，2005（1）.

实际混淆后果的"可能混淆"的行为也构成侵权。这一规定扩大了我国竞争法规制不正当商业混淆行为的范围和强度。"混淆可能性"的判断需要考虑很多因素，如《TRIPS 协议》❶、《欧盟一号指令》❷、美国各法院都总结了关于混淆可能性的认定要素❸。北京高院认定的标准是以相关公众的普通注意力为准，参考产品特点、近似度、知名度等整体判断。总的来说，混淆可能性的判断需要根据个案考虑具体要素，这些要素有重合也有不同，需要在实践中不断完善。

五、结 论

本文从案例出发，研究了反不正当竞争法对外观设计后续保护的问题。第一部分主要是从利益平衡的视角论证了外观设计多重保护（主要是后续保护）的正当性。我国法律不禁止用多重民事权利保护同一客体，不同民事权利之间不相互排斥，可以共存。真正要解决的问题是，立法如何明确不同知识产权部门法之间的界限，而不是因为边界模糊就拒绝对知识产权给予重叠保护，知识产权选择原则是没有正当性基础的，只是法院一种逃避冲突的选择。第二部分论证了反不正当竞争法对外观设计予以后续保护的必要性。外观设计具有多重价值，仅有专利法保护是不够的。而著作权法和商标法各有其关注的焦点。对于尚未或不能注册为商标，但具有商业价值和识别性的失效外观设计专利有必要用反不正当竞争法为其提供补充的、附加的保护。第三部分结合法院判决和《反不正当竞争法》第 6 条的规定，分析了失效外观设计能够被竞争法保护所需要具备的条件及其内涵，四个条件分别为外观设计的显著性、有一定影响、非功能性以及侵权行为的混淆可能性。

---

❶　《TRIPS 协议》规定"在相同商品或服务上使用相同商标可能会导致混淆"。

❷　《欧盟一号指令》第 10 条中说混淆的可能取决于多种因素，特别是市场对商标的认可程度，商标与使用或者注册的标记间能产生联想的可能性，商标与标记及产品与服务间的相似程度。

❸　Polaroid Corporation v. Polarad Electronics Corp. , 182 F. Supp. 350（E. D. N. Y 1960）. 法院列举了八点要素：商标的强度、双方商标相似度、商品接近程度、在先所有人扩大生产的可能、实际混淆、被告是否恶意命名商标、被告产品的质量、消费者的专业水平。

反垄断法上滥用知识产权市场支配地位的界定

吴亚星*

内容提要 知识产权本身具有非常高的经济价值，在目前的经济发展中占据重要地位，在法律上具有一定的垄断性，正是这种合法的垄断性以及市场主体对知识产权利益的追逐导致知识产权滥用的现象大量存在。在知识产权滥用中，滥用市场支配地位是一种典型形式。该问题的存在涉及知识产权与反垄断法，在认定知识产权市场主体滥用市场支配地位时，首先要对相关市场作出界定；其次是界定知识产权市场支配地位，这是滥用市场支配地位的前提；最后是滥用知识产权市场支配地位的主要形式及其界定。

关键词 知识产权市场；相关市场；市场支配地位；行为界定

一、问题的引出：高通案

2013 年 11 月，国家发改委对高通公司启动反垄断调查，认定在基带芯片、CDMA、WCDMA、LTE 无线通信标准必要专利许可市场，高通公司滥用市场支配地位，达到了排除、限制竞争的效果，如不公平、不合理地收取高价许可费、附加不合理条件等。2015 年 3 月，国家发改委正式发布行政处罚书，要求进行相应整改，并处 60.88 亿元人民币罚款。高通公司案引起全世界关注，国家发

---

* 吴亚星，南京理工大学知识产权学院研究生。

改委的罚款也可谓创历史新高。高通公司滥用行为严重阻碍了我国市场经济发展和知识产权创新❶，国家发改委对其行政处罚的同时也是对其他经营者滥用知识产权市场支配地位的警示。

二、界定知识产权相关市场

相关市场是指经营者在一定时期内具有竞争关系的相似产品或具有紧密替代品的产品所涉及的商品和地域，❷界定相关市场是本文探讨内容的前提和基础。

知识产权相关市场，除相关商品市场、相关地域市场外，还必须论证相关技术市场、相关创新市场。❸下文将从基础概念和界定方法两个层面展开讨论。

（一）相关商品市场的界定

在本文所探讨的知识产权市场领域，相关商品市场与传统商品市场的概念与界定方法基本相同。知识产权领域的相关商品市场是指使用知识产权生产的商品与替代商品共同构成的市场。下文将结合知识产权，论述界定相关商品市场的系列方法。

1. 需求替代分析法

需求替代分析法主要是从消费者需求出发来明确相关商品市场的范围，实际操作性强，界定相关市场范围也较为准确，因此是在实践中最早运用也是最广泛应用的界定方法。从消费者需求角度进行替代分析时，需要考虑多个因素，如商品的外形、质量、用途等总体特征，价格差异、消费者偏好等，总体考量商品之间在需求者角度是否具有替代性。

从利用知识产权所生产的商品外形、质量、用途等总体特征方面分析，如果商品在以上提及的方面具有相似性、可替代性，就可以认为这些商品构成相

---

❶　参见中华人民共和国国家发展和改革委员会行政处罚书（2015）1号。

❷　虞玲玲，金国瑜. 论市场支配地位的法律规定——《中华人民共和国反垄断法》第17条第2款释论［J］. 法制与社会，2014（21）.

❸　参见《与知识产权许可的反托拉斯指南》3.2.3。

关市场。但这种相似性并不是没有任何限制的，应当从供应者角度和消费者角度来分析商品的相似性、可替代性。从供应商角度主要是分析生产该商品的预期用途、预期功效，从消费者角度主要是分析该商品是否能够满足其预期需求。❶ 举例来说，在美国诉玉米制品精炼公司案中，被告主张商品市场是由淀粉以及含有淀粉的商品如木薯粉的商品构成的，纽约地方法院却将木薯粉、小麦淀粉排除在相关商品市场之外，法院审理认为木薯粉、小麦淀粉与淀粉三种虽然同属于淀粉，即三者具有一定的相似性，但这种相似性是宽泛的，即这两种产品具有更独特的用途。❷

但从商品的总体特征方面来判断商品之间是否具有替代性是不够的，还应当从商品的价格来做替代性分析。在商品的质量、用途等总体特征相同或者相似时，如果商品的价格存在较大差异，则不能将它们纳入相关商品市场，举例来说，在经济适用型汽车与豪车质量、用途等总体特征相似时，不同消费能力的需求者会因为价格差异而作出不同的选择，因此不能将这两者放在同一相关商品市场。

需求者偏好也是界定相关商品市场的重要影响因素。日常生活中，榴梿的价格时高时低，喜爱榴梿的消费者在榴梿价格相对较低时会选择购买，但榴梿的价格并不会对不喜爱此种水果的消费者产生影响。

2. 供给替代分析法

供给替代分析法侧重从经营者角度考量经营者所生产商品的替代性。1982年《美国兼并指南》首次明确该方法的概念：当有垄断嫌疑企业进行细微但明显的非在暂时性提价时，如果其他存在竞争关系的经营者能在不承担巨大成本的前提下进入市场，则该经营者与涉嫌垄断的企业之间存在替代关系，能被认定为在同一相关商品市场范围内。该方法的可取性体现在：划分相关市场时不仅将市场现有竞争者划入范围，还将准备进入该市场的潜在竞争者纳入考察范

---

❶ 王先林. 论反垄断法实施中的相关市场界定 [J]. 法律科学（西北政法学院学报），2008（1）.

❷ United States v. Corn Products Refining Co，234F. 964（S. D. N. Y. 1916）.

围。❶ 在运用供给替代分析法时，要考虑以下几个因素：首先要考虑具有替代关系的经营者在进入市场时是否在不需要承担重大成本的前提下；其次要考虑经营者的生产替代商品的时间，即劳动生产率，若可在短期内生产替代商品，就可以纳入相关商品市场范围，如果生产时间过长，是否构成相关市场就有待商榷；再次要考虑经营者的生产规模，如若生产规模较小，则其提供的商品对相关商品的市场价格影响较小或几乎没有影响，那么将不需要将其纳入相关商品市场的考量范围；❷ 最后在知识产权领域，还要考虑经营者的生产技术，生产技术较高，则经营者的供给量会大幅提高，对涉嫌垄断的企业造成的影响较大，与涉嫌垄断的企业生产的商品具有替代关系，可划入相关商品市场。

供给替代分析法在一定程度上与需求替代分析法相互弥补，从不同角度——供给和需求，界定相关商品市场。必须指出的是，不可量化以上两种界定方法，既不可在某一案中具体化供给和需求，也不可不同案例适用统一标准。因此，该方法的实操性弱，进而导致相关商品市场的界定范围不准确。

3. 需求交叉价格弹性法

需求交叉价格弹性，是指在特定期限内某商品需求量的变动对于相关商品价格变动的反应程度。在经济学原理中可用公式表示如下：需求交叉价格弹性＝X 商品的需求变动率/Y 商品的价格变动率；而价格变动率是变动后价格减去之前价格之差（差可以是正数亦可以为负数）再除以变动前价格。根据以上可知，需求交叉价格弹性为正时，如果 Y 商品的价格提高，Y 商品的价格变动率为正，则 X 商品的需求变动率也必须为正，即 X 需求量必须随 Y 价格的上升而增加；反之亦然，在 Y 价格下降时，X 需求量随之减少，如此可以认定 X 和 Y 之间具有替代关系。而当该数值为负时，Y 价格上升，Y 价格变动率为正，则意味着 X 需求量呈下降，反之亦然，如此 X 商品与 Y 商品互补，如乒乓球和乒乓球拍。当弹性数值为 0 时，则代表 X 商品与 Y 商品之间互不影响。

根据以上分析，当 X 和 Y 是替代关系且弹性数值越大时，两者之间的替代

---

❶ 李虹. 相关市场理论与实践——反垄断法中相关市场界定的经济学分析 ［M］. 北京：商务印书馆，2011：77.

❷ 李蕾. 滥用知识产权市场支配地位的反垄断法界定 ［D］. 烟台：烟台大学，2019.

性越大，则两者被认定为同一商品市场的可能性就越大。运用该方法界定相关市场的典型案例是美国杜邦公司玻璃纸案，法院在审理意见中表明当玻璃纸价格发生变化时，其他材料包装纸的需求会因此变动，由此将相关市场界定为包装材料市场。需求交叉价格弹性分析法与上述两种分析方法相比较，最明显的优势在于该界定方法可定量分析，主观性较小，公式的表达也较为清晰合理，但仍存在适用问题，实践中难以确定具体数值，且该方法仅仅展示了某种产品价格变动对其他产品需求量产生的影响，并未将生产规模、生产技术等予以考虑。

4. 假定垄断者测试法

假定垄断者测试，是指假定某经营者为垄断者，进而根据其控制价格低于竞争价格的能力，确定控制的最小商品集合，该集合就是相关商品市场。

具体来说，经营者 A 是假定垄断者，在其他销售条件不变时，假定 A 在长期（一般为 1 年）内能小幅度（幅度控制在 5% ~ 10%）提高目标商品价格。多数消费者会因为涨价而减少购买该商品，转而选择具有紧密替代关系的商品，最后 A 的目标商品销量减少。若在上述情况下，假定垄断者仍有利可图且消费者不会选择替代商品，则目标商品就构成相关市场，但仅仅只有目标商品。若销量降低，假定垄断者没有利润空间，需求者转向替代商品，则目标商品与替代商品构成相关商品市场。

（二）相关地域市场的界定

相关地域市场是指在某一地域，需求者可以自由选择具有竞争关系的供给者提供的替代商品。界定相关地域市场时，商品价格肯定是考虑因素，除了价格之外，运输成本、多数群体选择商品的实际区域、特定区域需求习惯或偏好、主要供给者商品的销售分布等都必须考虑在内。上文所述假定垄断者测试法，也是界定相关地域市场的方法之一。

（三）相关技术市场的界定

谈及界定知识产权领域相关市场，相关技术市场是避不开的话题。《美国反托拉斯指南》最早出现该概念，我国《关于禁止滥用知识产权排除、限制竞争行为的规定》（以下简称《知识产权规定》）也明确了该概念❶。应用性技术市场是指根据知识产权所涉技术，经营者可应用于实际生产，基础性技术市场是指该技术还未应用于具体商品生产。两者共同组成了相关技术市场。

为了更好地界定相关技术市场，有必要考虑技术属性、用途、许可费用、所涉知识产权期限以及需求者选择其他技术的成本和可能性。当界定相关技术市场涉及多个地区或国家时，要考虑是否存在技术管制等。假定垄断者测试法可用于界定相关技术市场。

（四）相关创新市场的界定

《美国反托拉斯指南》中最早出现创新市场，虽然现有市场不会受到知识产权许可合同的消极影响，但许可合同有可能不利于知识产权未来创新。该指南提出了创新市场的概念：创新市场是研发某种未来产品的实际和潜在企业所构成的市场。我国立法中并没有引入这一概念，但 2009 年发布的《国务院反垄断委员会关于相关市场界定的指南》第 3 条将知识产权、创新等因素的影响纳入反垄断执法工作考虑范围，《知识产权规定》第 3 条规定"根据个案情况，还可以考虑行为对创新、研发等因素的影响"。

鉴于目前我国立法中只是粗略提及在反垄断工作中要考虑创新因素，但对于相关创新市场的概念和定义并未予以承认，因此对于相关创新市场的界定缺乏明确的规定。

三、知识产权市场支配地位的界定

具备市场支配地位是滥用行为的前提和基础。下文将在探讨知识产权市场特殊性基础上，结合典型实例，论述如何确定具备知识产权市场支配地位。

（一）知识产权市场支配地位界定的特殊性

首先，知识产权的创新性注定了权利人生产的商品，相比较行业其他替代

---

❶　相关技术市场是指由行使知识产权所涉及的技术和可以相互替代的同类技术之间相互竞争所构成的市场。

性商品更具有创新性、技术性，在生产上也具有极大优势，因此权利人获得市场支配地位相较于传统经营者获得市场支配地位的时间更短，不需要像传统经营者获得市场支配地位投入较长的时间。

其次，知识产权许可的法定限制如许可方式、期限、范围，知识产权天然的独占性（在没有权利人同意时，不得使用知识产权，也不得利用知识产权生产商品）等，这些都导致知识产权权利人获得的市场支配力较于传统市场经营者的支配力更强。

最后，权利人基于知识产权所获得的市场支配地位要求知识产权必须是合法有效的。知识产权只在法定期限内受到保护，超过保护期，则基于此所形成的市场支配地位也就很容易被推翻。同时如果一项知识产权被认定为无效，则基于该权利形成的市场支配地位也就无从谈起。

知识产权的特殊性并不意味着一旦权利人拥有知识产权，就默认权利人占据市场支配地位。美国诉 Loew 公司案中，Loew 公司享有涉案故事片版权，法院借此直接认定 Loew 的市场支配地位。[1] 这种做法是不合理的甚至是漏洞百出的，过度放大了知识产权对于界定支配地位的作用，导致知识产权权利人在诉讼中承担更多的败诉风险。《知识产权规定》明确指出，知识产权仅是认定市场支配地位的参考之一。以下内容将详细说明除知识产权以外的，明确知识产权市场支配地位的考量因素。

（二）界定知识产权市场支配地位的考量因素

知识产权市场具有特殊性，利用传统方法界定该领域的市场支配地位时需要结合知识产权领域的特殊性。具体来说，市场份额、其他经营者进入市场的难易程度、下游市场依赖程度，都必须结合知识产权特殊性。

在认定经营者在相关市场所占份额时，首先是准确划定相关市场范围，在华为诉 IDC 案中，IDC 诉称相关市场应当是"某特定通信标准的所有标准必要专利集合的许可市场"，而非一审法院认定的"特定标准下每一个必要专利许可

---

[1]　United States v. Loew's Inc. 371U. S. 38，46（1962）.

市场均构成一个独立的相关市场"❶，IDC 诉称法院不合理认定相关市场导致了市场支配地位的不合理认定。其次，是否具备市场支配地位由经营者拥有的市场份额决定，我国反垄断法对此做了明确而详细的规定。最后，在知识产权领域，还应当考虑知识产权本身的经济价值以及知识产权对经营者取得的市场支配的影响力大小，知识产权本身的排斥性往往会导致相关市场的范围较小，知识产权权利人拥有较高的市场份额，由此较容易获得市场支配地位。

在衡量其他经营者进入市场的难易程度时，知识产权本身所具有的独占性和排他性意味着知识产权领域其他经营者进入市场相较于传统市场的进入更难。如标准必要专利是在达到规定标准时所必须要使用的专利，标准必要专利的权利人若是对进入该市场的潜在经营者不予许可该专利，则导致潜在经营者无法进入市场。❷ 在三星公司标准必要专利案中，欧盟委员会认定由于欧洲生产 UMTS 技术标准产品的企业不存在替代技术，所以在 UMTS 标准下，三星公司所拥有的每个必要专利都相应地构成相关市场。简单来说，就是在这些相关市场内，三星公司的市场份额都可以被认定为 100%，这对其他经营者进入该市场设置了重重障碍，由此可以认定三星公司具有市场支配地位。

在判定利用知识产权生产的商品的下游市场依赖程度时，依赖程度较高，则意味着知识产权权利人在相关市场的影响力较大，并且下游市场的依赖度会加强这种影响力，由此导致权利人在相关市场的地位逐渐上升甚至达到市场支配地位。在高通案中，基带芯片的生产商数量较少，高通则占据较高的市场份额，这就直接导致下游市场即无线通信终端市场中的经营者选择芯片生产商的范围较小，且高通生产的基带芯片质量优，以上两点是无线通信终端经营者高度依赖高通基带芯片的理由，而这种高度依赖又反过来加强了高通在基带芯片市场的支配地位。

以上所提及的三个因素仅仅是界定知识产权市场支配地位的多种因素的一部分，界定市场支配地位是复杂的，需要综合考虑各影响因素，除本文提及的，还需要结合其他本文未提及的因素如拥有知识产权经营者的财力、相关市场知

---

❶ 参见（2013）粤高法民三终字第 306 号。
❷ 王晓晔. 标准必要专利反垄断诉讼问题研究 [J]. 中国法学，2015（6）.

识产权创新能力等。

四、滥用知识产权市场支配地位的主要形式及其界定

判定经营者是否滥用市场支配地位时，首先是经营者在相关市场具备支配地位；其次要求经营者具有主观过错即其具备并意识到是滥用行为能达到排除、限制竞争效果，在实践中，往往通过经营者的具体行为来推定或认定主观上是否具有滥用意识；再次要考察经营者是否客观上实施了滥用知识产权市场支配地位的行为；最后要求经营者的行为客观上达到了不正当竞争的效果，损害了社会利益或他人合法权益。如果以上要点都满足，则可以认定在知识产权市场，为排除、限制竞争，经营者实施了滥用市场支配地位具体行为。以下将从滥用市场支配地位的形式以及界定方法具体展开讨论。

（一）搭售

知识产权滥用中的搭售是指具备市场支配地位的经营者强制性要求买方购买目标商品以外的其他商品，目标商品和被搭售商品之间没有必然的联系，各自具有独立的市场。搭售行为严重地侵害了买方的自主选择权，并且限制了被搭售商品市场的竞争。

判断是否构成知识产权滥用的搭售时，要从以下几个方面出发。首先要求目标商品和被搭售商品之间不存在必然联系，可以从需求、交易习惯角度判断两者之间是否存在必然联系。如果被搭售商品在市场有独立的需求，这种需求不依赖于目标商品，欧盟法中曾提出具体的判断方法：如果有生产商专门生产被搭售商品而不生产目标商品，则可以认定被搭售商品具备独立市场需求，被搭售商品与目标商品之间不存在必然联系；❶ 同时，如果在交易习惯上，目标商品和被搭售商品已经被认可是共同销售的，如一本书的上下册，这样目标商品和被搭售商品是具有必然联系的。然后，不合法的搭售行为要求经营者主观上具备强迫交易意识，即买方在购买被搭售商品时是缺乏自主选择的，

---

❶ 许光耀. 搭售行为的反垄断法分析 ［J］. 电子知识产权，2011（11）.

是被迫的，非出于自由交易意愿。最后，不合法的搭售行为必须排除、限制了市场的自由竞争，如果搭售行为没有造成该后果，则不属于反垄断法上规制的搭售行为。

（二）拒绝许可

知识产权许可是基于意思自治原则，权利人和被许可人自由交易，权利人有许可的权利也有拒绝许可的权利，且这种权利完全是合法的，法律保护权利人正当的拒绝许可权。滥用行为之一的拒绝许可，是指在没有正当理由时，拥有市场支配地位的经营者为获得或巩固自身市场支配地位，拒绝向市场上的竞争对手提供知识产权产品或者拒绝向竞争对手许可知识产权。这种权利滥用的拒绝许可行为，阻碍了相关技术的创新，限制了相关市场的自由竞争，是应当被规制的。

根据上文可知，反垄断法上规制的拒绝许可的行为有两种常见的表现方式：第一种是为了排除市场上现存的竞争者的竞争，在市场竞争中获得优势地位进而获得市场支配地位而拒绝许可；第二种是知识产权权利人为了维护自己已取得的市场地位，承担知识产权不被任何他人使用的风险下拒绝许可。关键设施理论最初被用于有形财产的基础设施领域，现在可用于判断知识产权权利人是否存在滥用拒绝许可。关键设施理论有以下几个构成要件：垄断者控制了某种关键设施；竞争者不能提供该关键设施；垄断者拒绝允许竞争者使用该关键措施或垄断者拒绝提供竞争者该关键设施；具备垄断者提供该关键设施的现实可能性。可以通过判断该知识产权在市场是否属于关键设施，知识产权权利人是否实施上述行为来界定权利人是否实施不合法的拒绝许可。反垄断法不允许的拒绝许可还要求没有正当理由拒绝许可。

（三）差别待遇

差别待遇是指在缺乏正当理由、交易相对人条件相同或相似的情况下，市场支配地位拥有者实行差别对待。其中最典型的也最常见的就是价格歧视。价格歧视包括两种情况：一种是销售商销售同一商品时对不同客户采用不同定价，且这种行为缺乏正当理由；另一种是销售商对不同供应成本的客户采取同等价格❶，且该行为缺乏正当理由。价格歧视会让接受同一商品的不同市场主体产生较大的成本差异，妨碍市场的正常自由竞争。价格差异中的受益者往往是大型企业，原因在于，中小企业生产成本因价格歧视而明显提高，成本的提高意味着在市场价格下的利润减少，这其实是一个恶性循环，中小企业会面临在市场中降低、丧失竞争力的巨大风险和挑战，退出市场也极有可能。相较于传统市场，知识产权领域的价格歧视行为对中小企业造成的影响更大，对市场产生的排除、限制竞争的效果也更明显。价格歧视最典型的例子就是微软公司的操作系统在我国的定价明显超过其他国家。除价格歧视外，售后服务、付款方式、优惠条件等方面都产生差别待遇。

（四）超高定价

超高定价是指具备市场支配地位的经营者对目标商品的定价高于市场平均水平，知识产权领域的超高定价强调了经营者拥有或可利用的知识产权在其获得市场支配地位中的作用，并进一步利用支配地位实施超高定价的行为。超高定价的行为大大提高了市场经营者的生产成本，进而损害消费者的合法利益，扰乱市场秩序，甚至导致部分生产经营规模小的经营者退出市场，抑制市场发展活力。

知识产权领域的超高定价行为尤其明显。为获得知识产权，知识产权权利人需要投入大量精力、财力等，所以知识产权权利人在设置定价时往往会将前期投入的大量成本列入定价的考虑范围，这与合法的知识产权领域的奖励性高价有所不同，奖励性高价往往是将高价控制在一定的合理范围内，而超高定价是定价过分高于市场平均水平，进而影响市场的自由竞争。但奖励性高价和超高定价很难分辨，当定价为多少时才能认定为超高？如果阻止知识产权权利人的超高定价，导致权利人后期收入无法弥补前期投入，那么权利人是否还愿意进行知识产权的研发工作？禁止超高定价的行为是否会阻碍技术的创新与进步？这都是需要思考的问题。

---

❶ 孔祥俊. 反垄断法原理［M］. 北京：中国法制出版社，2001：467.

五、结　语

我国知识产权蓬勃发展的同时也出现了很多问题，知识产权滥用就是典型问题之一。知识产权需要保护，但也应当规制滥用知识产权行为。本文讨论的是知识产权领域滥用市场支配地位的界定，结合反垄断法的相关知识、知识产权特殊性，穿插相关实例，以界定相关市场为起点，论述知识产权支配地位的界定和滥用行为表现。在知识产权滥用尤为严重的今天，界定滥用行为并予以规制，是保障知识产权市场自由竞争、促进知识产权创新的有力措施。

滥用知识产权市场支配地位的反垄断法规制

蔡中一*

内容提要 滥用知识产权市场支配地位是知识产权滥用的一种典型表现形式，因为知识产权的垄断性，权利人利用这一特性比较容易在相关市场内占据支配地位，但是如果权利人滥用其市场支配地位，即成了反垄断法所规制的对象。目前反垄断法尚未完善，并且缺少相关的典型判例提供依据。为了有效规制滥用知识产权市场支配地位的行为，本文首先明确了知识产权市场支配地位的界定标准；然后对于滥用知识产权市场支配地位的行为进行论述，并分析滥用知识产权市场支配地位的具体行为；接着结合实际情况，分析目前滥用知识产权市场支配地位的反垄断法规制所面临的问题；最后针对滥用知识产权市场支配地位行为提出相应的法律规制建议。

关键词 知识产权；市场支配地位；反垄断法

一、知识产权市场支配地位的界定

我国《反垄断法》定义市场支配地位为："本法所称市场支配地位，是指经营者在相关市场内具有能够控制商品价格、数量或者其他交易条件，或者能够阻碍、影响其他经营者进入相关市场能力的市场地位。"[1]

---

* 蔡中一，南京理工大学知识产权学院研究生。

[1] 《反垄断法》第 17 条。

1. 知识产权相关市场的界定

要认定一个企业是否具有市场支配地位，首先应当界定相关市场，这样才能分辨市场上的竞争者，确定企业的市场份额，从而认定其在市场是否具有支配地位。知识产权相关市场的界定一般需要考虑涉及的相关知识产权产品、相关知识产权产品竞争所影响的地域范围，这在反垄断法上分别被称为"相关产品市场"和"相关地域市场"。❶

（1）知识产权相关产品市场。《关于相关市场界定的指南》规定："相关商品市场，是根据商品的特性、用途及价格等因素，由需求者认为具有较为紧密替代关系的一组或一类商品所构成的市场。"❷确定相关产品市场需要判断是否具有较为紧密替代关系，主要应当考虑消费者的需求替代，同时综合考虑产品性质、产品用途、产品价格等，如果存在具有紧密联系的一组或一类知识产权产品，并且它们之间存在竞争关系，其大概率会构成知识产权相关产品市场。

（2）知识产权相关地域市场。《关于相关市场界定的指南》规定："相关地域市场，是指需求者获取具有较为紧密替代关系的商品的地理区域。"❸界定知识产权相关地域市场需要考虑相关知识产权产品所处的地域范围，主要是从空间角度来进行判断。相较于普通地域市场，由于知识产权自身的性质，有些并不是以实物形式展现，而是通过文档、程序等无形方式存在，因此知识产权相关地域范围通常是其被授权保护的范围。

2. 知识产权市场支配地位的界定

在明确知识产权相关市场之后，需要界定在相关市场上是否具有市场支配地位，在界定时可以参考普通市场支配地位的认定。通常一个企业的市场支配地位与其占有的市场份额成正比，在相关市场中占有相对较多的市场份额，一般这个企业就具有市场支配地位。对于市场份额而言，判断市场份额的前提是确定相关市场，因为知识产权是一种排他性的独占专有权，一定程度上会影响对于相关市场范围的界定，从而影响对于市场份额的确定；并且，知识产权相关企业在相关市场中间面临的各种竞争状况、其他竞争企业进入相关市场的难

---

❶ 王晓晔. 标准必要专利反垄断诉讼问题研究 ［J］. 中国法学，2015（6）.

❷❸ 《关于相关市场界定的指南》第 3 条。

易程度等因素也会影响其市场份额的比例。但是同时，市场份额也不是判断是否具有知识产权市场支配地位的唯一要素，对于价格的控制能力也是认定知识产权市场支配地位的一个重要因素，如果知识产权相关企业能够在各个时期都具有左右和控制相关市场产品价格的能力，那么比较容易判断其具有知识产权市场支配地位。因此，在界定一个企业是否具有知识产权市场支配地位时，需要综合各个因素来进行分析判断。

二、滥用知识产权市场支配地位行为的概述

1. 滥用知识产权市场支配地位行为的认定

我国《反垄断法》规定了滥用市场支配地位的认定标准："认定经营者具有市场支配地位，应当依据下列因素：（一）该经营者在相关市场的市场份额，以及相关市场的竞争状况；（二）该经营者控制销售市场或者原材料采购市场的能力；（三）该经营者的财力和技术条件；（四）其他经营者对该经营者在交易上的依赖程度；（五）其他经营者进入相关市场的难易程度；（六）与认定该经营者市场支配地位有关的其他因素。"❶ 知识产权产品作为一类特殊的产品，在判断知识产权相关企业的市场支配地位时，可以参考普通市场支配地位的认定，同时也要兼顾知识产权本身独有的性质。在判断使用知识产权的行为是否构成滥用市场支配地位的行为时，主要从以下方面分析：（1）主体方面，如果某个行为被认定为滥用知识产权市场支配地位的行为，那么知识产权权利人本身应当具有市场支配地位；（2）主观方面，一般要求知识产权权利人在主观上具有过错。但是现实中证明权利人具有主观过错的难度比较大，因此在实践中，往往根据其行为来推定其是否具有主观过错；（3）客体方面，知识产权滥用行为应当对他人合法利益、社会公共利益造成了实际的损害；（4）客观方面，主要分析知识产权权利人实际上是否实行了滥用市场支配地位的行为，实践中常见的滥用知识产权市场支配地位的行为具体包括搭售、拒绝许可、价格歧视、超高定价等。

---

❶ 《反垄断法》第 18 条。

2. 滥用知识产权市场支配地位行为的原因

一方面，是由于经济利益的驱使，利益是滥用市场支配地位的重要驱使因素，对于经济利益的追逐导致了一系列滥用知识产权市场支配地位的行为的发生。占据市场主导地位的企业往往在市场交易中设定很高的标准，滥用其市场支配地位，利用知识产权许可、转让等获得巨额利润，从而最大限度地获得利益。另一方面，法律制度的失衡性也是滥用知识产权市场支配地位的重要原因，因为知识产权是一种排他性的独占专有权，权利人可以排除同一知识产品上同时存在内容相互排斥的权利，或排除他人非法使用其知识产品的效果力，这样很容易导致权利滥用、权利垄断的出现。❶ 此外，现有的法律制度主要强调保护知识产权，而忽略了对于知识产权的法律规制，导致两者出现失衡的状况，从而被一些企业抓住漏洞，实施滥用知识产权市场支配地位的行为。

三、滥用知识产权市场支配地位的具体行为

1. 搭售

搭售是指知识产权人在从事市场交易行为时，将两个或两个以上的知识产品捆绑销售，因为知识产权的垄断性，买方通常在市场上难以找到替代品，因此买方为得到所需知识产品而不得不购买与该产品无关的其他产品。❷ 反垄断法所规制的搭售行为的构成要件主要有：（1）知识产权产品与被搭售产品之间没有实际联系。（2）知识产权权利人具有市场支配地位。在认定搭售时首先需要分析权利人在相关市场的份额，判断其是否具有市场支配地位。（3）在主观上，知识产权权利人具有强迫买方进行交易的想法。权利人利用自己的市场支配地位强迫买方接受自己提出的条件，买方被迫接受。（4）搭售行为给市场竞争造成严重的后果。综上所述，在实践中需要结合多个因素，综合判断是否构成搭售行为。

---

❶ 关永红．知识产权排他效力论［J］．知识产权，2011（7）.

❷ 龙柯宇．知识产品搭售及其反垄断规制探讨［J］．首都经济贸易大学学报，2013（3）.

2. 拒绝许可

反垄断法规制的拒绝许可是指具有市场支配地位的权利人为了自身利益，滥用其知识产权市场支配地位，在缺少正当理由的情况下，拒绝向其竞争者提供知识产权产品或授权知识产权的行为。在知识产权领域，知识产权权利人有进行交易或拒绝进行交易的自由，但是如果这种自由逾越了法律规定的界限，权利得不到约束，就可能形成滥用知识产权市场支配地位的行为，就需要受到反垄断法规制。在实践中，知识产权人为了保护自身利益和巩固自身垄断地位，拒绝许可他人使用其知识产权，打击其他竞争者，从而导致技术滞后、生产和消费成本的增加、市场竞争秩序破坏等一系列的问题，亟须对其进行法律规制。

3. 价格歧视

价格歧视是指知识产权权利人对于相同的商品或服务，因为对象的不同，而实行不一样的定价标准，进行不公平的区别对待。反垄断法所规制的价格歧视需要满足以下条件：（1）知识产权权利人针对不同的交易对象制定不同的价格；（2）知识产权权利人缺乏正当、合理的理由对制定的不同价格进行支持；（3）在知识产权相关市场，权利主体具有市场支配地位；（4）价格歧视行为违背了定价规则，给交易对象设置了阻碍，严重破坏了市场竞争秩序。并且，价格歧视增加的交易成本最终还是由消费者承担，损害了消费者的合法利益，不利于经济的正常发展，需要对其进行法律规制。

4. 超高定价

超高定价指知识产权权利人已经具有市场支配地位，拥有事实上的定价权，凭借自身的垄断地位，大幅度提高目标标的价格的行为，这种行为破坏了市场的正常秩序。❶ 但是在现实中，对于"超高"的认定一直存在争议，价格高到什么程度才构成超高定价，在认定上带有很强的主观性。在知识产权领域，高价是对于企业投入的回报，也是企业继续进行研发、继续完善的动力，如果过多干预，在一定程度上会影响企业后续的积极性。因此在反垄断法规制超高定价的时候，必须慎之又慎，需要确定知识产权产品的合理定价范围，在考虑到

---

❶ 董文博，陈俊秀．知识产权领域滥用市场支配地位的反垄断规制［J］．北方经贸，2015（11）．

知识产权权利人的成本的同时，也要避免权利人过度使用法律赋予的权利，做到两者兼顾，不会顾此失彼。

四、滥用知识产权市场支配地位的反垄断法规制面临的问题

1. 现有的法律法规不够完善

《反垄断法》第 55 条规定："经营者依照有关知识产权的法律、行政法规规定行使知识产权的行为，不适用本法；但是，经营者滥用知识产权，排除、限制竞争的行为，适用本法。"其规定了对于滥用知识产权排除、限制竞争的行为进行规制，但是并没有明确具体的标准来区分滥用知识产权的行为和依法行使知识产权的行为，使得合法行为与非法行为之间的界限模糊不清。因为《反垄断法》规定尚不明确，很容易导致反垄断法规制与滥用知识产权行为之间的矛盾，为一些市场主体提供了赚取不正当利益的空间，也不利于执法主体正确地适用法律。因此，在具体操作层面，《反垄断法》仍存在一些缺陷，缺乏进一步的细化与说明，导致其可操作性比较低。

其他法律中也有相关规定，《合同法》《专利法》《反不正当竞争法》等均对滥用知识产权的行为进行了规定和禁止。这些规定虽然在一定程度上遏制了呈加剧趋势的滥用行为，但也存在许多缺陷，例如，多为原则性规定，缺乏具体实施细则，在实践中可操作性较低，反垄断执法机关也难以依照上述法律监管滥用行为。❶ 这些概括性规定对于滥用知识产权市场支配地位的行为仅仅起到了一定导向效果，不能作为界定相关市场、市场支配地位等认定程序的主要参考。由此可以看出，目前我国有关滥用知识产权市场支配地位的法律法规缺乏体系性和统一性，内容条款分布十分零散并且法律效力差异较大，不利于在实践中实施与适用。

2. 反垄断法规制具有现实紧迫性

自对外开放以来，跨国公司凭借先进于我国的技术与充足的资金实力抢夺

---

❶ 陈丽苹，王常清．标准必要专利权人滥用市场支配地位的反垄断规制研究 [J]．武陵学刊，2016（5）．

我国市场，当其在相关市场占据主导后，打压我国企业、损害消费者权益的情况频频发生。知识产权大国在极力扩张知识产权的同时，强迫发展中国家接受知识产权的高保护标准，有些保护范围甚至超过主权国家的限制，试图建立全球垄断霸权，甚至有可能威胁到思想自由、信息自由等基本人权，这些事件已经严重影响了我国市场的正常发展。❶ 反垄断法目前需要面对的难题是如何避免知识产权制度违背立法目的，变成垄断的工具，如果保护过度会带来权利滥用，导致法律制度失衡。我国当前技术能力与创新能力相比域外仍然存在许多不足，外来企业具有较强的知识产权能力，所以需要加以约束和规制，防止滥用行为的产生。目前，与知识产权的保护相比较，我国在知识产权反垄断方面立法尚未完善，仍需要不断对其进行健全。一方面需要完善对于知识产权的保障体系，另一方面需要维护市场的正常有序竞争，规制滥用行为，将排除、限制竞争的行为限制在合理的范围内。因此，对于如何达到两者的平衡，也是我国需要处理的难题。综上，以法律规制滥用知识产权市场支配地位的行为具有很强的现实紧迫性，亟须得到解决。

3. 执法机关缺乏执行力

从我国目前的执法现状来看，执法机关的执行力不足，存在许多现实中的问题。首先因为法律上的欠缺，执法机关执行时缺乏具体操作要求，无法正确区分滥用知识产权的行为与正常行使知识产权的行为，从而在实践中无法准确地对知识产权权利人滥用知识产权市场支配地位行为进行规制。对于我国而言，我国的执法机构主要表现为行政机关，但是行政机关的部门之间存在层级过多的问题，导致执行力过于分散，不具有统一性，这样使得执法的权威性较低，从而降低了执法的效率，不能高效地加以执行，这样即使法律制定完善，在执行机关缺乏执行力的情况下，也无法在实践中很好地加以运用，使得可操作性很弱，从而陷入无法执行的僵局之中。

---

❶ 吕明瑜. 知识产权垄断呼唤反垄断法制度创新——知识经济视角下的分析 [J]. 中国法学，2009（4）.

五、滥用知识产权市场支配地位的反垄断法规制建议

1. 明确滥用知识产权行为的内涵

《反垄断法》规定了对于滥用知识产权排除、限制竞争的行为进行规制，但是并没有明确具体的界限与标准来区分依法行使知识产权的行为和滥用知识产权的行为。❶ 因此，需要充分了解滥用知识产权行为的本质与内涵，从而在深层次上判断一个行为是否为滥用知识产权市场支配地位的行为。知识产权法律制度设立的目的在于保护知识产权的独创性，促进知识产品共享，而滥用知识产权的本质在于在使用知识产权时排除或限制市场竞争，这类滥用知识产权市场支配地位的行为背离了知识产权制度设立的目的。因此，在完善法律规制的过程中，对于认定该使用知识产权行为是否为滥用行为，需要判断该使用行为是否违背了知识产权制度设立的目的，是否违反了相应的原则。同时，也需要综合考虑其他因素，如是否阻碍相关技术的传播，是否导致排除、限制竞争的后果，以及是否损害他人合法利益、社会公共利益，是否违背国家公共政策等，需要进行整体的、全面的考虑。因此，我们需要从滥用知识产权行为的本质出发，明确知识产权滥用行为的内涵，从而更好地区分依法行使知识产权的行为和滥用知识产权的行为，有针对性地加以法律规制。

2. 坚持知识产权保护与限制知识产权滥用行为相统一

知识产权法律制度设立的目的在于保护知识产权的独创性，推动知识产品共享，从而促进经济、社会的不断发展。然而在实践中，缺乏约束的权利很容易出现滥用现象，如果知识产权权利人行使权利超出了法律规定的界限，就会阻碍技术的发展创新、破坏正常的市场秩序。因此，对于知识产权不仅需要对其进行法律保护，同时也需要对其进行适当的限制与约束，不能放任其在实际中的应用行为，需要将知识产权保护与限制知识产权滥用行为相统一，否则权利人会利用其市场支配地位，进一步不受控制地扩张权利，从而导致排除、限制市场竞争的严重后果。对于知识产权相关法律与反垄断法而言，知识产权相

---

❶　《反垄断法》第 55 条。

关法律更为重视个人利益，而反垄断法本身具有宏观调整的性质，决定了反垄断法以社会利益为基础，在面对损害社会整体利益的行为时采取规制措施，从而平衡社会利益与个人利益。因此，保护知识产权与限制知识产权滥用需要相互统一，以保护知识产权为基础，同时合理限制滥用知识产权支配地位的行为，以法律形式来明确规制滥用知识产权市场支配地位的行为，从而促进知识产权的长远发展、社会的不断进步。

3. 设计专门性的执法规范

为了加强对滥用知识产权市场支配地位行为的规制，在适用反垄断法的具体实践中，需要结合我国实际国情，适当借鉴域外成熟的立法经验，设计专门性的执法规范对我国具体执法加以指导，有利于反垄断执法部门采取统一化行动，从而加强对知识产权权利人滥用知识产权市场支配地位行为的规制，符合当前的发展需求和国际发展趋势，同时也能够让知识产权权利人清楚自身行为将会带来的影响和后果，起到一定程度的警示作用。在制定符合我国国情的专门性执法规范时，需要通过执法规范体现国家面对该问题时的政策与方针，应当体现执法部门"严格执法，保证公平"的执法态度，加强对于滥用知识产权支配地位行为的规制，保障市场竞争秩序的稳定和经济、社会的不断发展，这一点在执法规范中应当予以明确。❶ 同时，也要按照实践中的具体操作要求，对于正常行使知识产权的行为和滥用知识产权的行为加以总结与区分，明确界定该使用知识产权的行为合法或违法，是否属于滥用知识产权市场支配地位的行为，从而便于执法机关进行执法，更具有现实中的可操作性。此外，需要明确具体执法的行政机关部门，从而聚集执法机关的执行力，避免执行力过于分散的问题，使得在实践中执行更加高效。

---

❶ 陈丽苹，王常清. 标准必要专利权人滥用市场支配地位的反垄断规制研究 [J]. 武陵学刊，2016（5）.

第四编

知识产权保护纵横论

实景游戏的著作权问题探析

——以全国首例实景"密室逃脱"抄袭手机游戏案为例

潘 玥 *

内容提要 当今娱乐社会正呈现出线上、线下游戏互通的景象。全国首例实景游戏"密室逃脱"与线上游戏的著作权纠纷已经产生,随之而来的关于实景游戏的作品属性、抄袭边界也将成为新的研究课题。本文以胖布丁公司就某密室逃脱经营者等著作权侵权及不正当竞争纠纷案中有关著作权的部分进行分析讨论,以期更好地明确实景游戏发展中存在的法律问题。

关键词 实景游戏;改编权;作品;著作权

一、问题的提出

在没有互联网游戏的时代,人们的娱乐方式主要是棋牌、体育项目,而在互联网时代到来之后,只需要一台电子设备,就能够以"视觉"体验方式实现自己在虚拟世界的漫游。经过漫长的、重复于网络之间的生活后,人们开始渴求"感官化"的触觉体验。由此,实景娱乐应运而生。实景娱乐是将虚拟的动漫、电影、故事、游戏等场景,结合属地文化特色,在现实景物中予以呈现,并给予大众沉浸式娱乐体验的项目、表演或活动,其实质是娱乐知识产权的实体化、现实化,其内容主要包含主题公园、影视小镇、实景游戏、沉浸式话剧、

---

* 潘玥,南京师范大学法学院研究生。

单体娱乐店铺。❶ 而本文研究的对象是实景娱乐中的一种类型——实景游戏。如今，各大知识产权公司都在"沉浸式交互"实景游戏中投入上亿元资产，伴随着明星类真人实景解谜游戏《明星大侦探》《我是大侦探》《密室逃脱暗夜古宅》的火爆热播，人们也乐于亲身体验以自己喜欢的知识产权作品为蓝本勾画的实景游戏。

2018 年年底，全国首例实景游戏抄袭手机游戏案件❷在上海浦东新区人民法院作出一审判决，并于 2019 年 7 月在上海知识产权法院作出二审判决即维持原判。❸ 原告"胖布丁游戏"是国内知名的独立游戏研发团队，其于 2016 年 3 月开发完成国产独立游戏《迷失岛》解谜类手机游戏软件。作为付费游戏，不仅具有少见的高达数十万次的下载量，同时也得到玩家的一致好评。之后，"胖布丁游戏"团队从其《迷失岛》玩家测试群中的一位玩家留言中获悉，某大型密室逃脱店推出《迷失岛》主题游戏，该密室逃脱店在微信公众号的广告宣传、游戏房间场景布置、游戏体验情节等诸多方面使用了《迷失岛》手游中的内容。在协商不成后终诉至法院。本案在公开的知识产权诉讼纠纷案件中首次涉及"实景游戏本身是否构成《著作权法》保护之作品"的问题，而争议焦点集中于"手机游戏的作品认定""实景游戏本身在整体上是否可成为著作权法保护的作品"以及"侵权方式的认定"。手机游戏在何种认定下需要区分整体和构成要素？实景游戏对手机游戏的改动是否构成改编作品？侵权认定是以整体为限还是要素分割后为标准？实景游戏对于"借鉴"此类线上游戏的边界在何处？笔者将从以上几个方面以胖布丁公司就某俱乐部等著作权侵权及不正当竞争纠纷案中有关著作权的部分进行分析，以期对于实景游戏的相关研究提出个人的见解和思考方向。

---

❶ 李颖．实景娱乐的发展状况及法律问题［EB/OL］．（2019-06-29）［2019-10-21］．https：//mp. weixin. qq. com/s/wkLW5Gv_ 1Buv4l5UUKGC-w.

❷ 参见（2017）沪 0115 民初 85616 号民事判决书。

❸ 参见（2019）沪 73 民终 127 号民事判决书。

二、游戏及其要素构成的作品属性

网络游戏是集合音乐、美术、文字、故事情节、动画等各要素的复杂结合体，并通过一定的计算机软件程序将其整合起来。就软件来说，如果侵权人抄袭了源程序和目标程序，自然可以以计算机软件作品加以保护。然而本案的特别之处在于，是线下游戏对线上游戏的"抄袭"，并非传统案件中线上游戏对线上游戏的抄袭。独立游戏最重要的表达要素就是游戏情节和美术设计，核心是谜题，其次是故事情节，而场景布置也具有举足轻重的作用。那么对于被侵权游戏，可以从哪几个方面认定其作品属性呢？

首先，"由连续活动的画面组成"是类电影作品的必要构成要件，一般的网络游戏在制作过程中根据多方运算设置了不同选项下的游戏画面。其整体运营时，在不同玩家的操作下产生不同的已设定画面，并没有产生脱离于游戏之外的创作。即使存在技术再高超的玩家，手动操作下的画面并不会因为技术的不同而有所改变，永远在游戏制作者为玩家创设的体系中。所以，具有独创性的网络游戏整体画面具备"类电影作品"的实质构成要件。在奇迹 MU 案❶中，法院在认定独创性的具备要件和相关因素后，将网络游戏作为类电影作品进行保护。这是知识产权保护的一项创新，即对于画面精良、有较强故事情节的网络游戏整体，可通过类电影作品加以保护。这既免于对适用"其他作品"兜底条款的争论，也激励游戏开发者再创新，站在巨人的肩膀上发散思维。

其次，对于游戏人物、场景、物品造型等可以通过美术作品加以保护。美术作品的认定最主要的就是独创性。游戏中每一处风景、每一位 NPC 都是开发者经过无数次的绘制、3D 建模而形成的既有动态影像又有静态画面的作品，在认可其可复制的前提下，只需要达到体现开发者个性、风格的一定智力创造程度，即满足美术作品的构成要件。需要补充的是，游戏画面在玩家操作过程中的展示一般包含静态和动态两种。如果实景游戏中的场景布置出现了静态的游戏画面图片（如截屏的图片），则可以作为游戏版权者的美术作品加以保护。同

---

❶　参见（2016）沪 73 民终 190 号民事判决书。

样，对于剧本、台词可以文字作品加以保护，对于原创背景音乐可以音乐作品加以保护。

以上分析建立在分割后形成的作品类型基础上，而整体的游戏是以各个不同类型作品所构成的，在线下游戏抄袭线上游戏的案件中，对于使用部分需要按需认定。具体来说，对于"作品"是采用整体保护说还是分割保护说，在理论界对于不同作品有不同的认定。比如在音乐喷泉案❶中，法院认为音乐喷泉喷射效果的美感体现应以美术作品加以保护。倘若从"分割保护"的观点上思考，首先，音乐喷泉分为三部分，音乐、水压体现的喷泉效果、计算机软件设定的程序。其次，再逐个分析各自的可保护性。音乐可以用音乐作品单独保护，而水压呈现的喷泉效果是一种功能性的表达，❷不能在著作权领域进行探讨。而计算机软件的程序设定部分，控制着水压的大小、方向，可以在著作权领域进行保护。上述说法笔者认为有一定的合理性，但是，就实景游戏来说，它所体现的并不是一个完全的"静态"表达类作品，它最大的创新性在于玩家身临其境的视觉、感觉、触觉体验，这是一体化且难以分割的整体。所以，如果没有以整体诉之，就实景游戏分割后的布局、图片等进行诉讼的，可以根据侵犯的客体按需请求保护并单独认定。

三、实景游戏的作品属性

本节将对实景游戏中思想和表达的区分、实景游戏构成作品的条件以及对于研究案例中改编作品的特性做出分析。

1. 实景游戏中思想和表达层面的区分

著作权法不保护抽象的构思、创意、概念、操作方法等思想，只保护以文字、美术等各种有形方式展示的具体表达。"表达"并不限于"表达形式"，否则同一套的游戏改漫画、漫画改小说就不算侵权。实景游戏"密室逃脱"最核心的要素在于剧情、解谜，玩家对于经营者设计好的游戏剧情，一步步解开谜

---

❶ 参见（2017）京 73 民终 1404 号民事判决书。

❷ 梁志文. 论版权法上的功能性原则 [J]. 现代法学，2019（5）.

面，获取推动游戏进程并最终逃出密室的线索，已然属于表达层面。原因在于，设计者已经将玩家可能摸索的机关和思路通过一个个物件表现出来。而密室主题通常有古风、恐怖、现代都市，这当然属于不受著作权法保护的思想，除非从剧情到解谜的设问都构成实质性相似。

同时也要注意，虽然在《花千骨》游戏侵权案中，法院认为区分游戏中的玩法规则属于思想还是表达，应当要看玩法规则属于一般性或概括性的描述，还是具体到了一定程度、足以产生感知特定作品来源的特有玩赏体验，而后者的特有感知若足以到达思想与表达的临界点，则作为表达。● 但是在实景游戏"密室逃脱"中，玩法规则就是解谜出逃，在解谜中提出的谜面内容、玩家的肢体操作、能想到的打开宝箱、触摸墙壁凹槽、数学算数、密码推算等解谜流程性行为，并不属于表达的范畴。换句话说，如果这种情形属于表达，将会阻碍作品的创新和再发展，无法顺应著作权法制定的本意。

2. 实景游戏的独创性和可复制性分析

独创性不仅要求"独立创作，源于本人"，还要具有一定程度的"智力创造性"，体现作者独特的智力判断与选择、展示作者的个性。实景游戏的独创性分析可以从两个方面入手：其一是实景游戏的故事脚本和场景设计图，其二是根据脚本还原出来的实体场景。

前者毋庸置疑，能够成为文字作品的脚本、设计图、美术作品均能得到著作权法的保护。而最终还原的实体场景，笔者认为也具有独创性。实景布置中，必然会存在纸质稿上无法凸显的问题，不断调整最合适摆放位置，以提高玩家获取线索的概率，在剔除公有领域一般房间布置应有的特征后，其表现出一定的智力创造。实景游戏的策划需要的不仅是脚本，文字形式的表达仅仅具有"框架"作用，更重要的是作为事实的玩家体验。玩家如何根据提示推动剧情发展、如何闯关、如何选择机关等，都是操作性的事实体现，与作品、独创性皆无关联。

以有形形式复制的第一要件是可复制性，其包含平面到平面、平面到立体、立体到立体、无载体到有载体的复制，玩家所体验的整个场景是经营者将思想

● 参见（2015）苏中知民初 00201 号民事判决书。

付诸纸张载体再到立体载体的复制结果。故事脚本和场景设计图可以复制，整个场景的布置也可以复制，就如同很多精装修的房子，内部何处是地砖、何处是地板、何处是卧室等。因而，作品的"可复制性"强调的是作品表达后所呈现的有形形态可以供他人使用。"无传播无权利"是著作权学界通说，即著作权人的权利实现和利益获得都需要在作品传播的过程中完成。❶ 第二要件是可以构成有形复制。如前文所述，作品受到保护的部分是表达而不是思想，这种表达要求以一定的有形形式展现于外部，能够被他人感知，只有这样才可以作为著作权法保护的客体。

由此，实景游戏是可以作为作品进行保护的。从单个元素来说，可以受著作权法保护的元素有室内摆放的艺术品、图片、摆件；播放的音乐、视频；游戏的脚本、故事线（如果通过文字表达出来）；从整体游戏来说，同样其整体也可以构成作品。

3. 实景游戏与汇编作品、改编作品

根据我国《著作权法》第3条和第14条的规定，在没有法律、行政法规的另行规定下，法律所明确的作品类型只有第3条列举的八种作品和汇编作品。同时，《著作权法释义》针对第3条第9项表述的"法律、行政法规规定的其他作品"进行解释时表示，在立法之初就明确限制了司法对该条款进行扩大解释适用。也就是说，尚无明文新增作品类型，在司法裁判中需明确排除该条款的适用。❷ 而在上文的分析中，实景游戏具有独创性和可复制性，符合《著作权法实施条例》第2条规定的作品的一般构成要件，属于《著作权法》保护的作品的范畴。

实景游戏在知识产权领域的法律认定，通常是基于游戏中的某一具体应用，从美术作品、戏剧作品、实用新型、注册商标等角度进行孤立的认定。但对于兼具较强故事性的情节表达、较明显视觉场景的画面呈现，且可以重复展示的密室逃脱游戏，是否可以认定其在整体上属于建筑作品或模型作品，或者认定

---

❶ 袁博. 论魔术可版权性的证伪——以我国首例魔术作品著作权纠纷案为切入点［J］. 中国版权，2013（2）.

❷ 参见（2017）京73民终1404号民事判决书。

为融合建筑作品、模型作品、美术作品、戏剧作品等多种作品属性的综合性作品？笔者认为在存在抄袭的情况下，需要就抄袭元素按需认定作品和侵权类型。就前者来说，悉尼歌剧院、鸟巢、水立方等标志性建筑，无不充满了人的智慧与想象，给人以艺术的美感，当然受著作权法的保护。这种建筑作品所呈现的是整体美感，可以复制但是耗时耗力，并且一般是从图纸到实体的立体复制。实景游戏的场景设计主要表现与剧情的推进，并不能认为是建筑作品。

模型作品是指为了展示、实验或观察目的，根据物体的形态结构，按照物体的比例制作而成的具有长、宽、高的立体作品。在我国立法上，模型作品具有一定的目的限制。通常要求是按照实物比例而做成的具有实验或观赏性质的小型展示品，比如将埃菲尔铁塔（假设构成建筑作品）的整体构造按照 1∶1000 的比例缩小成可以搬运的展示售卖品。以此概念来说，实景游戏中的场景摆设一般也不构成模型作品。就后者来说，实景游戏确实是多个作品元素的综合体，但是总归是一种游戏，从游戏该有的层面加以考虑，只能说其不属于八类作品中完整的任何一类，但构成作品。

汇编作品并非对物质世界材料的汇编，而是指对信息的汇编，❶ 在对他人作品进行选择编排后，以体系化方式呈现出整体结合的信息资料。在通常理解范围中，其一般适用于文字作品的汇编，但是在近期司法认定中，如"春晚"节目这类将不同的小节目整合成的"节目单"流程的大节目，其中每个小节目都是单独的作品，故而由此形成的"春晚"节目可以以汇编作品加以保护。实景游戏是包含故事剧本、场景布置、音乐等元素的有机结合体，这种结合的目的是实现解谜效果的功能特征，如果实景游戏的各要素由经营者创作，在其可以单独构成作品的情况下又主张整体构成汇编作品，显然背离了汇编作品的设置目的和应有之义。❷ 如果实景游戏的布置是对其他同类实景游戏的抄袭，那么这种选择性抄袭的内容是可以以《著作权法》第 3 条进行单独认定的。

对于改编作品的认定，研究案例中的已有证据尚不足以证明密室逃脱实景游戏在整体上构成对手机游戏整体上的侵权，因而不能认定密室逃脱实景游戏

---

❶ 王迁. 论汇编作品的著作权保护［J］. 法学，2015（2）.

❷ 王迁，袁锋. 论网络游戏整体画面的作品定性［J］. 中国版权，2016（4）.

整体上侵犯了手机游戏的改编权。笔者认为，在证据确实、充分的情况下，具有认定实景游戏构成改编作品的可能性。改编作品是指在原有作品的基础上，通过改变作品的表现形式或者用途，创作出具有独创性的新作品。改编的核心要义在于存在原作品的基本表达，即对原作品做出一定的改变；其次是要创作出新作品，二者缺一不可。《著作权法释义》在对改编权作说明时提到，改编作品形成的前提是不改变作品内容，仅仅是类型的改变，比如将小说改编成戏剧剧本、动漫改编成影视剧等。

同时，改编权的行使方式也包括对作品的扩写、缩写，即使未改变作品类型，但成品只要符合独创性要求，也可以认为是改编。假设，某观众在观看电影时悄悄地将其电影录制在自己手机上，回家后利用软件抽取几百帧不同的电影画面，加上自己忠实记录的电影台词后制成连环画出版。这种行为从表面上看可能只是一种记录，并没有从内容上"改变"原作品，也没有增加"新"内容，但仍然是一种"改编"。❶ 因为著作权法上的"改编"，并不强求要对原作主要内容进行较大幅度的"修改"，有时仅仅是载体的简单替换或形式上的表达变化，同样可能涉嫌侵犯原作品的"改编权"。

实景游戏将网络游戏设计者享有版权的游戏画面用于自己的实景密室中，显然产生了一种"新"的用途，也产生了新的功能和意义，即通过将"虚拟"网络游戏变为"真实"实景体验，将纯手动操作变成真人体验，强化游戏效果，结合与原作品相同的真实感，将原作品进行另一种形式的展现。笔者认为，此种情况仍然可以构成新作品，而在此基础上属于侵犯原作品的"改编权"。也就是说，实景游戏在通过"真实"来搭建虚拟世界。

四、实景游戏可能侵犯的著作权人排他权

实景游戏"密室逃脱"的特点在于经营者为玩家提供一个空间场景，其中包含与该密室主题相关的图片、道具、机关，以及玩家推动剧情发展和——解

---

❶ 袁博. 谈谈猫爪杯、密室游戏和美术作品［EB/OL］.（2019-03-28）［2019-10-21］. https：//mp. weixin. qq. com/s/cjKrV40uulCwu3S4yarQeA.

开谜题最终通关的情节设计。玩家是以"沉浸式交互"方式在通关场景中亲身体验、摸索解谜，并在规定时间内成功走出密室。在对侵权行为的认定上，并不能采用《花千骨》游戏侵权案❶中的比对。《花千骨》游戏侵权案中，涉案两款 ARPG 类手机游戏均具备结构庞大、复杂的玩法系统，是以玩法系统的整体选择、安排、组合的实质性相似综合判断，而本文研究的实景游戏和网络游戏之间，不存在大量玩法系统的相似性比较，更多的是对于网络游戏玩法元素以外的其他视觉元素的比对，两者的体验类型并不相同。

首先，在上述分析中可以认定涉案游戏整体画面构成类电影作品。本文研究案例中，原告认为被告擅自在其经营的密室逃脱实体店设立"迷失岛"主题密室，是对迷失岛游戏整体的线下改编及复制，是对涉案游戏著作权整体改编权、复制权的侵犯。应当明确的是，"密室逃脱"中场景的布置是静态的，仅仅使用了涉案游戏中的部分元素，而改编权是指改变作品，创作出具有独创性的新作品。改编不仅要求具有原作品的基本表达，同时也要考量这种表达在新作品中的地位和比重。如果认为线上游戏的基本情节和手动操作体验感无法反映在整体实景游戏中，则会导致一种忽视改编事实的主观偏向。网络游戏最主要的就是特色的画面和玩法，如果实景游戏的布置对这两项要素加以利用，其总体是可以构成改编作品的。虽然在研究案例中，法院对此因证据不足没有做出认定，但是笔者认为，改编不要求整体的改编，也不要求形式的无差别，只要基本剧情以及核心要素相同，并添加新的创造性元素，就可以构成改编作品。实景游戏"密室逃脱"作为真人实体游戏，在对网络游戏付诸实践中必然要改变一些情节和设计；并且，改编权最重要的功能是控制他人对作品的改变，所以在研究案例中，被告存在对原告改编权的侵犯行为。

我国《著作权法》将复制定义为"以印刷、复印、拓印、录音、录像、翻录、翻拍等方式将作品制作成一份或者多份的权利"。❷ 其包含两个要件：一是通过有形物质载体再现，二是使作品相对稳定且持久地固定在有形载体上。在

---

❶　参见（2015）苏中知民初 00201 号民事判决书。

❷　王迁．著作权法［M］．北京：中国人民大学出版社，2015：164-165.

司法案例中，有法官认为复制应当是改编的前提，否则改编很难实现，❶笔者并不认同。这种观点忽略了原作品权利人享有的在先的和隐藏的市场利益，以及平衡权利人与演绎创作者存在利益互动的著作权法律制度设计。改编权之所以独立于复制权而存在，是因为在权利人使用权利而无法区分二者为何时，需要从市场竞争和微观经济的角度合理地看待参与竞争的作品市场和能够获取的经济利益。❷也就是说，改编权行使所能产生的收益包含其作品所有的相关市场，而复制权行使所获利益仅限于原作品首次发行后进入的市场，其控制的是仅含有基本表达的"再现"。在本文研究案例中，侵权作品对原作品的复制并不是著作权法意义上的复制，原作品在进入市场后已经发行一段时间，且不同玩家的购买体验并不因为实景游戏内容的重复使用而相同，故实景游戏一般不构成对网络游戏复制权的侵犯。❸

其次，可以认定"密室逃脱"实景游戏中的场景布置等是对网络游戏中美术作品著作权的侵犯。自然，在侵权认定中，要以"接触和实质性相似"为标准，本文研究案例中的网络游戏"迷失岛"是具有很高知名度的独立游戏，接触的可能性极高，但是在个案中要注意独立游戏和商业游戏的接触性程度，这是原告的举证责任。对于实质性相似，要注意排除公有领域部分和非著作权法保护的客体，就如本案中一张图表不能认定为作品。所以，实景游戏在一般程度上会侵犯网络游戏的美术作品的署名权和复制权，对于像本案中在微信公众号宣传推广的事实，还构成侵犯信息网络传播权。

五、实景游戏"借鉴"网络游戏的边界

网络游戏火爆后所带来的热门知识产权话题一直是其相关利益延伸的焦点，

---

❶ 张玲玲，张传磊. 改编权相关问题及其侵权判定方法 [J]. 知识产权，2015（8）.

❷ 华劫. 改编权权利范围及立法模式研究 [J]. 南京大学学报（哲学·人文科学·社会科学），2017（6）.

❸ 部分学者认为，"整体"和"部分"的再现可以一概而论，一般在侵犯改编权的情况下也构成对复制权的侵犯，是对作品部分元素的复制。笔者并不认同，整体和部分既然做了区分，那么对于需要认定的元素的侵权认定也应分别认定其侵犯的权利。

比如真人 CS、名侦探柯南破案、仙剑三等热门线上游戏的实景化游戏已经遍布各地。但是蹭热度的同时，经营者需要注意很多法律边界。

1. 思想可以使用，画面注意授权

以影视剧的知识产权为例，根据相同历史题材所创作的作品，其故事主线、史实脉络，属于思想范畴。选择某一类主题进行创作时，不可避免地运用到公有领域或者此类主题抽象后应有的事件、人物、关系、场景，这种为了表现特定主题而不可或缺的表达不属于著作权法保护的范畴。比如，用莫兰迪色调装饰实景游戏的布置，脚本围绕"孝贤纯皇后与乾隆皇帝"或者"乾隆皇帝与令贵妃"展开，可能被认定为真实的历史事件、时事新闻而不存在侵权事实，但是绝对不能使用剧中的海报、画面截屏。同样对于网络游戏，如选用《龙门客栈》的古风主题，则可以呈现一般认知中的古风元素以及危楼、庭院等属于公有领域的图样。再如，选用《王者荣耀》中的人物形象、游戏画面作为场景布置和宣传，在没有授权的情况下，商业使用即构成侵权。如腾讯旗下热门 MOBA手游产品《王者荣耀》的权利方便曾向深圳一家擅自利用其游戏素材获取商化利益的手游主题茶吧发送律师函，表示将采取法律手段维权。❶ 为了避免侵权，建议使用进入公有领域的元素。

2. 自创脚本，可用抽象游戏规则

在娱乐场所宣传的"密室逃脱"游戏中，很多机关的设置、剧情的设计都属于原创，同样也具有很高的人气和关注。如明星综艺节目《明星大侦探》中，每一期解谜游戏的剧本和场景设置都是创作团队原创的设计，即使是采用线上已有游戏的内容，也会提前获得授权使用的许可。自制原创剧本的实景游戏必然会吸引更多的玩家，反观使用他人原创作品和设计元素的实景游戏，通常会被认为与已有游戏存在关联，在吸引情怀玩家的同时，必然会引起"版权"之争。对于射箭、枪战输赢规则等玩法，不是著作权法保护的对象，在不存在具体道具属性、数值等具有独创性游戏规则的前提下，可以在虚拟玩法量化成现实玩法的过程中加以转换，给予玩家更好的体验。

---

❶　姬京函 . 王者荣耀主题手游吧，王者的茶被腾讯起诉侵权［EB/OL］．（2017-08-09）［2019-10-26］. http：//www. qlmoney. com/content/20170809-292162. html.

3. 加强法律意识，未被维权不代表不侵权

很多实景游戏的经营者认为此类诉讼属于"大材小用"，认为很多更火爆的游戏知识产权都没有向法院起诉。这是一种法律意识的缺失，未被维权不代表不侵权，有些游戏知识产权是站在打响游戏知名度和话题度的商业立场上默许侵权行为，告与不告是民事主体处分权的体现。但是一旦维权，侵权的认定就是板上钉钉的事情，社会的进步不仅应该体现在经济、文化的发展，也包括创新意识的增强，同时对于富有新意的游戏创作，独立开发者的精力、人力投入就是智力成果的结晶，知识产权的保护确实以鼓励文化产业繁荣发展和传播为目的，但是传播的前提是得到法律强制力的保护，每一位游戏经营者都应该遵守法律，遵循初衷，加强法律意识。

六、小　结

实景游戏从小众化的娱乐活动，已经发展成为各大影视公司、游戏开发商等商业主体争相开展的"沉浸式交互"体验项目。在"密室逃脱"类实景游戏设计、场景布置的过程中，除了要注意对于参照对象的"借鉴"程度外，也要注意剧本、故事情节、游戏名称的著作权侵权行为的存在。玩家更多的是想体验"烧脑"和亲身经历的刺激感，具有独创性的实景设计和剧本才能推动这个行业的发展，实现线上、线下的互通。

影像制品截图的著作权问题辨析

顾卓然*

内容提要　截图是由计算机截取的，能显示在屏幕或其他显示设备上的可视图像。除固定信息等实用价值外，截图在娱乐大众等其他方面的价值也不容小觑，是信息传递和文化产业发展过程中不容忽视的一部分。但与影像制品截图在社交生活中被广泛传播和使用这一现实情况不相适应的是，关于截图的一些著作权问题还有待厘清，故作此讨论。

关键词　截图；摄影作品；视听作品；美术作品

　　截图是由计算机截取的，能显示在屏幕或其他显示设备上的可视图像。影像制品包括有独创性的电影作品、以类似摄制电影的方法创作的作品以及欠缺独创性要件的录像制品。因此，本文所指的"影像制品截图"主要指自然人在视听作品、录像制品等视频影像的播放过程中选择截取的影像制品中的某一帧画面。除固定信息等实用价值外，截图在娱乐大众等其他方面的价值也不容小觑，例如，由视听作品等的截图制作而成的"表情包"就是自媒体赖以收割流量的利器之一。可以说，截图是信息传递以及文化产业发展过程中不容忽视的一部分。影像制品截图在社交生活中被广泛传播和使用，但与这一现实情况不相适应的是，关于截图的一些著作权问题还有待厘清，本文将由几个典型的司法裁判案例引出这些问题并展开相关的讨论。

---

　　*　顾卓然，苏州大学王健法学院研究生。

一、影像制品截图司法裁判案例分析

（一）案例综述

在东阳市乐视花儿影视文化有限公司与北京豆网科技有限公司侵害作品信息网络传播权纠纷案❶中，乐视花儿公司系电视剧《产科医生》的著作权人，豆网公司经营的"豆瓣电影"网站系网络用户围绕影视剧进行评论、交流的信息分享平台。该网站在关于《产科医生》的信息条目下展示了涉案电视剧的诸多信息，并在图片区展示了由网友上传的涉案电视剧海报、剧照、截图等内容。身为涉案作品著作权人的乐视花儿公司认为，其应当享有该剧包括但不限于剧集、截图、海报等的著作权，并基于此认为豆网公司侵犯其著作权并向法院提起诉讼。法院在审理中认为，视听作品❷截图作为从连续动态画面中截取出来的静态画面，不是与影视作品相独立的摄影作品。乐视花儿公司作为涉案电视剧的著作权人，有权对该作品的截图主张权利。但网络用户的行为属于对乐视花儿公司作品的合理使用，并未构成对乐视花儿公司信息网络传播权的侵犯，故豆网公司也不构成侵权。法院据此判决驳回了乐视花儿公司的全部诉讼请求。

但在另一起由视听作品截图引起的案件，新丽电视文化投资有限公司与扬州胜基商贸有限公司、浙江天猫网络有限公司侵害作品信息网络传播权纠纷案❸中，对于截图的相关认定则又有了不同的结论。新丽公司系电视剧《小丈夫》的著作权人，胜基公司在天猫公司经营的电商平台天猫网上开设名为"彤乐旗

---

❶　参见（2017）京 0105 民初 10028 号判决书，该案例系 2017 年北京市法院知识产权十大创新性案例之一。

❷　本文所引判决书均以"影视作品"指称涉案电视剧作品，相关概念在诸多学者的学术著作中亦有提及，但考虑到这一概念无法延及动画作品等同样属于视频影像范畴的作品，同时《著作权法》中对于"影视作品"这一概念也并无具体规定及明示，故本文将参考社会一般认知以及《著作权法（修订草案送审稿）》的相关规定，将本文中所提及的具有独创性的视频影像作品称为"视听作品"。

❸　参见（2017）浙 8601 民初 2296 号判决书，该案例系 2017 年杭州法院知识产权司法保护十大案例之一。

舰店"的网店，在销售商品时擅自使用涉案电视剧的剧名展开宣传，并在商品信息页面使用了剧中截图。新丽公司认为电视剧画面截图应当作为摄影作品受到著作权法保护，因此胜基公司在网店所售商品详情页面中展示涉案电视剧剧照、截图的信息网络传播行为侵犯了自己享有的著作权。法院经审理认为，涉案电视剧特定帧画面即涉案截图，达到了著作权法所要求的独创性高度，符合我国著作权法关于作品要件的规定，属于摄影作品，胜基公司行为属于对涉案作品的信息网络传播行为，构成对新丽公司著作权的侵犯。

此外，在高某、邓某与上海全土豆文化传播有限公司、北京陌陌科技有限公司、金色视族影视文化有限公司、合一信息技术有限公司侵害著作权纠纷案❶中，法院认为，原始影像制品的独创性有无，对于判断形象制品截图是否可受著作权法保护也相当关键。涉案文字作品《追气球的熊孩子》中配布的图片系由缺乏独创性的录像制品的连续动态画面中截取出来的，虽由原告稍加修饰处理，但其独创性仍不足以构成作品，仍应属于该视频的画面和内容，而不是独立于该视频之外的摄影作品。故法院认为当事人的主张于法无据，未予支持。

（二）案例评析

擅自使用截图进行商业营销可能构成对制片人的不正当竞争，故上述几个案例中法院对于商业性使用与合理使用的判断，笔者不再妄加评判。值得注意的是，法院对影像制品截图的性质共有"影视作品连贯画面的组成部分""权利及于制片人的摄影作品""从无独创性的视频中截取而得的静态画面不构成独立于该视频之外的摄影作品"三种迥然相异的判定结论。笔者认为，导致这三个案件判定结果不同的原因并不能完全归结于被截取的原始影像制品性质不同。《产科医生》案审理法院认为，作为从连续动态画面中截取出来的静态画面，视听作品截图并非与视听作品相独立的摄影作品；《小丈夫》案审理法院则认为"电视剧作为一种以类似摄制电影的方法创作的作品，其独创性固然体现在动态图像上，但动态图像在本质上是由逐帧静态图像构成"，故电视剧特定帧画面若达到了著作权法所要求的独创性高度，便可被认定为摄影作品。《产科医生》案

---

❶ 参见（2015）朝民（知）初字第 20524 号判决书。

与《小丈夫》案的涉案作品均为视听作品，两案情形类似，但法院的裁判思路却并不具有一致性。反而，《产科医生》案与《追气球的熊孩子》案对于影像制品截图性质的认定思路是一致的，两起案件中的审判人员均将截图与原始影像制品的关系归结为部分与整体的关系从而判断保护与否、侵权与否，并未如《小丈夫》案将截图孤立地视作相对作品独立的摄影作品。这些案件中所体现出的裁判思路差异值得我们辨析和总结，这对于厘清"截图的独创性如何判定、截图的性质如何认定"有着重要的启迪作用。

二、对于影像制品截图的独创性与性质的辨析

（一）影像制品截图与原始影像制品的关系

影像制品截图与原始影像制品是部分与整体的关系。作为原始影像制品的一部分，影像制品截图可以相对原始影像制品而独立存在并被单独使用。因此，影像制品截图的著作权问题某种意义上便是"部分"是否可以受到保护的问题。而影像制品截图是否可以受到保护，首先取决于原始影像制品是否构成作品，只有在这一前提成立的情况下，以下讨论才能成立。

可以被单独使用的作品的部分构成独立的作品，著作权法中对此有相关规定的情形很多，如作者对可以分割使用的合作作品中自己创作的部分可以单独享有著作权；原作者对于汇编作品中由自己创作的被汇编作品享有著作权；剧本、音乐等在电影作品中可以被单独使用的作品之作者有权单独行使著作权。作品的部分并不必然地可以受到《著作权法》的保护，若一篇文字作品中的字与词也可受到单独的保护，岂不荒谬。故只有当该部分体现出独创性且具有相对独立的使用价值时，才可受到《著作权法》单独的保护。截图是否属于可以单独使用的作品，还有待进一步的分析和论证。

（二）判断影像制品截图性质对于判定其独创性的意义

影像制品截图具有相对独立的使用价值，这一点毋庸置疑。因此，判断截图是否属于可以单独使用的作品，重点就落在了对于截图独创性的判断上。我

国著作权法在法律层面对于独创性的定义并无具体规定。《最高人民法院关于审理著作权民事纠纷案件适用法律若干问题的解释》第 15 条指出，"由不同作者就同一题材创作的作品，作品的表达系独立完成并且有创作性的，应当认定作者各自享有独立著作权"，由此可以推知，独创性的内涵包括独立完成与创作性，但对于创作性的程度，司法解释同样没有提及或明确作出规定。❶ 学界对于独创性在实践中理解应用的标准有很多观点，这些观点或是更倾向于版权体系的"额头出汗"标准、"最低限度"标准，或是更倾向于作者权体系，强调作者在作品中进行思想、观点、情感的表达时必须体现出一定的创作高度，只对具有一定高度的智力活动成果进行保护，大多跳脱不开两大法系的判断思路。不同性质的作品对于独创性要求也有所不同，因此，判断影像制品截图的性质对于判断其独创性也有着重要的意义。但仍需指出，通常来说，著作权人在提起著作权侵权诉讼时，为了明确其权利基础，需要证明其所要求保护的对象属于著作权法意义上的作品，而不必须要明确该作品的类型。例如，在同样是新丽公司作为原告的另一起与影像制品截图有关的著作权侵权纠纷中，法院便没有对截图的性质进行认定。❷ 因为在很多情况下，作品的类型具有一定的模糊性，对作品类型进行判断具有较高的难度，并无必要。必须明确其作品类型方可对权利人进行救济，这样的要求显然过于苛刻，对于权利人合法权利的救济亦明显不公。❸

三、对影像制品截图性质的厘定

对于影像制品截图性质的分析，需依据被截取的原始影像之性质分别讨论。依据我国现行著作权法的相关规定，受著作权法保护的并且与视频影像有关的著作权、邻接权客体主要包括电影作品、以类似摄制电影的方法创作的作品以及录像制品，故下文笔者将以被截取的原始影像之独创性程度的差异为划分依

❶ 陈锦川. 确定"独创性"标准不能忽视的两个因素［J］. 中国版权，2018（6）.

❷ 参见（2017）粤 0305 民初 19142 号判决书。

❸ 参见（2015）浙知终字第 266 号判决书。

据，分别针对录像制品截图、视听作品截图展开讨论。

（一） 对录像制品截图性质的辨析

短视频、Vlog 等的兴起使得对于录像制品截图性质的讨论无法被避免。录像制品是指影视作品以外的任何有伴音或无伴音的连续相关形象、图像的录制品，这一规定至少可以分析出三层内涵：首先，录像制品与视听作品为互斥关系，二者毫无重合之处；其次，录像制品所指向的范畴很大，且并不固定，一段视频影像若不属于视听作品，则将落入录像制品的范畴；最后，著作权法对录像制品的保护范围、保护力度明显小于视听作品，法律只保护录像制品的邻接权。❶ 我国对于"是否应将录像制品截图视作摄影作品"这一问题的观点，在司法实践中是存在矛盾的。与本文开头所述《追气球的熊孩子》案认定录像制品截图不构成摄影作品不同，在 2006 年即已审结却备受争议的"腹腔镜照片"案❷中，一审及二审法院便均认为被告所使用的手术过程之截图属于摄影作品，应受到著作权保护。

笔者认为不应将录像截图作为摄影作品进行保护。首先，录像截图是在录像制品制作完成之后，通过回放录像对某一片段处的画面进行截取而获得的静态影像。摄影作品的创作来源于现实存在的客观物体、形象等，而录像截图的内容则直接来源于录像制品，二者来源并不相同。其次，录像制品作为一段连续的影像，著作权法并不认可其具有独创性，仅将其作为邻接权客体进行较低程度的保护，若从中截取的一帧静态画面被认定为具有独创性的摄影作品，便会产生逻辑上的矛盾，不符合著作权法对于作品与制品的区分：一方面，从无独创性的录像制品中截取出的画面自然也不应当具有独创性；另一方面，对录像制品截图按照摄影作品的规格加以保护，此是为以较高水平的保护来维护较低水平的利益，荒谬且于理不通。由此，"腹腔镜照片"案的审理法院显然对录像制品截图和摄影作品的认识发生了混同，不难看出其未能够充分地注意到二者的特点。固然录像制品截图应当受到著作权法的保护，但直接将其简单定义

---

❶ 蒲芳. 论摄影作品独创性评价的基本原则 [J]. 商丘师范学院学报，2018 (5).

❷ 参见 (2006) 沪高民三 (知) 终字第 35 号民事判决书。

为摄影作品不甚合理。笔者认为，将录像制品截图认定为录像制品的组成部分不失为一个不错的选择，但具体应当如何操作，则尚待司法实践进一步讨论与总结。

（二）对视听作品截图性质的辨析

在《著作权法（修订草案送审稿）》中，视听作品被定义为"由一系列有伴音或者无伴音的连续画面组成，并且能够借助技术设备被感知的作品，包括电影、电视剧以及类似制作电影的方法创作的作品"。由此可以推知，作为静止的平面影像，视听作品截图的性质有三种可能落入的范畴，即摄影作品、视听作品连贯画面的组成部分以及美术作品，下文笔者将逐一展开分析。

1. 摄影作品

《伯尔尼公约》1928 年罗马文本曾规定，若电影不具有独创性，则其只能享有摄影作品所能享有的保护水平。[1] 以历史的视角来看，这一规定使得视听作品与摄影作品在国际条约中体现出了概念上的联结，有助于启发我们进一步思考摄影作品、视听作品及其截图之间的关系问题。

摄影作品是指借助器械在感光材料或其他介质上记录客观物体形象的艺术作品。摄影作品的独创性主要体现在三个方面：一是，不同的摄影师在对同一景物或人物进行拍摄时，可以对拍摄角度、距离、光线和明暗等拍摄因素进行富有个性化的选择，使得照片影像具有独特的效果；二是，摄影师在进行拍摄之时运用自己的判断力去捕捉一些稍纵即逝的瞬间，令照片影像体现"瞬间的艺术"；三是，对被拍摄出的原始摄影作品进行后期处理，使其产生特殊的影像效果。[2] 故而便有观点认为，视听作品之独创性固然体现在动态图像上，但动态图像本质上是由一帧一帧的静态图像构成的，这其中自然也包含摄录者对于构图、光线、明暗等创作要素的选择与安排，因此达到一定独创性标准的视听作品截图可以构成摄影作品从而受到著作权法的单独保护。[3]

---

[1] 山姆·里基森，简·金斯伯格. 国际版权与邻接权——伯尔尼公约及公约以外的新发展［M］. 郭寿康，等译. 北京：中国人民大学出版社，2016：349-376.

[2] 王迁. 著作权法［M］. 北京：中国人民大学出版社，2015：100.

[3] 参见（2017）浙 8601 民初 2296 号判决书。

这个观点存在一定的漏洞，理由如下：（1）以视听作品和摄影作品的创作过程这一视角为切入点，从连续动态画面中截取出来的一帧静态画面，该静止帧画面本质上是影视作品连贯画面的内容组成部分，而非独立的摄影作品。如此认定便与客观事实不符，存在因果颠倒之嫌。（2）将截图认定为摄影作品有先入为主进行判断的嫌疑。事实上，截图不同于剧照或者海报。截图主要由被诉侵权人对原始影像制品进行挑选和截取而生成。但在视听作品的创作过程中，摄影师大多追求的是作品在画面、内容连续性等方面的整体效果，而不单单拘泥于某一静止帧。如此便与创作者的主观意图有所矛盾。（3）尽管我国现行著作权法并未对摄影作品所要达到的独创性程度作出明确的规定，但也不应据此便认为只要稍加人为的选择因素、对被截取的画面进行创造性程度不高的修饰行为等便可构成创作行为，从而达到独创性这一要求，这于理不合。（4）依据现行《著作权法》第15条第2款，视听作品中的剧本、音乐等可以单独使用的作品，其著作权可以由作者单独行使。若将截图视作可以被单独使用的摄影作品，那么可以推知，对视听作品截图主张相关权利的著作权人应当是摄影师，而并不必然属于制片公司或制片人，甚至是截取该帧截图的被诉侵权者。因此，将视听作品截图认定为摄影作品，虽然能使得从影视作品中截取的画面直接获得著作权法的强保护，但起码在逻辑上是不够周延的。若想从摄影作品角度入手，将独创性程度较高的视听作品截图视为可以独立使用的作品并对其进行保护，司法实践对这些矛盾之处必须有所回应。例如，在司法实践中可以将被诉侵权者所截取的画面与导演在创作过程中为了整理、归纳自己的创造性劳动而绘制的故事板进行比对，判断实质性相似，以此判定相关画面截图是否构成独立的摄影作品。创作故事板有时也被称为导演分镜稿，其内容大多包含导演对于运镜、构图等的巧思，且往往会在最终成片中有所体现，因此若截图内容能与故事板内容相对应，则便可认为该帧截图的独创性程度达到了可被认定为摄影作品的标准。

2. 视听作品的组成部分

视听作品由前后内容相关的一系列运动画面构成，因此视听作品也被称作活动图片（motion pictures）。❶ 但正如量变与质变的关系一样，相比起摄影作

---

❶ 王迁. 著作权法［M］. 北京：中国人民大学出版社，2015：106.

品等静止图像来说，视听作品作为一门综合艺术的体现，其在独创性的体现这一问题上有着更丰富的面向，剧本、场景、服装、道具、演员的表演、后期制作与剪辑等无不体现了创作者的巧思。司法实践中，原告选择以视听作品作为作品类型来主张权利，一般均可得到法院支持，法院在此情形下也不会对此展开过多的评述。如前段所述，视听作品的截图与剧照、海报等均有所不同。剧照是视听作品创作者在作品本身的制作之外摄制创作的摄影作品，海报则是视听作品创作者在作品之外创作的美术作品，二者皆系视听作品创作者为宣传、营销等目的所制作。而截图则是从视听作品、录像制品等连贯的视频影像中被截取出来的某一帧静止画面，其生成主体和创作目的均与前两者有着本质的不同。若以视听作品的部分来对视听作品截图进行保护，则此时的保护便是基于原始作品所进行的部分保护，在此情形下判断作品截图的独创性意义不大。当视听作品截图无法被认定为摄影作品时，退而求其次将其认为是视听作品的组成部分，以视听作品对其进行保护也不失为一个保守策略。

但如此将截图认定为视听作品的组成部分也不是没有问题的。若将截图认定为视听作品的组成部分，则此时著作权法对截图的保护力度势必无法达到将截图认定为单独的摄影作品时所能达到的程度。将截图认定为摄影作品意味着使用者对截图的使用就是对作品全部的使用，此时便很难适用合理使用等著作权的限制情形，将使用者对截图的使用排除出侵犯著作权的范畴。将截图认定为视听作品的组成部分则不然，作为从连续动态画面中被截取出的一帧帧静态画面，截图本身数量有限，公众无法从截图的前后连续组合中获悉被截取的原始视听作品之完整情节，此时被诉侵权者截取视听作品截图的行为便有极大的可能被判定为合理使用，从而不构成侵权。

3. 美术作品

"视听作品截图有被判断为美术作品的可能性"这一论断的论据，主要来源于动画这一视听作品的分支。作为视听作品中的一种类型，动画作品有着不同于真人影视作品的独特性：（1）动画作品有平面动画与三维动画之分，平面动画某种意义上属于绘画的延续形式，而三维动画主要利用计算机通过生成内部虚拟空间及数字雕像进行创作，❶ 动画作品比之真人影视作品更加不容易受到现实条件的制约，无论是平面动画还是三维动画都需要创作者投入更多的创造性劳动，以期对故事、人物以及画面等进行构建。（2）动画作品能实现真人影视作品无法实现的剪辑方法。著名的日本动画大师今敏曾在一次访谈中透露其不想拍摄真人影片的原因在于真人影片无法满足他本人快速灵活的剪辑手法的要求，例如，一个塞便条的镜头在真人电影里需要 49 格，但在动画电影里仅需 10 格画面，❷ 这使得动画作品中一瞬的画面拥有更加丰富的信息量。易言之，从创作过程的角度来说，真人影视作品如前文所言，其摄影师更倾向于追求整体效果，动画作品的创作者更容易关注到作为动画组成部分的单帧所需包含的内容，并在其中倾注具有创造性的智慧结晶。

综合上述，动画作品比起真人影视作品往往需要投入更多的智慧性劳动。结合我国《著作权法实施条例》第 4 条第 1 款第 8 项规定，美术作品是指绘画等以线条、色彩或者其他方式构成的有审美意义的平面或者立体的造型艺术作品，作品具有审美意义是其构成美术作品的必要条件。"审美意义"并无严格的标准，但从上文的论述中，不难推知动画作品截图所拥有的一定的审美意义在绝大多数情况下是直观的、肉眼可见的，并不需要详加论证。由此，当被截取的原始影像之形式为动画时，相关的视听作品截图便有被判断为美术作品的可能。作品类型是可以重叠的，同一创作成果有不同的审视角度。依据这些不同的分类标准，一份书法作品既可以构成文字作品亦可以构成美术作品。因此，动画作品中的某一帧截图不仅可以是原始视听作品连贯画面的组成部分，也可以是相对独立的美术作品，这并不矛盾。

四、结　语

移动设备和 4G 网络的普及同开放包容的社会风气和人民群众对于分享、表

---

❶ 付媛冰 . 探析三维动画与平面动画艺术特征的区别与联系 ［J］. 艺术评鉴，2017
（10）.

❷ 张进 . 今敏动画电影的匹配剪辑分析 ［J］. 戏剧之家，2017（3）.

达等的强烈需求之间的碰撞，造就了新媒体以及文化产业蓬勃发展的今天。影像制品截图是其中重要而不可或缺的一部分，例如，以文化娱乐等为创作和运营方向的微信公众号所推送的文章中不使用影像制品截图是难以想象的。作为社会文化生活中最为常见的存在之一，与之相关的著作权法方面的讨论却寥寥无几，鲜有人从理论和实践的角度进行系统性的整理、归纳、分析和阐述。影像制品截图的著作权问题本质与截图作为著作权、邻接权客体的相关性质问题一脉相承，其问题的复杂性也主要体现于此。笔者在本文中主要以影像制品截图的独创性为切入点，从影像制品截图的性质与分类这一角度出发，围绕其著作权问题展开分类讨论。这并不是影像制品截图著作权问题的全部，除此之外，本文略有提及的影像制品截图之合理使用问题在现实生活中也亟待回答和澄清。

论版权证券化视野下的将来债权制度构建

刘金杭[*]

刘金杭[*]

内容提要 实现版权证券化的关键步骤是建立将来债权让与制度，但是传统民法理论关于债之移转的规定已经无法满足风险隔离的功能要求——对未来之债的让与理应持开放的态度来激励其自由流通。同时，参考比较法的模式，应该将版权之债的生效时间设定为双方就让与达成合意时；另外，应当通过完善版权移转的公示机制来加强其对世效力；多个受让人同时主张获得将来之债偿付时，根据登记先后来确定优先权顺位；注意平衡限制移转条款和受让人保留追索权的条款，以充分保障双方的救济空间。

关键词 版权价值；将来之债；对世效力；破产隔离；登记对抗主义

一、问题的提出

正如史尚宽先生所言"将一切财产使之证券化，而谋资本之流通关系，为现代经济生活之趋势"❶。2018 年 12 月 21 日，作为全国首单完成证券化的版权资产，奇艺世纪知识产权资产证券于上海证券交易所成功获批发行，其标的物系以电视剧著作权为基础的未来债权，为我国今后的知识产权证券化

---

* 刘金杭，南京师范大学法学院研究生。

❶ 史尚宽 . 债法总论 [M]. 北京：中国政法大学出版社，2000：712.

（ABS）提供了广泛的样本价值和实践经验。

作为知识产权证券化的重要分支，版权证券化，是以可预测性的未来版权收益出资，经由具备风险隔离功能的特殊目的载体（SPV）发行，凭借其未来收益作为担保的特定交易凭证，从而获得金融市场中可供经营的现金流，❶ 是在知识经济创新阶段同时具备盘活版权价值和集中社会资本的投资产品。其优势在于保障权利人将资产的未来收益转化为当下的融资能力，从而提高了版权资产的变现能力。❷

版权证券化的实践始于 1997 年，美国摇滚歌手大卫·鲍伊将自己具有未来收益潜力的唱片交由银行家普曼进行证券化交易，成功筹集 10 年期资金 5500 万美元，实现世界版权证券化实践零的突破。进入 21 世纪，美国梦工厂在 2001 年以旗下工作室的 36 部未来上映影片的票房为支撑，发行了价值 10 亿美元的循环证券，❸ 其被评定为"投资"的结果，显示出版权证券化在促进文化产业发展方面的巨大潜力。2008 年次贷危机爆发前夕，华尔街甚至有言，"如果你有稳定的现金流，那么不妨将其证券化"❹，只要具备产生现金流的财产，均可以实现由公司法人融资到凭借资产信用融资的蜕变。版权证券化给资本市场带来的信心，于此可见一斑。

1. 对于版权证券化的交易原理分析

根据图 1 可知，版权证券化的实质并非版权自身，而是版权所衍生之"期待债权及其收益"的证券化。

资产证券化的核心步骤是"真实销售"（解释义，即权利人通过概括移转的方式将拟证券化之版权收益权移至破产隔离载体 SPV，使这部分未来债权独立

---

❶　SPV 用自己购得的资产组成资产池，以资产池产生的资金流为基础发行证券进行融资的活动。简言之，资产证券化就是将能够在未来产生现金流的资本进行证券化，以发行证券的形式进行出售，再通过未来现金流来偿付证券。

❷　申建平. 债权让与制度之历史演进［J］. 黑龙江省政法管理干部学院学报，2005（3）.

❸　Erica Morphy. Intellectual property securitization：a potential gold mine?［R］. International Securitization & Structured Finance Report，2001-09-30.

❹　Joseph C. Shenker，Anthony J. Colletta. Asset Securitization：Evolution，Current Issues and New Frontiers［J］. Texas Law Review，1991，69（5）：1374-1375.

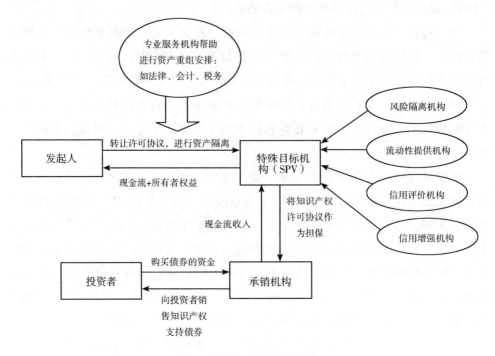

图 1　资产证券化流程示意

运营，从而不再影响其收益和风险）。而实现"真实销售"的前提条件就是保障 SPV 经过支付合理对价其转让标的，从而取得完全性支配债之对世权利。

　　我国早在 2014 年就正式提出了"金融化知识产权"概念，研究探讨建立知识产权证券化试点的可行性；❶ 而将著作权拟制为商业资本的首要工作就是建立完善关于版权之债的转让制度。尽管我国拥有体量巨大的知识产权市场，但将其作为证券资产投入金融市场的实际操作却仍然处于起步阶段，远远落后于诸如住房抵押贷款其他类型化基础资产的模式创新。

2. 本文研究方向

　　本文以版权收益为讨论对象，试图在厘清将来之债与传统债权种类的区分点的基础上论证将来之债移转的合法性，并从实现证券化操作之核心功能"破

---

　　❶　邓海清，胡玉峰，蒋钰炜. 资产证券化——变革中国模式［M］. 北京：社会科学文献出版社，2013：6-7.

产隔离"服务的目标出发，综合运用比较法学和实证分析方法，针对在实务操作中涉及的对抗效力、生效时间、求偿竞合等若干亟待解决之处，通过比较分析各国的经验模式，对不同学说在特定情境下的适用价值加以权衡，探索适合我国国情的立法途径，以期为我国版权证券化视野下的将来债权转让制度构建坚实的理论基石，从而更好地激励版权制度创新，使之更好地发掘著作权之融资潜力。

二、理论篇：将来债权的存在性与可让与性讨论

1. 将来之债的存在性

我国当前的法律体系并未明确规定将来债权的明确含义。合同法范畴内的将来之债，可参照《联合国国际贸易中应收款转让公约》关于对"未来应收账款"的解释，以此来获得国际条约作为法的渊源而产生的适用效力。一般意义上的未来之债泛指合同成立后产生的债权。学界根据债之发生条件的完善程度，在外延含义上归纳出三种程度将来之债成立情形：（1）构成债权内容的法律关系具备现实性的存在；（2）构成债权内容的法律关系仅满足部分要件，以待其他要件成就时方能产生约束力；（3）构成债之内容的法律关系、发生债权的基础法律关系仅仅具备存在的可能性，但不具备现实性要件。

由上得知，与传统之债相比，未来债权既有联系而又有区别：两者可能都不具备现实存在的合同内权利义务，但不同在于，将来之债据以发生的条件本身亦含有不确定性。我们可以引入待履行契约理论来辨明两者异同。❶

待履行契约理论把合同自由和合同之待履行称为现代商事法的两大基石。与已经交付完毕的合同不同，待履行契约是指合同在先成立，然而构成给付之权利内容的必要条件［或称为订约内容的必要之点（a material part）］尚待实现，如未上映电影的票房收入，未改编成电视剧的原创小说权益。以此种种，或附起始条件，或附最终期限，条件成就方得以实施契约约定之特定作为义务。其初衷在于赋予合同双方以未来之债为客体的期待权，若以未来作品的授权合

---

❶ 杨芳贤. 从比较法观点论债权让与之若干基本问题［J］. 台大法学论丛，2009（3）.

同订立后产生的收益为待履行之客体，那么由于作为偿付本息之基础的版权价值可能受到市场因素影响而产生较大波动（如档期内电影由于诉讼纠纷而无法获得预期排片量，导致其票房下跌），相对于商业住宅贷款等实现期限固定或者可预测的传统类型债权又平添了更多的风险。

综上，诸如预售专辑的销售金额、未上映电影的票房收入、未改编成电视剧的原创小说权益、专栏文章约稿产生的打赏费用，均有赖将来一定时期内版权资产所有人的经营方能确认债权之现实存在性。即使是尚无具体发生根据（相应的基础法律关系）因而不确定的未来收益，凭借其达成合意的法律地位而享有的期待权是否值得保护？

本文认为，与单纯地希望获得某种利益相比，期待权本身属于有待于特定要件满足方可成立的法定状态，同时这种状态又不能涵盖构成一个权利完整的评价要素：❶ 假设签订合约的专栏作家已经明确，在作品完成后改编成影视作品的收益归属于特定的一方，则权属明确的版权之债仍需指定作者付出相应的辛勤劳动，并完成著作自动取得版权后，才具备现实交付（给受让一方）的意义。"权利的占有者以一定方式行使它的意志，而其意志是实现某种利益。"❷ 此种情形下的期待权，作为在将来自由取得权利的法律地位，无疑是值得保护的。因而，作为期待权客体的将来之债，其客观存在性理应得到成文法和判例法的肯定。

2. 将来之债的可转让性

知名分析学派法学家庞德曾指出：在现代商业环境下，请求权构成了财富之主体。❸ 而如何与时俱进地对请求权的客体做出合乎逻辑的规范性解释，则是一个常话常新的论题。

既然肯定了将来之债的存在性，那么版权收益构成将来之债可否在交易中移转给另一方？首先，作为知识产权范畴内的著作权遵循权利类型法定原则，并随着创作完成而自动产生，知识产权资产的所有权并不因其收益的证券化而

---

❶ 王轶. 期待权初探［J］. 法律科学，1996（4）.

❷ 迪特尔·施瓦布. 民法导论［M］. 郑冲，译. 北京：法律出版社，2006：334.

❸ Roscoe Pound, An Introduction to the Philosophy of Law 329, 1922.

转移至特设载体，而是始终为发起人（版权权利人）所持有，在此自不必赘述。本文重点讨论的是，如何通过债法途径论证著作权之未来收益的可让与性，并结合版权特点对其范围和内容做进一步限缩。

在传统的民法理论中，债之主体间享有请求对方实施特定作为的法律关系。近代以来，随着 20 世纪证券市场的日渐蓬勃兴盛，理论界普遍认为债权也属于财产权利的一种，从而突破了债之主体恒定不变的相对性特征，逐渐形成债权之"类物权性"的通说。因此，以债权作为标的物之买卖合同当然可以推定适用于将来债权，其转让协议对于双方的拘束力亦复如是。

而就版权证券化而言，请求权的可让与性能够涵盖以版权的未来收益为内容的将来债权。李永军教授对将来之债的存在性和约定让与该债权之合同存在性做了区别性解释，即当要件齐备时，约定让与债权之合同可以成立，但是其转让内容（将来之债的请求权）却非当时成立，而是根据具体情境（如当事人的履行情况作为其成就条件）来发生让与合同之效力。❶ 王利明教授和崔健远教授则从鼓励商事交易的基本价值出发，强调"法无禁止即自由"，认为应当在把基础合同成立作为将来之债让与的上位概念，其成立与否应当结合具体情境和交易习惯来认定。❷ 以版权知识产权公司拍电视剧之应收票房债款为例，其将来之债的构成标准可以以双方签订对赌协议为要件，或以第三方商业银行之担保为其期待利益来背书，而绝非单纯依靠现有的权利凭证来认定。❸

目前学界对于未来之债转让性的最大存疑在于，若将它视作可处分的实在性权利，则由于将版权未来收益之债移转给特设载体（SPV）是实现风险隔离的必要途径，因此该让与行为归结于处分行为范畴，最晚要在处分行为导致权利义务关系发生变动的时刻，来确定所处分的具体之债。作为大陆法系对于处分权利要件的区分标志，物权和债权的二分法构成了设定权利负担和实现权利

---

❶　李永军. 合同法［M］. 北京：法律出版社，2005：376.

❷　王利明，崔健远. 合同法新论·总则［M］. 北京：中国政法大学出版社，1996：437.

❸　安雪梅，李秋燕. 美国影视作品著作权担保融资制度的新发展［J］. 时代法学，2013（6）.

移转这两大步骤的分水岭。❶ 负担行为的生效并不以债权的确定为前提条件，但确定的债权是处分债权行为的生效条件。换言之，就是处分行为的有效性必须依某一时刻条件的成就才得以发生，此前的期间之内不可能产生权利实质性转移的结果，因而也就不存在完备的处分证券化版权资产的权利。肯定将来之债的存在性，不必然等于允许将尚未生效之债凭空让与他人。从这个角度上，盲目肯定未来债权一概可以转让，而未设定足够的担保资产或信用背书，在现阶段是不理性的。

3. 将来债权让与学说的历史沿革

（1）普通债权。从罗马法到德国民法，从普通法到衡平法，债权转让制度的建立都不是一蹴而就的，债权转让制度的演变都是一个漫长而复杂的历史过程。对于将来之债概念的存在性和其转让性，不同法系对此的探讨均经历了漫长的理论演进过程。

作为大陆法系的开端，罗马时期的法学家将仅约束双方当事人的债之关系称为"法锁"，这个拟物化的比喻从而使人们可以形象地轻易得知其牢固连接债权债务人关系的概念特征，因而必须保证债之双方主体特定性和适格性，才能形成恒定的债之关系。❷ 该定义当然包含禁止债权转让的意思。直到《十二铜表法》对于涉及身份亲属关系的继承之债放宽规定，其却仍然保留了对于债之主体资格（继承人）的严格限制。随着中世纪跨边境贸易的兴盛，直到查士丁尼时代，有关债权转让协议的合法性终于在《查士丁尼法典》中获得承认。❸

相较于持有保守主义立场的大陆法系，英国普通法是从服务商事交易便捷的角度，不断在衡平法中扩充完善有关债权交易的规定。起初持有的观点是，"不能交付尚未存在的东西"，即将债权同其他不具备实物样态的财产等同视之，比如一个农场主就不能以他与谷物商的关系把来年收成的所得提前转让。

（2）将来债权。尽管债权作为合同标的物的可转让性在两大法系中得到了

---

❶ 迪特尔·梅迪库斯. 德国债法总论 [M]. 杜景林，卢湛，译. 北京：法律出版社，2006：547.

❷ 我妻荣. 新订债权总论 [M]. 罗丽，译. 北京：中国法制出版社，2008：452.

❸ 董京波. 资产证券化资产转让法律问题研究 [M]. 北京：知识产权出版社，2009：136.

证成，但是其内容仅限于现实存在的债之内容。将来债权作为将来可能产生的债权，并不真实存在，自己都没有的东西如何转让给他人？德国法认为，将来之债不符合转让合同中关于标的物的特定性要求。但是伴随着更多的"未来收益"作为现时性融资项目的担保财产，德国法在判例❶中认定了将来之债转让的优先效力，改良了通常措施。日本法院对于期待之债进行移转时的可识别性要求是，只要权利的发生具备可能性，就承认让与效力。❷

目前，学界通说支持包含期待利益的将来之债的转让，并且以债权转让的时间点为分界线，确定了将来债权独立于破产资产的性质。近年来，为了适应资产证券化业务的发展的目标导向，修订的《美国统一商法典》第 204—9 条确立了未来权利（涵盖将来时刻订立合同的债权）可转让性质的规定，并将债之移转时间提前到了债权成立之时，以适应资产证券化业务发展的目的性要求，也就成为将来债权转让制度完善的方向。

综上，各国关于将来之债的经验模式的共同之处在于以下几个方面。

（1）允许发生时间不确定，但标的范围必须确定，保证其客体适格性。如日本学界则认为不具有基础法律关系的将来债权，只要存在事后可以清晰认定该债权的评价要素则具有可移转性。而德国高等法院在 BGHZ 7，365 案中给出的判决理由要求（合同条款中明确可识别的权利范围和履行期限）即只要求当时该债权的存在和范围与达成契约时对当事人欲让与的权利所描述的细节相符。在实际转让中，常常采用的做法是发起人根据过去一段时间内版权收益的费率确定一个浮动的折扣费率，来应对版权市场中因其他人主张版权共有，或者应对侵权之诉等情形下，对资产估值的不利影响。

（2）尽管突破了债之相对性效力，但出于法律平衡的价值考虑，同样赋予了债务人以充分的向将来之债受让主体的抗辩权利。

---

❶　1952 年 10 月 25 日德国最高法院判决的一起案件（BGHZ 7，365）中，被告以保留所有权的方式向 S 提供货物，S 把未来转让货物的将来转让款请求权让与被告进行担保，而后 S 又将转让款请求权让与了原告，在原被告的付权优先权纠纷中，德国最高法院在判决中认可了被告将来债权让与的有效性及优先性。

❷　Ono Masanu. Unique Aspects of Japanese Securitzation Relating to the Assignment of Financial Assets［J］. Duke Journal of Comparative & International Law，2002（12）.

（3）其基本性质都是从与人身密切相关，转向具备客观的财产法意义上的价值的标的物，进而形成类似物权的对世效力，实现由相对到绝对，制度重心的渐进性转变。

本文认为，债权强调相对人之保护固然重要，但是在资金快速配置、资产快速流动的今天，注重开发其所蕴含的期待权利益，支持将来之债的转让，并使其范围特定（例如，未来 5 年之内小说改编电视剧的收益分成就是通过期限实现特定化），服务于无形资产之证券化，是极为关键和必要的。

三、实践篇：（版权证券化中）将来债权证券化的制度困境

债之转让理论，脱胎于民事生活中债权交易的法律抽象，服务于实物转让，侧重于相对人保护。❶ 此种法律原则倾向与现代证券市场树立的信息公开化，流转便捷化主旨格格不入，❷ 其对世效力的缺乏使得无法使重组后的版权经营收益从发起人的躯干上"扣除"下来，防止由于发起人之债务与发行人的受让之债混同造成的风险负担。

1. 将来债权转让之生效时点

版权证券化的优势在于通过中介（SPV）独立承担破产风险排除发起人的实际控制，从而将原资产因附带担保或者质押条款带来的风险隔断，从而大大促进了融资的便利性和安全性。美国国家会计准则协会有关资产转让的 FAS125 规定中，将对于资产形成完全支配作为"真实出售"的首要标准。❸ 版权资产权利人已经将含有期待之债的请求权完全地转移给 SPV，则一旦发生权利人求偿，债权人就不能向权利的现时所有人 SPV 来主张原有的收益或风险。而实现风险剥离的关键，就在于把握将来之债真正成立的时刻。

传统的大陆法系观点认为，期待之债权的转让理应在双方合意的基础上更

---

❶ 王利明. 合同法研究 [M]. 北京：中国人民大学出版社，2011.

❷ 韩海光，崔建远. 论债权让与的标的物 [J]. 河南政法管理干部学院学报，2003 (5).

❸ 王文宇. 民商法理论与经济分析（二）[M]. 北京：中国政法大学出版社，2003：234.

加符合权利客体适格性的要求，即必须客观现实地存在。❶ 在先约定转让的将来之债现实要件成立作为该债权自身得以交付之必备要件。德国民法主张严格划分设定权利负担的行为和处分权利自身的行为，将来债权让与的负担行为与处分行为并不在达成合意时同时生效。换言之，就是处分行为的有效性必须依某一时刻条件的成就才得以发生，此前的期间之内不可能产生权利实质性转移的结果，因而也就不存在完备的处分证券化版权资产的权利。

由上，在先的两个成立时间不同的转让协议，有可能在所期待条件成就时同时生效。举个例子，版权自身具备的重复授权性，A 可根据《著作权法》规定的财产权利门类向 B 和 C 作出不同程度的使用许可。按照前述的传统债法理论来解释，相当于两个成立时间不同的负担行为却拥有了一致的处分时间，此时便无法利用通知顺序先后来解释债权人请求权冲突的问题。假如采取前述的不承认将来之债的观点，那么无论签订将来之债转让协议时间先后，受让之人都无法对该债权形成完全支配，自然也就不能对抗对转让标的享有强制执行权利的破产管理者。负担和处分的二分观点导致了债之归属的"空窗期"，从而阻碍了版权资产证券化核心功能——破产风险隔离的实现，使得"证券资产独立"一说成为无本之木，无源之水。

2. 将来之债移转时公示机制的缺位

作为影响版权资产估值的重要评价因素，同样也作为预防权利瑕疵所引发纷争的重要机制，公示制度一直作为防范侵权风险的重要屏障，以及赋予双方约定之债以"对世效力"的关键制度。尽管如此，传统民法理论却未将登记制度设定为著作权转让的要式行为，以此来协调版权类作品的"创作完成则权利自动产生"的权利获得原则。

然而，随着版权纳入证券化资产的范围，只有在遵循证券市场的信息公开原则的环境下，有意向作出投资的第三方才可以获悉债之主体的信用情况、版权客体的市场份额，以及是否存在版权共有等可能引发权利纠纷的因素，以此作为资产评估的参考指标。最关键的方面是，借由公示制度，期待性质之债就有条件获得类似物权的对世效力，可以对抗任何人的权利主张，从而避免原始

---

❶ 申建平. 债权让与制度研究——以让与通知为中心 [M]. 北京：法律出版社，2008：58.

之版权权利人破产时，对受让之债同等适用类似物权的追及效力。

而少数面向未来之债构建的公示机制，又因为交易时刻期待收益尚不存在而陷于登记权利内容、种类、权限模糊不清的桎梏。例如，若将知名电视剧《琅琊榜》第二季的版权收益作为债之标的予以交付，则由于债之本身同时具有多个投资方和控股主体，并且大额资产通常遵循交叉群组式交易的形式，若沿用之前的逐个通知模式，是否会因资产份额的不同而相应导致交易信息披露情况不同，债权转让双方的信息不对称进一步导致交付的低效率和不公平竞争？为了避免债权人为追逐更大利益而可能产生的多次权利寻租，将交易信息通过对称的渠道公示出来，债权转让过程中善意第三人可以了解交易对方的资信状况、资产有无权利负担、市场占有率等信息。因此，只有借助公示制度，债权才能像物权一样来获得"广泛而无差别"的保护，才能保障其证券化过程的顺利开展。

3. 将来之债多重移转情形下的优先权冲突

债权重叠问题，是指按照时间先后，债之权利人和多个主体达成了支付对价并转让债权之合意，而获得承诺的多个受让人（也可能包含破产清算组织权利人）同时主张取得约定之债，从而引起的请求权竞合的问题。

依据大陆法系的将来之债成立要件说，在签订真实销售协议之后，将来之债条件成就之前，债权客体并无现实上的存在意义，该合同处于成立但未生效的中间状态。那么，代入到此类债权重叠问题，到底应该按照何种依据来确认期待之债的归属呢？鉴于立法中并没有对此作出明确规定，下文将不同意见代入具体操作，来比较不同观点在适用时权利保障效果的优劣。

观点一，以转让协议的订立时间为准，原则上在先的受让人有权优先获得未来债权收益之偿付。以德国法为参考，其内容明确了第一位受让债权之人的优先地位，即默认后续签订的处分未来之债转让约定均为无效，该权利截止到首位受让人即告生效，后续"受让人"的请求权将得不到支持。概括起来就是说，只有第一受让人才能实际受让该期待债权。

观点二，无论合同成立先后，优先权等级以债权转让双方通知债务第三人的时间顺序为准。日本债法对此做出了明确解释，即要想在债权重复处分中取得对抗第三人取得的效果，则必须开具包含详细处分权利信息的凭证。❶ 实践中常常表现为时间因素和金额要素齐全的承诺书，其效果等同于债权移转时通知债务人，法院在审理请求权竞合的时候，也通常按照承诺书上签订的时间作为比较多个债之移转通知到达相对人的时间先后，具备普遍的应用价值。

在国外的版权证券化操作实务中，更普遍的情况是，由于将来之债在合同成立时尚不具备明晰的权利义务关系，因此有可能在版权人与受让一方 SPV 达成"真实销售"时债务人范围不确定，则转让双方通知第三方的义务也就无从谈起。举例来说，正在制作的未上映电影版权真实出售给 SPV，作为贡献票房的观众无条件，也并无必要在上映之前就得知该院线的资本构成和出品方身份等信息。与此同时，作为受让一方的 SPV 相应地无法获知更多期待之债的详情和投资前景，而且影片自身在上映后的口碑评价好坏因素也会影响影院排片的数量，从而增加了"尚未变现的现金流量"的不确定性。❷ 倘若在一定时期内排片的数量（现实偿付现金流之来源）产生大范围波动，则此时若仍按照通知先后顺序来确定享有优先权之主体，无疑会伤害之前对该资产支付较高对价之债务人的投资积极性，不利于版权资本市场的持续繁荣。

根据哈特的现代产权理论❸，缺少公开的监督制度为将来之债的处分提供了权力寻租的温床，反映在本文研究案例中，就预示着，相关规定的空白也会驱使发起人萌生多重转让以寻求利益最大化的不良动机。怎样在确保真实出售的同时给予初始受让人以充分的信赖保护，是摆在版权证券化制度现实化面前的一道难题。

4. 合同条款本身限制了将来之债的对世效力

限制转让约款，是债之双方达成的以限制债之移转为内容的约定。一旦债务人在合同标的让与时主张其存在，则受让人失去对债务负担主体的抗辩事由。此条款在传统债法体系中明确了给予当事人意思自治的意向，然而却不满足债权资本化进程中资产分割的程序性要求。

---

❶ 于保不二雄. 日本民法债权总论 [M]. 台北：五南图书出版公司，1998：278.

❷ 李洋. 电影大片能当股票卖？业内人士担忧证券化拆分 [N]. 北京日报，2011-04-27.

❸ Esteves Jose. The IP Litigator：Devoted to Intellectual Property Litigation and Enforcement [J]. IP Monetization，2011.

同样，若是初始订立的未来债权转让合同中包含追索权条款，则很有可能由于债务人以情势变更等履行不能事由而主张返还原有资产，造成投资人的版权收益仍与其来源主体发生牵连，而权利主体的瑕疵可能会进一步诱发更大的信用危机。

四、比较法视野下关于解决将来之债转让困境上的考察

1. 将来债权让与的生效时点

在当今的民法理论界，对于债之转让生效条件，主要分为三种观点：一是任意主义，德国法规定债权让与双方均无须通知负有履行债务责任的第三方，也无须得到其同意方可签订债之转让协议。二是同意主义，即必须征得债务人之同意方可实施处分债权行为。三是以日本为代表的通知主义，即不要求获得债务人的同意，但必须在使债务人得到债权让与通知之后，凭借其口头或书面作出的履行承诺而获得完整的受让权利。❶ 我国《合同法》采用第二种模式，即以通知到达作为债之交付生效的必要条件。

作为对比，期待之债的转让理应在双方合意的基础上更加符合权利客体适格性的要求，即必须客观现实地存在。在先约定转让的将来之债现实要件成立作为该债权自身得以交付之必备要件。德国民法主张严格划分设定权利负担的行为和处分权利自身的行为，负担行为的生效并不以债权的确定为前提条件，但确定的债权是处分债权行为的生效条件。❷

还有一种观点认为，将来债权转让合同成立时即生效。关于未来债权之转让协议自订立起，就对双方产生履行积极义务的拘束力。作为版权证券化实际运作的发祥地，以美国为首的普通法系国家给予了证券化的知识产权以充分的独立性，并确保双方的信赖利益不因条件的缺位而受损，即符合前述德国高等法院（BGHZ 7，365）案中提到的"潜在的可能性"。❸

---

❶ 申建平. 论未来债权让与 [J]. 求是学刊，2007（3）.

❷ 祝小芳. 欧洲全担保债券不败的传奇——欧美模式资产证券化对我国的启示 [M]. 北京：中国财政经济出版社，2011.

❸ 马旭东. 关于资产证券化的若干思考 [J]. 新经济，2016（1）.

从美国、日本等知识产权证券化成熟国家的经验来看，大部分成功获评"投资"级别的证券化的版权都具备权利人知名和现金流量大的特征，例如，美国职业篮球联赛中，洛杉矶湖人队以自己未来 30 年的比赛转播权来获取华纳兄弟集团的巨额投资，正是处于对于市场份额和球队季票收入的充分信赖，才得以撬动更大的资金杠杆来获得大量现金流的偿付。

2. 将来债权让与的公示机制

既然要构建将来债权的对世效力，那么首先要考虑的便是公示机制的实际传播效果，从而形成登记式和公告式的制度分野。美国法采取登记模式，实现了向金融市场中投资的第三方披露债权信息的效用，随之产生的对抗第三人效力，也可作为债权受让冲突时认定优先权顺序的根据。这种模式同时也推动日本于 1998 年做出了《债权转让特例法》的修订，完成了从通知制到登记制的改革。

3. 债权受让人对抗竞合求偿人的准则

《联合国国际贸易应收款转让公约》规定了若干债权主体可用的优先权原则。❶

（1）以实现为准的优先权原则。持以债权实际产生为生效时点之观点的德国，在解决优先权问题上就债权先生效者优先主张债权。德国法采取了这种方式，既然证券化的版权可以在客体意义上视作同物权、财产权相同的存在，那么披着"权利外衣"的处分权人擅自将合同标的转让给了多重受让人，相当于通过无因性法律行为阻隔了权利实现。根据"任何人不能从自己的违法行为中受益"这一法律原则，其认为增加权利瑕疵的行为理应向前一处分行为的相对人承担违约责任，同时，作为先获得将来之债转让承诺的受让人，可以在处分行为生效的时刻获得优先的权利救济。

（2）以让与合同成立为准的优先权原则。与"通知生效"之观点相对应的是，美国采取的"合意达成则债权转移"观点，可以有效规避由于多次受让而导致的权益冲突，符合版权资产证券化"风险隔离"的要求，方便融资事项的开展。《美国第二次合同法重述》第 321 条是上述观点的直接证明。值得一提的

---

❶　塔玛弗兰科. 证券化——美国结构融资的法律制度 [M]. 北京：法律出版社，2009：479.

是，在出现债权重叠情形时，仍然对第一受让人的优先求偿权做出了一定的排除规定：若在先成立的债权转让被宣告无效，由后一顺位受让人取得期待之债的优先权。

（3）以转让通知时间为准的优先权原则。若在执行担保财产或者破产清算程序前受让一方已经获得通知，则转让之债不受破产管理人牵连而失效。

4. 禁止转让约款效力的排除

为了尽快完成对世效力的构建，各国各地区都对限制将来之债移转的条款作了或多或少的限制。《美国统一商法典》对限制移转条款的效能作出了否定规定，即不允许"未来应收账款之让与"的契约内容是绝对无效的，因此债之持有者可以任意创设新的关于未来收益的转让协议。❶ 德国法则是设定了限制转让条款的效力范围，即仅仅允许债务人选择向受让人范围内的指定对象履行债务。同样的原则见诸《欧洲民法典草案》《国际商事合同通则》，债权人存在向债之负担者履行违约赔偿的可能性，但是不能因此而阻绝将来之债的自由流通，以期达到平等保障债之双方的适用价值。❷

五、版权证券化视野下将来债权让与制度建构的必要途径

1. 将来债权让与的生效时点——溯及让与合同成立时

根据前述，大陆法系一贯秉持的"实际发生论"显然无法支撑多重转让情形下破产隔离功能的实现。借鉴德国实务界的演变经验，即便采取认定将来之债为期待权的客体，也因为不满足"处分行为的客体必须清晰"从而在二分法框架内获得一致的解释。"打破时间的限制，使得过去可以服务于将来，将来可以受益于过去"正是现代法经济学的精神所在。❸ 出于便捷财产流动性的经济生活需要，如此对债之因素的回溯认定是极为必要的。

---

❶❷ 邹晓梅，张明，高蓓. 美国资产证券化的实践："起因、类型、问题与时机" [J]. 国际金融研究，2014（12）.

❸ 王文宇. 从资产证券化论将来债权之让与——兼评 2001 年台上字第 1438 号判决 [M] // 王文宇. 民商法理论与经济分析（二）. 北京：中国政法大学出版社，2003：225.

由此，只有根据将来债权确定发生，把将来债权让与效力溯及至让与合同成立时，才是构建将来债权让与制度的适宜选择。具体而言，债权让与效力发生时点应当结合交易习惯来推定当事人的意愿或行为意思，若该主体行为体现出有使"类似物权"行为回溯至合意成立的意思，则相应地要把"空窗期"归入债之移转的生效期限内，债权让与生效时点应溯及至让与合同成立时。

2. 将来债权让与的公示机制——登记对抗主义

作为知识产权与金融行业的"联姻"产物，在版权证券化的进程中采用登记的公示机制是建构将来之债转让制度的必由之路。在效力规定上，登记对抗可以有效对抗其他债之受让主体，或者独立于破产资本的优先效力。也只有借助技术手段完善其信息公开机制，提供类似专利检索数据库的版权资产信息中心，才能够被认定为具备良好的转让性，从而促进其流通，为版权资产的证券化进程提供便捷。

3. 债权受让人对抗竞合求偿人准则——登记为准的优先权原则

对于版权之债的竞合主张，涉及债权人、受让人和破产清算组织等多方主体，因此有必要确立以登记为准的债权受让人优先权的统一原则。综合比较前文提及的将来之债生效时间的两种观点，以转让债权合意达成之时刻确定优先原则的，始终无法突破债之相对性，从而使合同之外的投资主体无法评估该知识产权资产的融资风险和债之主体的个人信用，损害债之流通；以转让通知时间为准的优先原则，在面临群组式证券化的将来债权时，逐个地通知"资产池"内的责任主体显得极为低效；以登记公示的将来债权让与，以塑造公信力的方式和畅通的信息渠道能够最大限度地降低由于债权信息不透明导致的交易风险。所以，应以登记为准确立债权受让人对抗竞合求偿人的优先权原则。

4. "限制移转约款"效力的相对排除——维护版权之债的相对独立

"一切财产都不得设定秘密的权利负担"，这条源自古罗马法的谚语，经过持续演进到今日，已经成为现代担保制度的基本原则。若是在双方之债上规定了范围或处分方式，则必须经由电子系统公告使大众便于获悉，使得合同之外的第三人不受禁止条款之约束。

因此，美国式的绝对禁止债权转让的做法并不可取。尽管考虑到未来债权受让相对方可能包含的主观恶意，相应保留追索权利条款同时限制追索权利范围，以确保特定版权资产转移给 SPV 后，其发起人彻底抽离证券化的基础版权。另外，理应在立法层面适当照顾债务人的切身利益，绝不能因为受让人之主观恶意而绝对承认无效条款，以为债务人寻求救济预留充分的空间。

思想与表达二分法在文学作品
侵权纠纷中的运用

陆小园*

内容提要　思想与表达二分法，对司法实践中文学作品侵权认定具有重要意义。在文学作品侵权案件中适用思想与表达二分法，须对相关文学作品中的内容进行分析，什么内容为思想，什么内容为表达。从二分法产生以来，逐渐发展出多种区分思想与表达的方法，其中应用最广的便是 1931 年美国汉德法官提出的抽象测试法以及在此基础上发展而来的三步测试法。但是，二分法存在划分界限不明的缺陷，因此，在司法实践中，需要通过完善各种方法的适用以及提高法官素质等方式，更好地适用思想与表达二分法。

关键词　思想与表达二分法；实质性相似；抽象检测法；临界点

一、问题的提出

琼瑶诉于正等人侵害著作权案曾引起人们对版权侵权问题的极大关注。琼瑶提起诉讼请求判定包括笔名为于正的余征在内的五方被告构成侵权并判承担相应责任。而本案最重要的争议焦点是两部作品是否构成实质性相似。

琼瑶主张于正没有与其进行沟通和商谈，就擅自抄袭其作品《梅花烙》，致使《宫锁连城》部分情节与《梅花烙》极度相似。案件审理的关键在于两部作

＊　陆小园，南京理工大学知识产权学院研究生。

品是否实质性相似，但我国现行法律尚无相关明文规定。实质性相似规则即两件作品在表达形式或内容方面构成了实质性相似，而且被控侵权人接触了享有著作权的作品，就可以认定侵犯了权利人的著作权。❶ 只有对两部作品进行多方面的分析比较后，才能够得出两部作品是否实质性相似的结论。在比较过程中，需判断作品中的哪些部分属于公众所有，哪些属于抄袭内容。如果构成实质性相似，只能是在表达层面或者内容方面构成。也就是说，思想与表达二分法在判断两部作品是否实质性相似方面是有重要意义的。

二、文学作品中思想与表达的界分

1. 思想与表达二分法的含义

思想观念并不受著作权法保护。若思想观念为著作权法保护，会产生思想的垄断，这会对人类整体的文明发展进程形成阻碍。例如，爱国是一种思想观念，以爱国为主题的作品各种各样，《精忠报国》是歌曲中的典型代表，《精忠报国》表达了爱国这一从古至今的思想精神，歌曲中爱国这一精神不受保护，但是歌词、乐曲是享有著作权的，任何人都不能将之抄袭剽窃以致当作自己的作品。也就是说，体现思想观念的表达形式在著作权法的保护范畴之内。基于著作权原理，"作品是表达""表达即作品"，❷ 基于同一思想内容，著作权法并不禁止不同的人用同一体裁进行创作，但各自的表现形式应不同。❸ 总之，受著作权法保护的不是作品的所有成分，什么成分受到保护，什么成分不受保护，需要适用思想与表达二分法进行区分。

2. 文学作品中属于思想的范畴

根据文学的一般原理，作品中的主题、题材、事实、素材、基本概念和原理等都是属于思想的成分。

---

❶ 杨昆. "实质性相似"规则在我国影视剧著作权纠纷中的司法实践 [J]. 传媒，2017（4）.

❷ 张今. 著作权法 [M]. 北京：北京大学出版社，2018：18.

❸ 潘灿君. 著作权法 [M]. 杭州：浙江大学出版社，2013：19.

（1）主题和题材。主题通常是作品所表现出来的思想意义，包含作者对所创作作品中描述的客观事物的认识与理解。题材是指作品中描绘的具体事物和社会现象，比如战争题材，社会生活是题材孕育的土壤，是作者创作的思想源泉。任何一个作者创作作品不可能没有目的，所以作品中主题不可缺少，而主题需要题材来表现。无论是题材还是主题，都来源于社会生活以及自然，❶ 如果承认对主题以及题材的垄断，将会妨碍其他作品的创作。

（2）事实和素材。事实是指某一事物的发展过程和规律，也是客观世界所直面的情况。素材是指未经加工过的原始材料。一部作品不管有多强的独创性，其中包含的事实以及使用的素材是所有人都能够运用的，相同的事实和素材可以在形形色色的作品中见到，无论是谁都无法对事实和素材享有垄断性的专有权。比如，2018 年 11 月发生的基因编辑婴儿事件，所有人都可以此为素材创作文学作品，不能说作品中有雷同的基因编辑行为就说谁抄袭谁的。

（3）基本概念和原理。概念是反映对象的本质属性，原理是最普遍的基本规律。概念与原理需要实践检验，如果某人创作的作品中涉及某一概念，提出该概念的人不但不会禁止其传播，反而乐见其成。此外，概念和原理与人类文明发展的关联巨大，著作权法不予以保护。

3. 文学作品中的表达形式

从整体上来说，文学作品有不同的体裁，如果要分析文学作品的表达形式，应该根据不同体裁的作品分别梳理。文学作品题材众多，本文将以小说为例，对小说中的表达形式进行分析。

（1）人物。人物角色是小说的一大要素，一部小说成功与否脱离不了人物的塑造，《红楼梦》中林黛玉这个角色的成功塑造对整部作品有着很大的意义。小说中的人物可以区分为真实人物和虚拟人物，而真实人物是对现实存在的人物的客观描述，所以一般无法成为作品的独创性表达。在文学作品中，呈现作品人物的方式主要是文字，由于没有画面，只有对人物的具体形象详细描写才能够给读者留下印象，所以，小说中的虚拟人物是姓名、人物性格、体态、事

---

❶　刘歆衍 . 从文学理论对思想/ 表达二分法的重构——以戏剧文学作品为例［J］. 华中师范大学研究生学报，2009（2）.

迹以及生活习惯等多要素的综合体。❶ 由于人物的虚拟性以及要素组合特征，一般虚拟人物很难获得著作权法保护。

（2）情节。情节是小说中一系列事件的发展描述，能够体现小说主要人物的性格，更蕴藏着小说的主旨。一般来说，一部小说精彩与否就在于情节的设置，情节的设置是作者心血的集中体现。有些情节处于纯粹的思想和纯粹的表达之间，需要进行个案分析。如果作者通过智力创造了具有特色的情节，应属于作者具有独创性的表达。如果由于主题或者中心思想相同，故事中的情节场景必定会发生，那么必要情景就不会受到保护，比如说卧底、暗杀等情节必定隐藏于谍战类小说中，这些必要场景是特定题材的作品难以避免的描述，即便雷同也不算抄袭。

（3）环境。对于小说中的环境，应结合人物、情节进行分析，如果是作者创作出的典型环境，比如《红楼梦》中大观园这一环境背景，应受到保护，但若是某个特殊时期的社会环境，任何小说以此为社会环境，均不应被认为是抄袭。

（4）语言符号。语言可以表现出各种情景人物，以及社会中形形色色的事件、万物细微的差别，文字的运用体现了作者的文学功底，展现了不同于他人的写作风格。小说的表现形式便是语言，语言文字的运用自然属于表达形式。

（5）结构。结构是对一部小说整体的组织和安排，如同写论文需要先定下整篇文章的框架结构后再进行内容完善一般，小说所要表达的主题，也需通过将素材剪辑、加工，分轻重缓急地进行组织安排，❷ 这种总体上的安排往往是作者创造力的体现，然而，著作权法保护的是有形的表达方式，小说的整体结构是作者进行撰写的参照，如果没有用一定的表达方式进行外化，将不能受到著作权法的保护。

---

❶ 牛强．文学作品虚拟角色形象的固定及版权保护［J］．中国出版，2018（19）．

❷ 张今．著作权法［M］．北京：北京大学出版社，2018：21．

三、思想与表达二分法在文学作品侵权纠纷中运用的基本方法

虽然思想与表达二分法是著作权法的一项基本理论工具，然而，任何表达都不可能与一定的思想观念脱离，不存在无思想观念的表达，也不存在无表达的思想，因此，掌握这一理论工具并不容易。对于文学作品来说，思想与表达之间的界分没有统一的尺度，一般都是针对具体作品在个案中分析。因此，司法实践中总结出的区分方法，有重要的启发作用。

1. 字面复制法

在早期印刷复制时代，区分思想与表达的是字面复制法。这一时期以文字作品为主，表达形式就是作者所用的词语和形之于外的手稿，除此之外，都是"思想"的范畴。[1] 在这一时期，著作权就是指复制权，节略、翻译、改编等借鉴和利用作品的行为是合法行为。不过，随着作品范围的扩大以及作品的日益复杂化，字面复制法由于没有充分的弹性，抄袭者很容易通过细微的变动而摆脱相似性判断，因而逐渐无法承担区分的重任，被其他新兴的日益复杂的区分方法所取代。

2. 抽象测试法

这种对思想与表达进行区分的方法是在 1931 年美国的一个判决中由汉德法官提出的。在这个案件中，被告拍摄了与原告作品相似的电影。大致的故事情节是：犹太人和爱尔兰人两个家庭的孩子相爱，但由于宗教冲突以及种族观念的阻碍，两个家庭不同意，因而闹出了戏剧性的故事，最终两家和好。汉德法官认为，作者所享有的权利并不仅限于作品的文字上，否则，抄袭者很容易通过做一些无关紧要的改动来逃避侵权责任。在琼瑶与于正的案件中，于正也曾以自己抄袭的文字比例没有达到标准进行抗辩。一旦文字上的占用不再成为检验的标志，我们就应该着眼于作品整体性的考虑。[2] 汉德法官在审理这个案件的

---

[1]　张今. 著作权法 [M]. 北京：北京大学出版社，2018：20.

[2]　李响. 美国版权法：原则、案例与材料 [M]. 北京：中国政法大学出版社，2004：295.

时候，认为不管是世仇家族男女相爱的主题，还是爱尔兰人和犹太人的普遍性人物形象，属于"思想"范畴，两部作品的其他故事情节有很大不同，最终判定不构成侵权。所谓的抽象测试法，指就两部作品进行一系列层次不等的摘要，然后进行比较。较高层次的中心思想、主题等相似不构成实质性相似，较低层次的具体情节相似，就构成实质性相似。❶ 不过，在司法实践中，思想与表达之间的临界点在何处，抽象测试法并没有给出解答，而临界点确是此法的关键所在。因此，思想与表达的分界点在哪里，需要根据作品的种类、性质、特点进行个案处理。❷

3. 三步测试法

1992 年，沃克法官提出"三步测试法"。第一步，抽象，该步骤实际是"抽象测试法"的演绎。将作品中不属于著作权法保护的属于"思想"的部分抽取出来，而文学作品大多是思想与表达的混合物，很多时候思想与表达是交杂在一起的。需要将作品内容不断细化，直至足够具体，才算是将表达分解出来。第二步，过滤，实际上是将抽象完的表达中一些特殊部分即不受著作权法保护的部分分离出去，只剩下属于作者的独创性表达。过滤掉的部分包括思想与表达的合并、必要情景，以及公共领域的部分。思想与表达的合并，是指当特定思想只有有限的表达方式，甚至是只有唯一一种表达方式时，以至于思想与表达混合在一起，因为思想不受保护，所以表达也不受保护。但此项原则主要适用于功能作品、事实作品中。必要情景如前文所述，即使雷同也不算抄袭。第三步，比较，经过抽象、过滤后，剩余部分便是属于著作权法保护的表达。❸ 将两部作品中的独创性表达进行对比，如果被告复制了原告受保护的实质性部分，就构成侵权。

4. 琼瑶诉于正案的适用方法

初审法官在审判时，先将人物关系、情节等进行思想和表达的划分，在实

---

❶ 张今. 著作权法 ［M］. 北京：北京大学出版社，2018：20.

❷ 熊文聪. 被误读的"思想／表达二分法"——以法律修辞学为视角的考察 ［J］. 现代法学，2012（2）.

❸ 钟娟，王月璇."思想表达二分法"在文学作品相似侵权判定中的适用 ［J］. 合肥工业大学学报，2018（5）.

质性相似判断时运用部分对比与整体对比等方式，然后再看观众体验，最后进行侵权与否的判断。法官将作品内容比作金字塔，金字塔的底端是最细致的表达，而最抽象概括的思想位于金字塔的最顶端，金字塔的层级越高，对应的文学作品的内容概括程度就越深。❶ 以《天龙八部》中的人物关系举例来说，"师徒关系""夫妻关系""姐妹关系"等属于思想范畴，是抽象概括的内容，应属金字塔的顶端，但是如果对人物关系进行具体化描写，"师傅是少林寺高僧，徒弟是丐帮帮主""丈夫是大理王爷，妻子是摆夷族公主""姐妹二人自小分离性格迥异"，这样的人物设计就应属于金字塔的相对下层。在情节是否实质性相似的处理上，运用了三步测试法。先是抽象、过滤，针对琼瑶提出的 21 个情节，除 3 个不受著作权法保护的公知素材外，剩余 18 个情节于比较时法官认为其中 9 个不构成实质性相似，9 个构成实质性相似。在整体对比进行实质性相似判断时，法官认为，被告作品与原告作品情节安排基本一致，仅在对故事发展影响甚微的情节顺序上有所改动。被告作品给观众的欣赏体验与原告作品极其相似。❷ 而认定侵权的一项重要因素就是观众对两部作品相似的感知，因此，法院认定两部作品有很高的相似体验，最终，判定侵权。

四、思想与表达二分法适用存在的问题

1. 思想与表达二分法基本含义的不确定性

在立法上，思想的含义不明，前文用哲学上的概念对思想进行解说，但立法上思想的字面意思模糊不定。美国版权法、TRIPS 协定抑或其他相关法律法规对思想也没有进行明确界定。事实上，立法也不可能对模糊不定的思想做出规范的界定。❸

2. 思想与表达划分界限不明

目前，世界上绝大多数国家的著作权法或国际协议已确认了思想与表达二

---

❶❷　参见（2014）京三中民初字第 07916 号民事判决书。

❸　赵锐. 版权法中思想/表达二分法的反思与认知［J］. 东岳论丛，2017（9）.

分法，然而思想与表达的界分这一事实问题尚无标准，❶ 在具体使用中存在思想与表达的界限划分不明的问题，一部作品的完成，是思想与表达混合的成果，在司法实践中不能非黑即白进行一刀切式划分思想与表达，因此，两者之间没有明确的界限，是目前思想与表达二分在具体的司法适用中存在的最大问题。自思想与表达二分法产生以来，虽然区分思想与表达的方法在实践中不断完善，但是思想与表达之间的界限一直都没有明确界定。抽象测试法的关键在于找到思想与表达的临界点，然而创建抽象测试法的汉德法官也承认这个界限是很难找到的。琼瑶诉于正案判决中所适用的金字塔式分析方法，只是说明在金字塔的层级之间，有一条线区分思想与表达，在界限之上就是思想，在界限之下就是表达，没有提出此案的临界点以及适用此种方法进行分析的类似案件的临界点在何处。具体判断分界，还是依靠法官在个案中的自由裁量权，琼瑶诉于正案的判决表述清楚、以理服人，但是仍然不能忽略思想与表达的分界不明晰的现实。到目前为止，在司法实践中思想与表达界限不清对司法工作人员造成的困扰仍然存在，法官也常常会因为思想与表达难以界分而陷入两难境地。

五、更好地在文学作品侵权纠纷中适用思想与表达二分法的建议

在司法实践中，实质性相似是判断侵权与否的标准，而在进行实质性相似判断之前，运用思想与表达二分法是不可缺少的步骤。因此，二分法存在的问题对实质性相似的判断会有影响，两者之间关系密切。

1. 区分不同的作品类型有针对性地适用二分法

如前文所述，思想与表达二分法不存在一个清晰准确的适用方法，不同类型作品的表达方式不同。比如，论文通常是以词汇、语言进行逻辑论证来论证所想表达的观点，其表达方式与小说不同。所以，应当考虑不同的作品类型，更便捷地区分不同的文学作品中思想与表达，然后再根据具体的案情进行判断。

---

❶ 卢海君. 论思想表达两分法的法律地位 [J]. 知识产权，2017（9）.

2. 完善对各种方法的运用

在实践中，不能仅依靠一种方法判定两部作品是否实质性相似。更何况，如今思想与表达二分法并没有形成完整的体系，因此，在进行侵权判定时，需要融合多种方法，适当地在判断实质性相似问题时添加考虑因素，更加科学地对思想与表达进行区分。

（1）将接触纳入考量因素。艺术的创作来自灵感，有的灵感来源于现实事件的启发，有的灵感则来源于生活中接触他人作品后的感想。如果创作作品的灵感来自他人作品，在自己的作品中必然会有他人作品的色彩。在琼瑶诉于正案中，于正为证明《宫锁连城》具有独创性，称从未接触过《梅花烙》。且不提有证据证明其接触过，一般来说，接触分为两种：一种是作品未经发表但是被告实际接触过，另一种是作品已经处于公之于众的状态。"公之于众"不以公众知晓为构成要件。❶ 所以，即便于正辩称未曾接触过，但是电视剧《梅花烙》的播放意味着于正有接触的机会与可能，可以推定为接触。

（2）将受众感受纳入考量因素。作品的传播对象是相关公众，相关公众的感受从某种程度上决定了一部作品的内容是否有新的表达，是否是新的作品。在认定两部作品是否构成相似时，也应考虑相关受众的感受。因此，在审理具体案件时，可以借助问卷调查的方式来收集相关受众的感受作为侵权与否的判断依据之一。

3. 加强法官素质

在如今思想与表达的界限并不明晰的状态下，许多处于思想与表达模糊地带的内容需要个案判断，在此背景下，法官的素质对案件的走向显得极其重要。判断文学作品实质性相似的难点在于仔细梳理整部文学作品的主题思想、剧情、人物关系等内容，这对法官来说是不小的挑战。❷ 而且，每个人都有自己的情感偏向，在对文学作品的分析中，法官也会对特定的作品与情节有所偏好，在审判中往往会在无形之中受到个人喜好的影响。所以，在案件审判时，需要法官

❶　参见（2014）京三中民初字第 07916 号民事判决书。

❷　马润艺，赵大利. 浅析思想表达二分法在文学作品侵权纠纷中的运用——以琼瑶诉于正案为视角［J］. 甘肃政法学院学报，2017（5）.

尽可能地压制个人喜好，这对法官的职业素养提出了更高的要求。

六、结　论

在司法实践中对文学作品侵权案件进行判定时，思想与表达二分法有重要意义。在一部文学作品中，主题思想与事实素材和概念原理等通常属于思想的范畴，而人物、情节等是否属于表达需要个案分析。思想与表达的区分方法最著名的便是抽象测试法以及由此发展而来的三步测试法。不过，思想与表达之间的划分界限并不明确，为了更好地在文学作品侵权纠纷中适用思想与表达二分法，需要采取将接触、受众感受纳入考量因素以及提高法官素质等措施。

摄影作品权属的证明规则

——从华盖创意公司诉正林软件公司
侵犯著作权一案谈起

孙文武 *

内容提要 著作权作为民事权利的一种，因为其权利自作品创作完成时自动产生的特点，其权利归属的认定规则与商标权、专利权相比有着很大的差别。《著作权法》规定，在作品上署名的公民即为作者。但是，摄影作品众多，随着数字技术的发展，在摄影作品上署名的方式也多种多样，摄影作品的权属也缺乏统一的认定标准，司法实践中对摄影作品侵权的认定也存在较大的差异。

关键词 著作权；权利归属；认定标准

一、问题的提出

2014 年，哈尔滨正林软件开发公司（以下简称"正林公司"）与华盖创意公司（以下简称"华盖公司"）关于图片的著作权权属发生纠纷。Getty 公司称对涉案图片拥有相应的合法版权权利，华盖公司是 Getty 公司的授权代表，正林公司未经权利人许可，在企业宣传品上擅自使用了涉案图片，并且未支付相应的报酬，侵犯了华盖公司对涉案作品享有的著作权。正林公司则认为涉案图片的摄影师署名为 Ryanmcvay，华盖公司并不能证明 Getty 公司是该图片的著作权

---

* 孙文武，南京理工大学知识产权学院研究生。

人或其享有相应的著作权。本案法院一审认定 Getty 公司享有涉案图片的著作权，二审中正林公司对此提供了相反证据，且最终得到了二审法院的支持，推翻了一审结论。在再审中，原告华盖公司针对正林公司提出的相反证据做出了合理解释，并提供了相应的证据，法院最终认定 Getty 公司为涉案图片的著作权人，享有涉案图片的著作权。

本案经历了一审、二审、再审，可谓一波三折。一审中华盖公司提供的证据包括：网站权利声明、图片上的水印、Getty 公司的确认授权书以及对于涉案图片的权利声明，作为证明图片权利归属的初步证据；而在二审中，正林公司认为华盖公司不能证明 Getty 公司是该图片的著作权人，并提供了相反证据，即除了 Getty 公司，另外还有三家网站销售涉案图片并在图片上印有自家网站的水印，最终得到法院的支持。但是在再审中，最高人民法院最终认定正林公司提出的证据不构成相反证明。

本案中，关于初步证据与相反证明的认定成为本案的关键。《著作权法》❶与《最高人民法院关于审理著作权民事纠纷案件适用法律若干问题的解释》❷中都有类似规定，相反证据可以推翻初步证据的认定。著作权权利的产生不同于专利权、商标权，著作权的归属缺乏相应的审查和公示程序，具有"作品完成时即自动产生"的特点，也没有行政机关颁发的权利证书证明权利，因此著作权权属的确定，通常是以作品上的署名或者图片上的水印作为初步证据，除非有相反证据进行推翻。因此，在司法实践中如何认定著作权权利的归属以及怎样才能构成著作权法意义上的相反证明引起了很大争论。

二、我国司法实践中的现状

在当前的网络环境下，关于《著作权法》中初步证据和相反证明的认定并没

---

❶ 第 11 条第 4 款规定："如无相反证明，在作品上署名的公民、法人或者其他组织为作者。"

❷ 《最高人民法院关于审理著作权民事纠纷案件适用法律若干问题的解释》第 7 条第 2 款规定：在作品或者制品上署名的自然人、法人或者其他组织视为著作权、与著作权有关权益的权利人，但有相反证据证明的除外。

有一个明确的标准，各个法院对于图片的权属认定和对相反证据的认定等也仅是进行个案认定，针对不同的案件有不同的评判标准。根据著作权权属纠纷，以及对于不同案件中相反证明的认定，笔者选取了一些典型的司法案例，表1是各个法院在一些案件中对于图片侵权中的初步证据与相反证明的认定。

表 1 关于图片侵权案例的初步证据与相反证明

案号	原告初步证据	被告提出的相反证据	法院最终认定
（2018）京 0108 民初 39302 号	图片上的水印、网站上的涉案图片、《授权确认书》以及图片上的编号	涉案图片上同时有其他水印，且原告不能提供与摄影师之间的协议或其他权属证明文件	被告提出的证据不构成相反证据，不能否认 Getty 公司对涉案图片享有著作权
（2017）京民申 3811 号	《授权确认书》、图片上的水印、网站上存在的涉案图片	涉案图片水印下方还有较小字体标注的其他主体的名称。其他网站上载有涉案图片的证据，相应证据显示早于美国 Getty 公司出具声明的时间以及华盖公司被诉侵权行为进行公证取证的时间	被告提出的证据构成相反证据
（2018）津 01 民终 1325 号	《公证书》、《授权确认书》、网站上图片及图片编号、图片上的水印	未提供相反证据	GettyImages 公司为涉案图片的著作权人
（2017）粤 20 民终 2146 号	《版权确认及授权书》、网站上的图片及图片编号、图片上的水印、图片下方标注尺寸等图片详细信息	涉案图片同时标注有"Gettyimages"和"视觉中国"水印	两个公司都是涉案图片的著作权人
（2010）民提字第 199 号	《授权确认书》、图片上的水印、著作权登记证书、网站上存在的涉案图片	未提供相反证据	Getty 公司为涉案图片的著作权人
（2014）民提字第 57 号	图片上的水印、网站上存在的涉案图片、《授权确认书》、网站上的版权声明	还有 3 家网站销售相同的图片，同时在图片上印有自家网站的水印	二审认定构成相反证明，再审认定不构成相反证明

（一）初步证据的认定

从表 1 可以得出初步结论，法院认可的可以作为证明著作权存在的初步证据主要有以下四类。（1）著作权登记证书：著作权登记证书可以证明著作权权属，但是否登记不影响权利人取得著作权；（2）图片上的署名：这种署名一般包括版权声明和水印，以及网站上的图片编号等；（3）授权证明：一般是来自国外图片供应商的授权；（4）网站要求：载有涉案图片的相关网站应当在工业和信息化部进行过备案。

（二）相反证据的认定

根据《著作权法》第 11 条的相关规定，当原告完成著作权权利的初步证明以后，被告可以提供相反证据来证明原告不享有相应的著作权。但是相反证据只有达到一定的标准后才能被法院予以认定，根据《民事诉讼法》的相关规定，应当采用高度盖然性的认定标准，通过被告提出的相反证据，让著作权权利的归属处于真伪不明的状态。

根据表 1 中司法裁判的案例，相反证据的认定一般有以下几种。

1. 侵权图片出现在多家网站上，且标有不同水印

如在（2014）民提字第 57 号民事判决书中，二审法院根据被告提出的证据认定，除了 Getty 公司，另外还有 3 家网站销售与涉案图片相同的图片并在图片上印有自家网站的水印，华盖公司对此不能提供证据证明，因此，二审法院根据现有证据，认定涉案图片权利归属不明确，华盖公司享有著作权的证据存在瑕疵，正林公司提供的相反证据得到二审法院的支持。在这类案件中，当被告提出证据证明其他主体在涉案图片上标有水印作为权属依据时，如果原告不能进一步针对此补充证据，那么很可能构成相反证明，导致原告权属认证存在瑕疵。

2. 侵权图片上同时还存有其他主体的水印

第一种是涉案图片上不止有一家公司的水印，同时还存在其他公司的水印。在（2017）粤 20 民终 2146 号民事判决书中，在上诉中读书郎公司称涉案图片同时标注有"Gettyimages"和"视觉中国"两家公司的水印，而汉华易美并没有"视觉中国"的授权，不能就此认定汉华易美对涉案图片享有相应权利。二审法院在没有相反证据的情况下，认定盖帝公司和视觉中国均为涉案图片的著作权人，盖帝公司可以单独行使除转让以外的其他权利，且盖帝公司法律总顾问兼高级副总裁签署确认书确认汉华易美是盖帝公司在中国的授权代表，享有

涉案图片的著作权。

第二种是存在公司水印的同时还存在摄影师的水印，如在（2014）民提字第 57 号民事判决书中，涉案图片下方标明摄影师为 Ryanmcvay，这仅作为对 Ryanmcvay 摄影师表示一种尊重，并不构成著作权法意义上的署名，应该以"Gettyimages"水印作为署名。而且 Getty 公司取得了摄影师的授权，因此该署名不足以作为相反证据推翻 Getty 公司享有的著作权。但是当原告并没有取得署名摄影师的授权时，该涉案图片上同时存在的摄影师署名就很有可能作为相反证据推翻原告所主张的著作权。如北京市高级人民法院在（2017）京民申 3811 号再审裁定书中认定，涉案图片上除上述水印之外，在"GettyImages"水印下方还存在较小字体标注的其他主体的名称。华盖公司对此未作出解释，因此，驳回了华盖公司的再审申请。在（2018）京 0108 民初 39302 号民事判决书中，互动百科公司认为涉案图片上有其他水印，且原告不能提供与摄影师之间的协议或其他相应权属证明文件，只凭涉案图片上的"GettyImages"水印，涉案图片著作权的认定存在瑕疵。

3. 其他网站上载有涉案图片的时间更早

北京市高级人民法院在（2017）京民申 3811 号再审裁定书中认为，当归公司在二审中提交的其他网站上载有涉案图片的证据，有部分证据显示早于美国 Getty 公司出具声明的时间以及华盖公司被诉侵权行为进行公证取证的时间。而华盖公司无法说明其授权方，即美国 Getty 公司取得涉案图片相关著作权的时间，此时，当归公司提交的上述证据成为足以推翻署名的相反证据。

三、案例折射出的问题

由于数字摄影作品创作简单、容易复制、易修改和传播迅速的特点，使得版权归属难以认定，司法实践中关于摄影作品权属纠纷的认定也存在争议，其中，对于水印这种署名方式作为证明权属存在的初步证据以及对于相反证据的认定在实践中争议最大。

1. 关于水印的认定

水印作为图片著作权人署名最常用的一种方式，在实践中广泛存在，司法实践中原告也通常用图片上存在的水印作为初步证据证明自己的著作权，但是实践中被告通常在答辩中对此存有异议，认为水印作为证明权属的证据可信度不高，如在（2018）津 01 民终 1325 号民事判决书中，西安真爱公司上诉称技术的进步使得任何人都可以利用现代化计算机工具随意添加和去除水印，网络图片上的水印并不等同于著作权人的署名，其真实性有待验证，不能仅以此证明著作权的归属；在（2017）粤 20 民终 2146 号民事判决书中，上诉人读书郎公司对此也有异议，认为依据现在的网络电子计算机技术，数字水印技术很大众化，网站上的图片的属性可以随意更改，不能以此作为证明原告权属的初步证据。

2. 关于相反证据的认定

从表 1 选取的司法案例来看，由于法律上对于相反证明的认定并没有一个明确的规定，法院对于被告提出的相反证据的认定与否也不尽相同。虽然根据法院的审理总结了三种常见的相反证明的认定，但是由于各个案件的不同情况，这些认定并不具有普遍适用性，在司法实践中对此也没有统一的认定标准，实践中很容易造成同案不同判的情形。

四、完善相关认定标准

1. 图片上水印的规制

如今的数字技术十分发达，任何人都可以利用计算机或者 App 在图片上添加水印，水印对于权属证明的认定越来越不具有说服力。因此，司法实践中应规制图片水印的适用。首先，虽然实践中对于水印作为初步证据的认定存有争议，但是添加水印仍然是一种证明权属的初步证明，可以同时要求权利人提供原始照片的属性参数，或者提供在原始照片上添加水印的证据，同时，为了防止侵权者获得原始图片，可以对于原始照片进行适当的剪裁。其次，不能仅以水印认定原告对图片享有著作权，应根据不同案件的具体情况，结合其他证据综合认定，如涉案图片的原稿、著作权登记证书等。最后，原告主张权利时，印有水印的图片应当是具有最高像素与最高清晰度的图片。如在（2018）津 01 民终 1325 号民事判决书中提到，根据摄影技术相关原理，清晰度和像素只能降低，原始图片应具有最高像素，因此原告主张权利时所提供印有水印的图片应当是具有最高像素与最高清晰度的图片；又如在（2017）京 73 民终 804 号民事判决书中，致远公司就对此提供了相反证据，其他网站上的图片尺寸和华盖公司相比，均小于华盖公司网站上图片的尺寸，而对于摄影作品来说，原始作品的尺寸最大，因此致远公司提供的证据，仅能说明在多处使用过，不能作为推翻原告权属的相反证据。

2. 法律方面完善认定标准

《最高人民法院关于审理著作权民事纠纷案件适用法律若干问题的解释》第 7 条第 2 款规定了底稿、原件、著作权登记证书等可以作为初步证据，但实践中权利人很难提供图片的底稿以及著作权登记证书，大多数法院是以图片上的水印以及网站上的版权声明进行认定，可以出台具体的司法解释，对初步证明的认定标准进行完善，统一司法上的认定标准。

对于相反证明，法律上没有相关规定，司法实践中各个法院也是根据具体案件进行个案认定，可以出台相应解释，统一相反证明的认定标准，或者遴选一些具有典型意义的指导案例，供各个法院进行学习借鉴。

五、结　语

随着数字技术的不断发展，摄影作品也得到了广泛的传播，针对摄影作品的侵权行为不断增加，摄影作品的版权保护面临挑战。其中，摄影作品的著作权权属认定是对摄影作品保护的前提，对于摄影作品权属认定的关键在于"署名规则"与"相反证明"的认定，摄影作品的权属认定就是在二者之间寻求一个平衡，在二者之间不断进行调整，因此，规范"署名规则"与"相反证明"的认定标准，对于最终确定摄影作品的权利归属具有重要意义。

商标共存协议效力认定研究

王　珏[*]

内容提要　商标共存协议是引证商标权利人出具的同意申请商标与其在先申请或者注册的商标共存于市场的书面文件，司法实践对于该协议效力经历了由完全否认到逐渐认可的过程，商标共存协议效力认定出现分歧的根本原因在于商标权人利益和消费者利益冲突，两种利益何者优先直接决定了商标共存协议的效力。基于商标权私权属性等因素的考量，在商标共存的情形下应优先保护商标权人的利益，尊重商标权人意思自治。商标共存协议是当事人对于商标权处分的合意，故商标共存协议生效不仅需满足合同法规定的一般生效要件，还需满足商标法下主观善意等特殊生效要件。

关键词　商标共存协议；价值冲突；私权保护；有效要件

一、商标共存协议效力认定的司法现状

根据《商标法》第30条的规定，在相同或者类似商品上申请注册相同或者近似商标一般不能获准注册，此时如果商标申请人与引证商标权人达成商标共存协议，申请商标能否核准注册，《商标法》及相关法律未作出明确规定，司法实践中也存在不同做法。

在中国裁判文书网上，以"商标共存协议"为关键词进行搜索，共检索到

---

[*]　王珏，南京理工大学知识产权学院研究生。

296 个案例。对上述案例进行梳理分析可以发现，商标共存协议效力争议最早于
2010 年左右进入司法视野，出现相关司法判例，2014 年后案例数量大幅增加，
至 2018 年已达 99 件之多（见图 1）。此外，从案件审理情况分析，商标共存协
议案件二审率达 27.36%（见图 2），这在一定程度上可以反映出商标共存协议
纠纷争议大、司法认定观点存在分歧的特点。

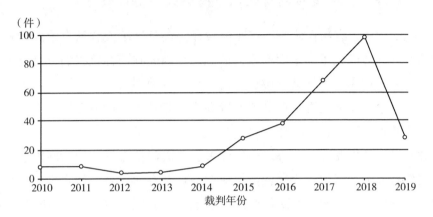

图 1　商标共存协议案例时间分布

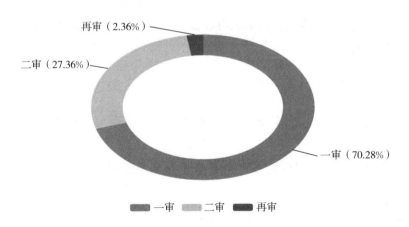

图 2　商标共存协议案例审判程序

对搜索所得案例进行梳理可以发现，对于商标共存协议能否使得相同或者
近似商标获准注册这一问题，司法实践的态度经历了由否定到肯定的转变。早
期司法实践坚持消费者利益保护优先的原则，为避免引发消费者混淆，对于商

标共存协议效力一律不予认可。❶ 后来，随着商标权私权属性的确认和回归，申请商标与在先商标之间是否存在冲突主要属于私权纠纷这一观点占据主流，❷ 司法实践逐渐认可商标共存协议的效力，但在认可商标共存协议效力的案件内部仍存在分歧。

（一） 基于消费者混淆有限认可商标共存协议效力

司法实践中，有法官认为虽然商标共存协议是当事人意思自治的产物，但保护消费者利益优先于尊重商标权人的意志。因此在商标授权确权过程中，虽然当事人之间达成了商标共存协议，仍要结合其他因素，如商标或者商品的类似程度等对申请商标是否会造成消费者混淆进行审查，申请商标并不能因商标共存协议的存在当然获准注册。

此种做法是将商标共存协议作为是否会造成消费者混淆的判断因素，但问题是消费者混淆达到何种程度就能构成对商标共存协议效力的否定，一种观点认为只要商标共存可能产生较大的混淆可能性就可以否认商标共存协议的效力，如在新莱特乳品有限公司诉商标评审委员会商标申请驳回复审行政纠纷案❸中法院就持此种观点；另一种观点是以德克斯公司诉商标评审委员会商标申请驳回复审行政纠纷案❹为代表的，认为只有在商标共存必然导致混淆时才应当否认商标共存协议的效力。

（二） 基于意思自治充分尊重商标共存协议效力

司法实践中，除了上述将消费者混淆作为商标共存协议效力认定的主要考量因素的做法之外，还有些法官认为商标权是私权，法无禁止即可为，商标权人有权按照自己的意志对商标权进行处分，故在判断商标共存协议效力时，充分尊重当事人的意思自治。

根据私法自治原则，当事人可在法律允许的范围内自由处分权利，商标权

---

❶ 刘晓军. 混淆误认与商标共存制度的适用 [J]. 清华知识产权评论，2015（1）.

❷ 刘铁光. 商标共存干预制度的体系化解释与改造 [J]. 知识产权，2017（4）.

❸ 参见（2018）京行终 1176 号行政判决书。

❹ 参见（2012）京行终字第 1043 号行政判决书。

的私权性质决定了知识产权法律制度应当遵循私法上的意思自治原则，商标权人可以在不违反法律的强制性规定以及不影响社会公共利益的情况下达成共存协议。在郑州市帅龙红枣食品有限公司"好想你"案❶中，法院认为对于商标共存可能导致的一定程度的混淆，消费者应当容忍，不能容忍的消费者也可以选择其他替代商品，如此更加符合市场规律。

二、商标共存协议效力认定的困境

我国商标法对于商标共存协议效力并未予以明确规定，导致制度供给不足。司法实践中对于商标共存协议效力的裁定主要依靠法官的自由裁量，由于缺乏明确的裁判指引，法官裁判尺度不一，致使商标共存协议效力认定出现同案不同判的情形。通过对司法裁判案例的梳理可以发现，对于商标共存协议效力认定出现的分歧，其实质上是消费者利益以及商标权人利益产生了冲突。当共存遭遇混淆，此时哪种利益优先直接决定了共存协议的效力。❷

（一）价值取向不一致

商标本质上是一种符号，生产者通过商标将商品信息传递给消费者，而消费者通过商标这一信息更低成本地找到合意的商品。❸ 为保护此种信息在生产者与消费者之间正常有效地传播，商标法赋予了商标权人商标专用权，商标权人在保护自己的商标不被假冒、仿冒的同时，客观上也达到了使消费者免于混淆，❹ 进而维护消费者利益的效果。这意味着在一般情形下，商标权人的利益与消费者的利益是一致的。

商标共存协议的主要内容为在先商标权人同意在后商标获得或者维持注册，其隐含的前提就是在先商标构成在后商标注册或者维持的障碍，即两者共存会

---

❶　参见（2014）京行（知）终字第 3024 号行政判决书。

❷　刘梦玲. 当共存遭遇混淆——行政授权确权案件中共存协议的效力思考 [J]. 中华商标，2016（1）.

❸　彭学龙. 商标法基本范畴的符号学分析 [J]. 法学研究，2007（1）.

❹　周云川. 共存协议与商标注册 [J]. 中国专利与商标，2014（1）.

导致消费者的混淆误认。❶据此，商标协议共存对商标所有人有利但对消费者利益的保护不利，商标法通过对商标权的救济从而间接保护消费者利益的机制此时难以实现。❷商标法中原本一致的两种价值便出现了冲突，实践中商标共存协议效力认定出现分歧也正是因为法官的利益保护倾向不同。

以商标权人利益保护为主的价值导向推出即使商标协议共存造成消费者混淆也应该被尊重，而以消费者利益保护为主的价值导向则会以相似商标共存容易产生消费者混淆可能性从而否定商标共存协议效力。

（二）有效要件不明确

商标共存协议所涉标的是商标权，在性质上与一般民事标的存在区别，故在考量协议是否有效时也应当考虑商标法下的特殊生效要求。由于协议有效是商标共存协议发生法律效力的前提，故对商标共存协议有效要件的明确有着重要作用，这也使得当事人在签署商标共存协议的时候，对于该协议的法律效力具有可预测性。

在对商标共存协议的态度基本予以认可的前提下，明确商标共存协议有效要件，既能给社会以明确的法律指导，也能规范实践中对于商标共存协议效力的认定。

三、商标共存协议效力中的价值取向

商标共存协议效力认定困境的实质是两种价值的冲突，因此该问题的解决必然涉及价值衡量，此时就需要回到商标法的立法目的，探寻商标权的基本价值取向。即要解决商标共存协议效力认定中价值取向不一的困境需要回归到商标法的立法宗旨中去探寻解决措施。❸

---

❶ 刘晓军. 混淆误认与商标共存制度的适用 [J]. 清华知识产权评论，2015（1）.

❷ 李玉香，刘晓媛. 构建我国商标共存制度的法律思考 [J]. 知识产权，2012（11）.

❸ 孔祥俊. 商标与不正当竞争法——原理与判例 [M]. 北京：法律出版社，2009：326.

（一）商标权人利益保护

商标权虽然具有较强的社会属性，商标权利取得、行使以及救济中都体现出公权力因素，但权利的属性取决于权利的基本内容而非权利的取得方式，❶ 商标权是商标所有人对其商标所享有的独占的、排他的权利，其本质上是一种具有公共政策性质的私权。❷

商标权的私权属性决定了商标法的功能，当商标权人在不损害他人利益的情形下，有权自由处分其商标权。❸ 这也是在明确商标权私权属性的基础上，充分尊重和保障商标权人利益的要求。

（二）消费者利益保护

消费者利益作为商标法重要价值目标之一，消费者利益保护构成商标法律制度的规范基础，显著性有无的判定以普通消费者为标准，商标侵权判断在很大程度上也依赖于消费者是否发生混淆或误认。

商标权人通过禁止他人使用相同或者近似商标等行为维护自身利益的同时，也对消费者的利益进行了保护，可以说保护消费者利益是保护商标权的一般结果，❹ 但这不妨碍消费者利益保护成为商标法的重要立法目的之一，消费者利益保护是商标法应然的价值判断。❺

（三）商标权人利益保护和消费者利益保护之间的关系

《商标法》第 1 条对立法目的进行了一般性的规定，从该条规定并不能明确得出两种利益何者优先，因此需要从相关规定中推出立法意图。根据商标许可

---

❶　吴汉东．关于知识产权私权属性的再认识——兼评"知识产权公权化"理论［J］.社会科学，2005（10）.

❷　王太平．论知识产权的公共政策性［J］.湘潭大学学报（哲学社会科学版），2009（1）.

❸　黄汇．商标权正当性自然法维度的解读——兼对中国《商标法》传统理论的澄清与反思［J］.政法论坛，2014（5）.

❹　杜颖．社会进步与商标观念：商标法律制度的过去、现在和未来［M］.北京：北京大学出版社，2012：128.

❺　张颖．商标共存法律问题探析［J］.科技与法律，2015（4）.

相关规定，许可人对使用注册商标的商品品质负有监督和保证义务，但对于未尽该监督保证义务的法律后果，法律却未予以规定。商标许可实质上也会导致消费者对于商标来源的混淆误认，但是法律并未禁止商标许可使用，因而可以理解为商标法所保障的不仅是消费者对来源混淆，更重要的是要保障商品或者服务的质量。❶

商标法既要保护商标权人利益，也要保护消费者利益，但这并不意味着两者处于同等地位，商标权人的利益原则上应当得到优先保护。商标权作为一种民事权利，相关的制度设计更应当体现其私权属性，一般不应以避免消费者混淆为由限制商标权人意思自治，❷ 如此才能体现私法自治的基础地位，也更好地体现保护商标权的要求。

四、商标共存协议的有效要件

商标共存协议是处分商标权的合同，所以在满足合同生效的基本要件之外，同时也应当受到商标法的规制。合同的成立意味着当事人完成了合同产生所需的行为，使合同从无到有，但已经存在的合同是否能产生当事人预期的法律效果，仍有待法律评价，此种法律评价的模式以生效要件表现出来。❸ 要厘清商标共存协议的效力，首先应当明确其生效要件。

（一）合同法规定的生效要件

商标共存协议就其本质而言属于民事合同，自然受合同法调整，故应当满足合同生效要件。

1. 商标共存协议当事人具有相应的缔约能力

民事行为能力是民事主体从事法律行为的资格，签订商标共存协议的双方当事人自然应具有相应的缔约能力。缔约双方除需要有相应的缔约能力之外，

---

❶ 孔祥俊. 商标法适用的基本问题［M］. 北京：中国法制出版社，2012：240.
❷ 王太平. 商标法：原理与案例［M］. 北京：北京大学出版社，2015：34.
❸ 王泽鉴. 民法总论［M］. 北京：北京大学出版社，2009：377.

还应有处分权，权利瑕疵的存在也会影响商标共存协议的效力。

在拜耳先灵医药股份有限公司"VENTAVIS"商标案❶中，引证商标权人是史密斯克兰·比彻姆公共有限公司，但是商标共存协议的另一方当事人却是诺华有限公司，商标申请人并未与引证商标所有权人签署商标共存协议，且无法证明诺华有限公司通过商标转让或者其他方式取得了商标处分权，该协议自然不会被认可。

2. 商标共存协议当事人意思表示真实

意思表示真实意味着双方当事人关于商标共存的意思完全是根据自己对市场和双方竞争力的判断而自由做出，不受任何外在因素的强迫，也不存在其他人的欺骗和诱惑，对双方商标的标志形式、商标权行使范围等认识一致。❷ 意思表示真实是商标共存协议有效的重要判定要件，在新莱特乳品有限公司与商标评审委员会商标驳回复审案❸中，商标共存协议就因意思表示是否真实无法确认而不被认可。

意思表示不一致如虚伪表示以及错误表示等，可能导致协议为可撤销协议，双方意思表示一致但并不真实则可能导致协议的无效，而胁迫或欺诈等情形可能导致效力被撤销。

3. 商标共存协议不违反法律、行政法规的强制性规定，不违背公序良俗

（1）不违反法律、行政法规的强制性规定。在商标授权确权过程中，鉴于在先商标权人能够容忍在后商标申请注册可能造成的混淆误认，该在先商标不再作为在后商标申请注册的障碍，但这并不意味着在后申请注册的商标必然因此核准注册，在后商标还需满足商标注册的其他条件。在后申请注册的商标如果违反商标法的其他规定，如缺乏显著性、属于国家明确禁止作为商标使用的标识、属于功能性标识、在侵犯他人在先合法权益等情形，仍然应当不予注册。如在巴斯夫欧洲公司诉商标评审委员会商标申请驳回复审行政纠纷案❹中，申请

---

❶ 参见（2011）京一中知行初字第 1141 号行政判决书。

❷ 赵加兵. 论商标共存协议在商标注册中的地位——以《商标法》第 30 条为视角 [J]. 郑州大学学报，2016（1）.

❸ 参见（2018）京行终 1176 号行政判决书。

❹ 参见（2009）京一中行初字第 16 号行政判决书。

商标就因为缺乏应有的显著性不被予以注册。

（2）不违背公序良俗。公序良俗原则是现代民法一项重要的法律原则，对维护国家社会一般利益和一般道德观念具有重要作用。虽然商标权的处分属于商标权人意思自治的范畴，但也不应当违反社会公共利益。

虽然一般情形下，消费者混淆并不能否认商标共存协议的效力，但当涉及医药器械和医药产品等特殊领域时，需要将公共利益摆在首位。❶与一般商品不同，药品本身的医学名称较为复杂专业，普通消费者在购买药品时更加依赖商标来进行识别，此时如果允许近似商标进行注册，很有可能导致消费者错误购买药品造成不可挽回的损害。故损害公众健康等社会公共利益可以构成商标共存协议效力否定的原因。例如，在拜耳先灵医药股份有限公司"VENTAVIS"案❷中，申请商标与引证商标"VECTAVIR"商标都用于药剂，在两个商标标识相似，且读音相似的情形下，法院对商标共存协议不予认可。

（二）商标法要求的生效要件

1. 主观善意

（1）主观善意的内涵。对于申请商标人主观善意的判断，国外的司法经历了从"不知"到"无恶意"的转变。"不知"是指以商标所有人使用商标时不知道已有相同或者近似商标存在，该标准意味着第三人在不知情的情形下在远方区域内使用了与他人相同或近似的标志，有权继续在该区域内使用该商标。

随着信息网络发展，信息的快速更新与传播使得完全不知晓他人商标存在的情形不复存在，"不知"标准难以适用，"无恶意"标准应运而生。"无恶意"是指只有商标申请人主观存在"搭便车"、攀附对方商标的声誉等不正当竞争目的时，才应当被认定为具有主观恶意，相反在后商标所有人通过使用商标以及广告宣传在市场中形成了一定商誉，则法律应当容许其对该标志的使用。❸

（2）主观善意的判断。商标申请人善意是一种主观的评价，商标申请人的

---

❶ 陈娅倩. 商标协议框架下的商标共存机制 [J]. 中华商标，2012（4）.

❷ 参见（2011）京一中知行初字第 1141 号行政判决书。

❸ 李雨峰，倪朱亮. 寻求公平与秩序：商标法上的共存制度研究 [J]. 知识产权，2012（6）.

内心真实意思他人无法知晓，可以通过包括行为在内的客观因素来判断主观上是否存在"搭便车"等意图。

首先，从在先商标角度来看，在先商标的显著性以及知名度可以作为考量商标申请人主观是否善意的因素。显著性较强的臆造标识一般包含语言中完全不为人知的或者当时完全脱离其平常用法的词组成的标识，一般常人是难以雷同的。申请商标与在先商标相似度越高，商标申请人主观善意的可能性越小。此外，在先商标的知名度也是判断申请商标人主观善意的一个重要因素，申请商标使用或者注册时，在先商标的知名度越大，商标所有人主观意图越值得怀疑。

其次，商标使用情况。从使用行为方面考察，如果商标申请人在使用商标时主动采取了区别措施，在一定程度上就可以说明其主观上不存在攀附混淆之恶意。此外，商标使用时间的长短也会影响对系争商标所有人主观善意的判断，如果申请商标通过长时间的使用，形成了固定的相关消费群体，此时可以采用类似保护商标先用权的模式来保护因商标使用获得的既得利益。❶

2. 不违反竞争秩序

对于商标法而言，促进自由竞争和经济发展作为商标法重要目标是一种公认的结论。自由竞争是经济发展的原动力，自由竞争要求市场主体发挥自己最大能力，以最低成本实现最优的质量，实现经济的发展。商标的保护有助于促进自由竞争。商标是企业信誉的代表，是企业市场竞争的筹码，与市场竞争共存共荣，公平竞争需借助商标保护来维持。因此，商标共存协议也不得违反垄断法和竞争法的规定。

商标协议共存是商标申请人和在先权利人以对自己权利行使的限制来换取权利共存的机制，往往涉及商标权行使的地域分割或销售商品范围的限制等，如果商标共存协议落入竞争法的规制领域，涉嫌构成市场垄断或者减少市场竞争，则会因为违反竞争秩序而归于无效。

---

❶ 孔祥俊. 知识产权法律适用的基本问题——司法哲学、司法政策与裁判方法 [M]. 北京：中国法制出版社，2013：374.

五、商标共存协议效力认定困境的解决措施

（一）明确商标权人利益优先

如前所述，商标共存协议效力认定的分歧本质上是两种利益的衡量取舍。如果主要从防止混淆的角度考虑消费者利益的保护，则要限制商标权人的意思自治，相反如果强调意思自治，则即使在一定程度上造成了消费者混淆，也应当尊重商标权人的意思表示。就商标法的立法宗旨而言，商标权人的利益保护应当优先于消费者利益保护，即应当限制消费者混淆对于当事人意思自治的约束。❶

具体到商标共存协议中，应当充分尊重商标权人的意思自治。首先，商标共存协议的适用以混淆误认的存在为前提。如果双方当事人在相同或类似产品上使用相同或近似商标而没有产生混淆可能性，在先商标不会成为在后商标获得注册的障碍，那自然无须签订商标共存协议。

其次，消费者混淆并不必然引起消费者利益受损。不同的消费者对于品牌的忠诚度是不同的，低忠诚度的消费者注重于商品的功能而非品牌，商品对其而言可替代性较强，故混淆并不会损害其利益，而高忠诚度的消费者对于商标具有较高的注意程度，不易发生混淆。❷ 此外，商标共存直接遭受损失的是在先商标权人而非消费者，消费者在面对相近似的商标时可以用脚投票转向替代商品，在遭受实际损失时还可以通过产品质量法、消费者权益保护法等来保护自己的权益，而商标权人则需面对基于意思自治允许商标共存而引发的市场规律的惩罚。商标权人作为理性经济人，实践中同意商标共存往往是基于控股关系或者市场竞争策略，如国家工商行政管理总局商标评审委员会与华润万家有限公司案❸，引证商标权人与申请商标人的关系为母子公司。在此情形下，忽视当

---

❶ 刘晓军．混淆误认与商标共存制度的适用 [J]．清华知识产权评论，2015（1）．

❷ 孔祥俊．商标法适用的基本问题 [M]．北京：中国法制出版社，2012：240．

❸ 参见（2014）京行终字第 1175 号行政判决书。

事人商标共存的意思表示实则是在损害商标权人的利益。

最后，消费者利益并不必然等同于公共利益。防止消费者混淆误认以保障消费者利益固然是商标法重要目标之一，但正如之前所述，商标权人的利益保护是直接的、核心的，这就要求尊重在先商标权人的意志，除非混淆会导致公共健康、竞争秩序受损。在早期否认共存协议效力的司法实践中，消费者利益保护几乎被等同于公共利益保护，但在商标法语境下，消费者利益相较于竞争秩序而言是相对低级的公共利益，应服从于最高利益。❶ 故商标共存协议与消费者混淆可能性之间的关系应该是商标协议共存为避免、减轻甚至消除消费者混淆可能性提供了路径，而非消费者混淆可能性构成否定商标协议共存的公共利益考量。

故对于相同或者类似商品上容忍相同或者近似商标的存在，原则上都属于当事人意思自治的范畴，对此不必以消费者权益为由施加法律上的干预。❷

（二）明确商标共存协议有效要件

与传统的财产权利不同，商标权中的公共利益面向突出，进而决定了商标法相比于一般民事法律具有更加浓厚的社会本位色彩。具体表现在商标法的立法宗旨中，存在商标权人利益保护、消费者利益保护以及市场竞争制度维持三大方面，故商标共存协议的生效要件除了满足合同法所规定的生效要件外，也需要符合商标法立法宗旨。对于商标权人的保护主要体现在申请商标人主观善意，市场竞争的维持则要求商标共存协议不应当违反竞争法规定。

商标共存协议具备生效要件后就会产生法律效力，对商标的注册产生影响。在实践中，商标共存协议具有两种效力，即绝对效力模式和相对效力模式。绝对效力与相对效力两种模式的区别主要体现在行政权力在民事权利生成中的作用。❸ 在绝对效力模式下，商标授权确权机关对于商标共存协议并不进行审查，

---

❶　黄汇．商标法中的公共利益及其保护——以"微信"商标案为对象的逻辑分析与法理展开 [J]．法学，2015（10）．

❷　刘维．论商标善意共存原则——以鳄鱼商标案与百威商标案为线索 [J]．政治与法律，2012（10）．

❸　蔡中华，王欢．商标共存制度之法律质疑 [J]．法学杂志，2015（4）．

行政权力在商标权的产生上保持克制，商标共存协议直接生效，在商标权利产生冲突、纠纷时或者协议有损公共利益时才由法院对于商标共存协议的效力进行司法审查。在相对效力模式下，行政权力在商标权的产生中较为主动，在商标注册时当事人提供的商标共存协议需经过商标授权确权机关的审查，在确认协议不损害公共健康和竞争秩序的情况下才能生效。

从商标协议共存效力审查内容来看，两种模式的对立只是一种表面的对立。只要共存协议的当事人意思表示真实，且不损害公共健康和竞争秩序等公共利益，那么商标共存协议就是有效的，一定程度的消费者混淆并不会构成对商标共存协议效力的否定。❶ 绝对效力模式在商标注册审查中采取相对审查模式，即只审查商标注册的绝对事由，但是我国现行商标法采取的是全面审查，故宜采取美国的相对效力审查模式。在商标注册审查时，对商标共存协议有效性进行判断。

对于符合合同法生效要件，亦不违反商标法相关规定的商标共存协议，应当尊重当事人意思自治，通过商标注册申请。对于经审查，存在可能导致公共资源垄断、消费者混淆以致损害公共健康的，则共存协议本身就是无效的，申请商标不能获准注册。

---

❶ 罗宗奎．知识共有理论下商标权取得的本质解读［J］．知识产权，2013（5）．

我国声音商标的法律保护问题研究

张卫佳[*]

内容提要 随着商品经济以及科学技术的发展进步，商标的构成要素不再受到可视性的束缚，因此我国在《商标法》第三次修订时将声音纳入注册商标构成要素的范围，但由于声音商标属于非传统商标的一种，其与传统商标的差异性决定了其在注册审查及权利保护等方面有一定的特殊性。我国声音商标法律制度已经运行多年，在显著性判断等问题上始终存有争议，亟待予以理论解决。

关键词 声音商标；注册；显著性；权利冲突

一、声音商标的界定与特征分析

声音商标是新型商标的一种，是指以声音为构成要素的商标。在理论层面，声音商标可以分为音乐类声音商标和非音乐类声音商标。前者主要是指能够通过简谱或者五线谱等展现出来的具有一定创造性的音乐或者旋律，如广告歌曲或者特定的旋律；后者则是指那些并不能表现为简谱或者五线谱的而主要源于自然界的客观存在的声音，如风声、水声、雨声或者老虎的叫声等。

与传统的文字商标、图形商标等相比，声音商标具有一定的特殊性。首先，声音商标不具有可视性，但其具有可感知性。在我国现行《商标法》第三次修订之前，可视性是注册商标的构成要素的基本要求之一，但声音商标并不具有

---

* 张卫佳，南京理工大学知识产权学院研究生。

文字商标、图形商标等传统商标的可视性特征，故修法也去掉了"可视性"的要求。不过，正如吴汉东教授等所言，我国现行《商标法》虽然去掉了可视性的要求，但实际上对商标构成要素是有特征要求的，即应当具有可感知性。声音商标虽然不能被视觉所辨析，但却可以通过听觉来被识别，故其能够发挥商标应具有的识别来源功能。其次，声音商标具有特殊的动态性特征。❶ 与文字商标、图形商标等传统商标相比，声音商标是由特定时长的表现为高低强弱音的动态声音组成的。声音商标在与相关公众的互动时需要一个持续的时间来实现。再次，声音商标的传播穿透力具有一定的优势。以文字商标为例，由于文字本身的含义往往需要特定的知识与文化储备为基础，故文字商标的传播穿透力往往在不同语言国家间的影响力不同，比如欧洲人对汉字商标的认识能力就有限。而声音商标则不同，其实一段声音或音乐，无论是否属于商品生产国的文字，均不影响对某个声音或音乐的接受度。声音商标是跨语言体系国家间的有较强传播穿透力的商标。最后，声音商标的传播往往需要特定的载体。传统商标因具有可视性，故而传播的方式较为便利，但声音商标却需要特定的载体，比如播放声音的特定软件或者仪器。声音商标的这一特征，也使其在注册时需要提交不同于传统商标的材料，即一般来讲，声音商标的注册需要同时提供商标录音和声谱或者五线谱。

二、我国声音商标制度运行遇到的现实问题

自《商标法》第三次修订以来，我国已有 500 余件声音商标申请注册，但经审查核准注册的却不足 20 件，这反映出我国声音商标审查的严格。依据我国现行《商标法》的规定，声音商标的注册和其他类型的商标一样，需要同时满足积极要件和消极要件的要求。❷ 即声音商标的注册要求作为"标识"的声音要具有显著性，而且不得侵犯他人的在先权利或者在先合法利益，亦不能违反立法关于不得作为商标使用或注册的情形规定。故，从现行法律制度的层面来

---

❶ 姚鹤徽．商标法基本问题研究［M］．北京：知识产权出版社，2015：50.
❷ 黄晖．商标法［M］．北京：法律出版社，2016：68.

看，声音商标的审查应和其他类型商标的审查共同遵循一致的原则。不过，从我国声音商标注制度运行实践来看，我国声音商标审查中显著性的判断以及"使用"因素的定位等是亟须关注的问题。❶

（一）声音商标显著性的判断问题

在我国正式接受声音商标注册申请的第一时间，腾讯公司就提交了其长期用于聊天软件 QQ 的信息提示音的声音商标注册申请。腾讯提交的信息提示音系由"滴滴滴滴滴"构成。在商标审查和驳回复审中，商标局和商标评审委员会均认为该声音不具有显著性，故驳回注册申请。不过，腾讯公司不服商标评审委员的裁定并提起了诉讼。法院经审理后认为商标评审委员会应重新作出裁定。该案引起了社会各界的广泛关注。在该案中，本属于《著作权法》中的"独创性"一词出现在了商标评审委员会的驳回理由之中，并在司法诉讼中成为双方当事人辩论的焦点问题之一。❷

独创性究竟是否应在商标审查中被用作声音商标注册的判断依据呢？腾讯公司在诉讼中主张认为独创性是作品的构成要件，而商标立法从未要求注册标识应当满足"作品"的要求，故商标局和商标评审委员会对"滴滴滴滴滴"声音进行独创性审查并基于其不具有独创性而拒绝核准注册是错误的。对此，商标评审委员答辩指出其虽然在裁定中分析了"滴滴滴滴滴"声音的独创性，但并不是将独创性作为标识核准注册为商标的条件。实际上，之所以进行独创性分析，是因为声音商标的注册不能以牺牲社会公共利益为前提，❸诸如由"滴"声这种客观存在于社会公有领域的要素组成的标识，如果具有独创性，则表明是对公共资源的再利用创造，因此满足显著性要求的可能性就更大；如果不具有独创性，则表明标识可能直接采集于已有公共资源，因此满足显著性要求的可能性就较小。笔者认为，商标评审委员会使用"独创性"一词并非误用。近年来，商标版权化与版权商标化已经十分常见，而之所以如此，是因为两者在

---

❶　呼晓慧．中国声音商标显著性判断标准探索［J］．法制与社会，2019（9）．

❷　盛晓伟，贾晓东，卞树明．我国声音商标注册实质审查标准完善研究——以 QQ 提示音商标注册案为例［J］．中国商论，2019（17）．

❸　曾和平．论声音商标与公共利益保护［J］．兰州教育学院学报，2019（35）．

特定情况下的确是具有一定关联性的。具有独创性，意味着标识具有新的含义，而这个含义和商标或服务联系在一起时当然能够起到识别来源的作用。商标评审委员会引入独创性来判断声音具有显著性的可能性而不是将独创性作为判断声音具有显著性的唯一要求，是应当被认可的。

（二）声音商标审查中"使用"因素的定位

腾讯公司与商标评审委员会关于"滴滴滴滴滴"声音商标注册的诉讼，最终以商标评审委员会的败诉而结束，但正如前文所述，商标评审委员会关于独创性的分析并无不妥，那么为何又会败诉呢？实际上，商标评审委员会败诉的主要原因是未能在商标评审中充分考虑到声音标识使用情况。腾讯公司"滴滴滴滴滴"声音标识长期在聊天软件 QQ 中予以使用，由于其使用行为较早并且具有持续性，所以该声音已经成为软件使用主体所接受的信息提示音。在日常生活中，当相关公众听到"滴滴滴滴滴"声音时，会自然将该声音和腾讯公司聊天软件 QQ 联系在一起，所以可以说，"滴滴滴滴滴"虽然是由不具有显著性的"滴"简单组成，但其已经经使用而产生了"第二含义"。❶ 不管是我国现行《商标法》还是世界贸易组织《与贸易有关的知识产权协议》均认为标识经使用而获得"第二含义"就满足了显著性的要求。实际上，商标法学基础理论中长期坚持将显著性分为固有显著性和获得显著性，而后者就是指所谓的"第二含义"。当然，该案的意义已经不限于法院判决重申了声音商标申请显著性包括获得显著性这一基础理论，还引发了有关"使用"因素在声音商标审查时应如何定位的讨论。

我国现行《商标法》的第四次修订强调商标注册申请应当以"使用"为目的，但正如《与贸易有关的知识产权协议》所要求，成员方不应以"使用"作为是否核准商标注册的前提条件，所以从理论层面来看，"使用"因素不应成为声音商标核准注册的关键因素。但我国现行《商标法》运行实践表明，不同性质的标识在商标审查时应考虑的因素并不完全一致，如就姓名商标而言，由于

---

❶ 吴婷婷. 声音商标保护问题研究——以腾讯 QQ 声音商标案为视角 [J]. 现代商贸工业，2019（40）.

中文姓名存在重名问题而且姓名依法产生姓名权，故在姓名商标注册产生纠纷时，往往需要考虑姓名权人的知名度，只有当姓名权人的知名度较高时方能阻却他人的抢先注册。正如前文所述，声音商标包括音乐类声音商标和非音乐类声音商标。非音乐类声音商标往往是来源于自然界或现实生活客观存在的声音，具有一定的公共资源属性，所以对其注册声音商标的审查理应要酌情考虑这一属性所产生的影响。综观国外立法来看，非音乐类声音商标的注册审查应当基于利益平衡原则重点审查声音标识是否已经使用并产生了一定的影响。在腾讯公司与商标评审委员会关于"滴滴滴滴滴"声音能否注册的争议案件中，法院实际上也承认了"使用"是一项重要因素，正是因为腾讯公司持续性的使用并产生了一定影响，所以即使"滴"是客观存在的简单声音，其也可以具有显著性而被核准注册。

三、促进我国声音商标制度更好运行的对策建议

声音商标制度在我国建立时间还较短，声音商标注册与保护争议也并不常见，故而我国声音商标制度的发展还任重道远。面对我国声音商标制度运行中已经遇到的问题，笔者提出如下建议。

（1）加强对声音商标制度的理论研究。目前，我国关于声音商标制度的理论研究还主要集中于声音商标的特殊性、声音商标的商业价值等方面，而对声音商标审查制度和保护制度的专项研究还尚少见，但声音商标显著性判断、声音商标的使用问题以及声音商标保护中权利冲突问题等已经日益突出，❶ 故有必要从商标法基础理论以及已发生的一些典型案例出发对声音商标制度进行更为细化和全面的研究。

（2）强调诚实信用原则在声音商标制度中的重要作用。我国现行《商标法》已经明确诚实信用原则为其基本原则之一，但在具体的制度中，如何落实诚实信用原则还是一个有待讨论的问题。在声音商标制度运行中，诚实信用原则有

---

❶ 丁欢. 我国声音商标注册制度中显著性标准研究综述［J］. 法制博览，2019（13）.

其自身的要求，❶ 如声音商标的注册不应以抢占公共声音资源为目的，声音商标的注册不应成为音乐作品延长保护的工具，等等。

（3）明确承认独创性是声音商标显著性判断的参考因素之一。如前文所述，独创性可以为显著性的判断提供一定的参考价值，故我国《商标审查与评审标准》中可以将独创性吸纳为声音商标显著性判断的考量因素之一。这种做法，一方面避免"独创性"仅为著作权法术语的狭隘认识，另一方面有助于独创性和显著性关系的更准确界定。

（4）明确界定"使用"因素在非音乐类声音商标审查时的关键性作用。随着我国商标法律制度的发展，使用或使用意图已经成为获取商标权的重要因素，但对声音商标而言，"使用"其实更是某些声音商标是否具备商标构成要素的判断影响因素之一。我国声音商标审查制度应当建立包含"独创性""使用"因素等在内的显著性判断标准体系。

---

❶ 范亚利. 非传统商标注册审查特殊要求探析 ［J］. 中华商标，2019（5）.

新营商环境下专利入池筛选的问题及完善

应炼文 *

内容提要 在创新驱动发展战略的贯彻下，专利池在高新技术区、经济开发区及相关企业的日常运营中具有与日俱增的存在价值。专利入池筛选作为构建专利池的一项核心环节，在当前的营商环境下应对专利入池的筛选程序、考量维度、已经存在和可预见的矛盾进行分析探讨。专利入池筛选应当是在专利池组建之初基于法律维度和经济维度做出简单审核，并在后续综合技术、经济、法律、市场战略的价值维度进行更为严格、审慎的筛选程序，同时过程中需要强调专利组合可能带来的价值效益。同时，专利的分级分类管理模式一方面对专利的筛选发挥着积极高效的推动作用，另一方面仍具有不可避免的潜在问题，需要进一步地补充和完善。

关键词 专利池；专利入池筛选；高价值专利；专利分级分类管理

专利池的概念最早可以追溯到 19 世纪中叶的美国❶，但在当今的学术界却无统一的定论，在日常实践中广泛称为专利联盟或者专利联合授权。它的组织形式并没有过于严格的规范，既可以是出于长期效益的正式性的，也可以是短期获利非正式的。简单总结其内涵，专利池是两个及以上的专利持有者出于共

---

* 应炼文，扬州大学法学院研究生。

❶ 1956 年美国出现的缝纫机联盟是第一个专利池，里面几乎囊括了美国当时所有的缝纫机专利持有者。

享专利技术或为实现对外专利许可的一致性而形成的联盟组织。专利池能够实现互补专利的组合、消除专利适用障碍和降低交易成本使各种专利能够有效利用，发挥更高的价值。但是相较于单一专利许可，专利池在使用交互过程中，可能会伴随着捆绑和重复筛入的现象甚至被动承担着非必要专利甚至无关专利、无效专利的风险可能。因此，专利池价值的高效发挥需要构建和完善标准必要专利的判定、核心专利筛选的指标体系和入池专利的价值评估方法，并在动态遴选过程中关注专利组合所带来的效果加成。

一、专利入池筛选的意义和存在问题

1. 专利池的特征属性和产生价值

在民商事法律关系发展过程中，专利池的组建和运营模式渐趋成熟，其主要由各专利权人委托代理的管理机构负责❶。当然，专利权人与专利池并不发生人格上的混同，专利权人既拥有对内继续使用其专利的自由权利，对外又可以独立地向第三人授权。专利池的权利归属是一种共有财产关系，这种共有关系既可以是共同共有，也可以是按份共有，本质上区别于民法中规定的财团法人、合伙关系。专利池的成员具有低成本获取和使用专利价值的权利，同时也需要承担后续运营中补充、自动投放、价值升级的联盟义务。财产运作中各成员共同使用、共同受益、共担风险的特点使其自然成为新共享经济时代发展之必然。

专利池发展至今存在的价值不可同日而语，其多元、共享、融合的诸多特性能够很好地迎合万众开放式创新的营商环境下穿越"专利丛林"以及运用产业技术标准的需求。作为一项技术联盟形式的特殊形式，专利池能够加快联盟成员间的技术知识的传播和交流，将散落的专利资源进行整合，降低专利使用成本，削减专利实施中的授权障碍，从而有效地提升企业研发和主创核心的能力。

---

❶ 李辉. 专利联盟研究进展：基于国内外学术文献的内容分析［J］. 科技管理研究，2015（4）.

2. 强调专利入池筛选的环节

专利池的一般组建过程就是将收集到的专利进行专利群布局再组建成池。专利在未经过侵权赔偿、转让、许可等方式变现之前，无法估量将为企业带来何种价值收益。专利申请成本、授权后每年要缴纳的专利维护费用甚至可以看作负债。所谓的"防御型专利"中"防御"了多少攻击，避免了多少损失，恐怕没有具体的定数。所以专利价值的实现，有两个必要的步骤，首先是价值的承认和确认，然后才是价值的使用和实现。专利入池的筛选过程就是承认和确认专利价值的过程。

专利价值大致可以划分为高价值、一般价值、低价值和无效专利。对于市场价值较低或者一般的专利则继续根据其他维度的衡量因素进一步判定其是否具有其他隐藏价值、专利防御价值以及专利的实用性、专利组合效益的构建等因素。专利池中最终留存的专利只能是必要专利，实质是为实现某种产品或技术服务达到技术标准而必须采用的不可替代性的技术方案。在市场经营活动中有很多专利根本不具有申请进入专利池的资格，专利权人为牟求私利，把这些非必要专利放进专利池中。该做法严重违反诚实信用原则的忠实义务，将对需要这些技术的联盟企业专利使用效益造成侵害，与构建专利池的初衷相违背。为防止其他企业抑或经授权的第三人取得和使用相似性的专利，专利池必须规避过量重复而低价值的专利。

3. 目前我国专利入池筛选的难点问题

从专利价值本身的特征出发进行分析，首先，专利价值的体现具有不同程度的滞后性。[1] 一项发明专利从申请授权到投入实际产业应用的时间跨度很大，但是专利技术内容通常具有在市场和技术领域的前瞻性。由于授权专利在达到一定数量和集中布局后才能充分发挥专利价值并产生竞争优势带来的经济效益，专利池管理者在进行入池专利筛选评估时应当将专利效益的时效价值纳入风险考虑的范围。但是该价值风险评估始终不能形成量化的参考数值，因此在入池专利的筛选上时效推延和价值丧失的横向矛盾成为不可规避的因素。

---

[1] 王宏起，李力. 技术标准联盟的专利价值评估体系与专利筛选规则 [J]. 科技与管理，2015（1）.

其次，专利的阶段性价值可能产生筛选时的价值判断和认知偏差。❶ 具体来看，最初产品导入期时申请专利是为取得卡位优先权以圈地拓展。产品成长过程中，专利门槛和技术标准的建立为其创设良好的保护屏障，并且质押、证券化的融资手段使得该智力成果具有真正的财产意义，赋予专利货币化的资本属性。在产品成熟期，专利成为排除竞争的利器。通过专利侵权诉讼、建立专利池、专利交叉许可等手段打压和对抗其他行业竞争者，甚至会产生垄断现象。在产品衰退期，专利能够进行许可、拍卖和转让以求专利产品剩余价值的留存及最大化。因而，在专利发展的不同阶段，专利功能定位和权能性质的差异将可能造成专利入池筛选时管理者价值判断的倒置和混乱。另外，由于某些专利需要配合技术秘密而不能单独实施，各个专利之间技术相关性的牵绊还可能导致专利特性的区分遭受干扰，产生筛选中难以取舍的局面。

二、现阶段专利入池的两重审查程序

1. 成立初基于法律维度和经济维度做简单审查

入池专利的基本要素和专利的技术领域息息相关，在具备相关性皆可的这一放宽门槛下，这些专利无论从数量和质量上来看都是相对粗犷的。专利入池的一般考虑要素是法律维度和经济维度，性质上都是一般条件的简单审核。假如一项专利技术的经济价值不出色抑或其相关判定数值残缺不足，那么就需要继续调查它是否可能存在法律维度上的缺陷；假如一项专利已然丧失效力或至少具有较高失效风险，又或者是自身稳定状态较差或权利的保护范围过于狭窄，则被认定为非高价值专利。

整个专利池的完整构建一般需要耗费少则一年多则三年，在该时间段内即使是未经授权刚申请的专利也可以先行进入。所以，基于未来的不确定性，在对经济条件的审核上为避免出现因地域性和实效性造成的重大误差，未采取严格的审核标准。当然，在后续的专利池运转实践中，入池专利退出制度的设置

---

❶　马天旗．高价值专利筛选意义及难点［EB/OL］．（2018-01-26）［2019-10-26］．微信公众号"专利分析师"．

使得非必要的专利得以退出并由此作为一项救济制度。

2. 后续应当综合各项筛选条件做严格审查

专利池组建后在运营使用的同时应当在技术、经济、法律、市场战略的价值维度综合考量后，经历更为严格、审慎的筛选过程。在审查分析之前，必须明晰两个基础概念：专利价值和专利质量。专利质量的法律评判标准如下：(1) 专利发明公开是否合规，其他主体能否能够按流程申请使用；(2) 专利发明对该行业的其他技术人员是否具有非易见性；(3) 该技术方案是否认定为新技术等。除此之外，专利价值还与其竞争性、可替代性、本领域的技术发展状况等因素密切相关。另外，专利持有者和管理者对投入市场目的、商业运营手段等因素也将对最初入池专利的筛选行为产生重要影响。分析可知，专利入专利池的筛选不能仅停留于专利本身的质量，还应当通过专利价值系统，实施综合价值评价后进行严格的审查。同时，建议配套第三方评估团队对相应技术专利进行二次价值分析和筛选，对入池专利进行分级分类的管理。甄选的过程为分离出必要专利和高价值专利，剔除掉无效专利和低价值专利。此外，还需要构建专利池的长期维护系统以及完善对外许可的利用方案。至于上述强调的严格审查应当考虑哪些维度和具体的细节，将在后文展开分析。

3. 在动态遴选过程中重视专利组合的效益

新营商环境下加强对知识产权的保护和发展的工作正在进行时，高价值专利的组合和培育也逐渐成为科技与城市经济发展的突破点。国家在推进知识产权服务运营服务体系创新工程中，先后确定了 26 个城市作为建设重点城市，为开展相关培育工作的市场主体提供资金支持。此举是新营商环境下激发中小企业专利创新能力的助推剂。

专利组合是专利池组建过程中不容忽视的要点。专利组合规模是实现技术战略的基础❶。随着科技创新的技术周期不断缩短，单个专利的价值必然会随着该领域技术的更新换代而不断遭受削弱和冲击。但并非多个专利的任意拼凑都能成为"专利组合"甚至"高价值专利组合"。专利池中的专利相互依赖并具有

---

❶ 郑素丽，卞秀坤，诸葛凯，等．基于知识整合的专利组合与企业创新绩效关系研究[J]．情报杂志，2019（12）．

不同的功能作用，彼此间存在差异但又具有内在联系。例如，必须共同使用才能制造出某项产品的专利可被视为互补专利。专利组合的基本结构可分为法律结构、技术结构和商业结构。法律层面上主要依赖法律工具的运用，比如专利同族数量、申请的历史、权利要求数量以及专利的归类，进一步说还应当包括抵御无效专利；技术结构上则需要回归本身的技术贡献；商业结构上则是考虑盈利能力、市场占有量以及价格优势。

三、新环境下入池专利筛选的考量维度

1. 专利技术维度的筛选考量

对一项专利进行技术维度的筛选时，首先应当考量其应用的规模是否宽广。若该专利技术的应用前景非常好，则有更多机会向侵权方提起专利诉讼和许可磋商以获得收益。申请中的专利若只着力于某领域某个特殊性的技术问题，那么该专利的技术应用必然非常狭隘。专利合同的各项要素中，技术新颖性是转让和许可最关键的参考标准。专利的技术价值维度共五个指标。❶（1）专利同族数量：专利权天然包含地域属性，在适用相关法律规定和国际条约的优先申请和分别申请规则时，很多情形下规则不具有连贯性。因此，专利在每一次申请时都需要付诸相应的时间和支付成本。如果一项专利的同族数量众多，则表示该专利的技术含量高、续造性能强。（2）专利被引用量：专利被引用的频次越高说明该专利越趋向于高价值专利，甚至可以认定为本领域的核心专利。所以，专利被引用量与它的技术影响力和技术价值必然成正比。（3）是否为标准专利："专利标准化"是专利主管部门、专利联盟、专利发明人三方主体的共同期望。追求"专利标准化"的同时还力求达到"标准专利化"，即围绕现有的专利技术方案进一步合理布局。（4）专利技术可替代性：如果一项专利技方案容易丧失新颖性和独创性，那么其他竞争者将会展开低成本的复制并对外授权转让。专利的价值依赖于它的不可替代性或者高昂的替代成本。（5）技术发展趋势：专利发展的潜力与专利技术本身的前瞻性密切关联，技术发展趋势是技术

---

❶ 马天旗. 高价值专利筛选［M］. 北京：知识产权出版社，2018：第三章.

生命力的标志。

2. 经济效益维度的筛选考量

专利的经济价值维度在综合近几年专利研究文献及国内外专利技术研究的成果后，可以设置为五个指标。❶（1）专利市场应用前景：如前所述，经营者之间组建专利池的最终目的就是在技术共享模式下谋求经济效益的最大化。专利技术最终能否转化成批量产品或技术服务并投入市场、投入市场后将能划分到多少市场范围，这些都是一项专利在市场应用中经济价值的反映参数。所以，应当在考量专利的当前市场供给、市场持有量、隐性利润、创新态势后制定评分标准。（2）政策适应性：中央、省、市政府和相关行业近年均出台了各项激励政策，扶持具有市场化规模的价值专利。政策的导向和适用范围应当在筛选过程中被时刻关注。（3）盈利能力：专利的盈利能力包括专利生命周期、经济效益和社会影响力。专利技术更迭周期越快的行业，在该行业中实施专利技术获得的经济和社会效益就会越高。（4）竞争状况：自由开放型经济体系下，专利市场发明者和运营者之间的竞争不可避免，处于垄断地位的专利技术必然具有更强的竞争杀伤性。（5）许可实施情况：专利许可使用所得收入成为专利经济效益的大部分来源，同时这也是专利经济价值最直接的体现。

3. 法律价值维度的筛选考量

首先，实用新型专利和发明专利的审批程序分别采用初审制和实审制，实审制下取得授权的发明专利比实用新型专利具价更高。其次，稳定性是专利权法律价值的最关键因素。专利权只有在较为稳定的内外部环境下才具有长久稳固产出经济效益的可能。同样，专利自身的稳定性也间接作用于整个专利池的稳定性。什么样的专利更加稳定，可以从专利文件撰写的质量出发，结合专利提交经过的复审、无效、诉讼等总体情形认定。显然，专利文件撰写质量高的、经过复审和诉讼无碍的专利必然是更好的入池选择。相应地，这些专利即使均能入池也应当划分为稳定性高、较高、一般、较差四个评价等级以供后续的高价值专利评价筛选。再次，权利要求保护范围和专利价值是正比关系，❷ 保护范

---

❶　曾定洲 . 高价值专利的筛选［J］. 科技创新与应用，2019（14）.

❷　王玮 . 技术标准中必要专利的认定［D］. 武汉：华中科技大学，2012.

围分为较宽、适中、较窄三个等级。侵权可判定性也是关键的筛选考量之一，发现和判定侵权行为以及专利诉讼的取证难度这两个因素，对专利持有人维护受侵害利益的胜诉概率和诉讼经济的影响重大。专利侵权与否可以通过技术特征的内外属性、权利要求的类型等因素进行甄别。外部的、明显的技术特征鉴定难度低，内部的、借助实验观测和对比评估方能确定的技术特征判定不易，受侵权方投入的诉讼成本更高。最后，不容忽视的是专利权的剩余期限问题。专利权剩余期限的长度也和专利市场的垄断周期、拓展市场的机会、盈利时长成正比关系。所以，专利的剩余期限越长价值必然越高。

4. 市场战略维度的筛选考量

从市场角度而言，营商市场环境下筛选和评估的专利权人本身是关键要素。无论是专利池还是产业知识产权联盟，都属于企业战略联盟的特殊形式。

专利联盟的管理者一般采取 SWOT 的分析方法对联盟成员的宏观状况做客观全面的综合评价，通过识别成员的强项与弱势、预见机会与潜在威胁，利用联盟成员各自有利的机会，避免市场浪潮的威胁。既然 SWOT 分析法❶可以统筹评价分析联盟内部环境和外部环境因素对市场战略的加持效果，它在专利入池的筛选程序上也有可供借鉴的重要意义。首先，应当对预备筛选的专利信息进行充分的调研，包含技术动向、法律状况、剩余时间、公开状况、产品价值等方面。其次，参考企业战略的四种类型——SO 战略、ST 战略、WO 战略、WT战略，例如在专利组合上将优势高价值的专利强强联合；将某项系数存在短板的专利与具有弥补性的专利组合；将技术方案相似的专利分别组合等应用情形。由于专利池组建之初对入池筛选的简单审核较为宽松，仅排除了那些严重损害专利价值可能性的缺陷，所以进行横向组合的对比分析将对后续高价值专利的渐进式筛选具有重要意义。

---

❶ 所谓 SWOT 分析，即基于内外部竞争环境和竞争条件下的态势分析，就是将与研究对象密切相关的各种主要内部要素通过调查列举出来，并依照矩阵形式排列把各种因素相互匹配起来加以系统分析，从中得出一系列决策性的结论：S（strengths）是优势、W（weaknesses）是劣势、O（opportunities）是机会、T（threats）是威胁。

四、关于专利分级分类管理模式的构想

1. 对入池专利实施分级分类的管理模式

基于价值分析系统的专利分类管理方法对专利池组建和筛选而言是一项高效的、程序性的工具，该管理方法首先和专利的生命周期密切联系。专利池可容纳的专利数量庞大，如果对其一一甄别和评审必然会耗费巨大的人员、时间和物力成本，何况由无经验者操作的难度将更大。因此，采用分步骤的方式构建分级分类管理体系是比较现实可行的方案。第一步，将已经授权的专利按照技术方向统一集中评审，做出初步的分级。第二步，专利价值的分析体系应当融入专利申请的整个过程并大致按照申请前期、申请中期和授权后三个节点划分。具体来说，申请前，通过提交的技术方案确定专利的创新性和侵权可判定性；申请中，需要参考审查的意见对初始的专利分级进行修正补充，力求达到法律价值的稳定性标准；授权后，技术价值的先进性可能会发生更新改变，需要及时同步。此时，专利已经产生财产属性的转化，应当将前述的市场战略和经济价值维度作为新增的分级分类考量的要素和依据。第三步，依据专利质量以及专利交易数据来调整分级的指标权重系数，并且专门配套一致性核验的办法，以防与专利发明人和评估专家价值期望的悬殊，严控蓄意抬高或者打压某个专利的某项指标评分的现象发生。

2. 分级分类管理专利价值筛选的意义

在新营商环境现代企业治理下，开展专利分类分级管理对企业自身而言是一次从粗放式向精细化发展的重要转型，应当鼓励建立企业自身的分类分级标准和管理体系。❶ 具体表现以下方面：第一，专利申请前的预分类可以使后续的答复审查意见、组建专利池和质量筛选的工作更聚焦于潜在的高价值专利，这

---

❶　Huawei Technologies Co. Ltd. Patent Issued for Power Control Method, Activation Management Method, User Equipment, And Base Station（USPTO 10，412，683）［R］. Computers, Networks & Communications, 2019.

种方法可以有效地从源头上提高专利的质量。第二，把专利价值分析体系❶引入企业日常管理中能够促进专利成果的经济价值转化。假如没有第三方评估机构，技术人员和谈判专家均可以根据专利分级的属性和日常管理信息，准确高效地做出专利价值和交易成本的判断。这一步主要是避免高价值专利的遗漏或盲目低价处置行为所造成的损失。第三，该模式可以起到规范管理流程的作用：依据评审判定得出的系数，将划分的各级别专利适用分层的管理方案并在每个阶段分析存档，对专利生命周期进行合理、客观的管理。具体而言，高价值的一级专利稳定且长期地在池中交互；二级专利授权后将维持3~5年；三级专利的适用效益较低故随时可以被处分。

3. 该模式可能存在的矛盾分析及完善建议

决策者和管理者对企业资源的投入与专利经济效益的可期待性密不可分。假如出现专利无效或者未被授权的情形，那么其他指标也就不再具有评估的必要，直接削减了运营花销，因此需要根据功能和用途的不同，调整指标的设置。

对一件专利的技术方案是否具有创新性、战略性和市场性必须进行严密具体的分析，不可急切草率。但是在企业实践中，关于专利分级分类的价值判断更多依靠专家、技术人员个人的经验和逻辑。为了最大化地削减主观因素导致的评分误差，除了保持判断的独立性和预防干扰外，还应当对价值评估专家的资质水平和参与数量做出一定的限制。专利的具体情况、检索分析、定位分析、发明者动机等诸多要素都应纳入最终评估结果的考虑范围。

值得注意的是，各个行业主体因自身社会属性的差异，对专利评估参考要素的倚重程度会有偏差。例如，科研院所本身是研发机构而并非产品输出交易的市场主体，其技术性指标的权重会加强。相比之下，以营利为目的的公司自然会更倾向于经济指标。所以，不同行业主体在评估的指标设置上也会有很大差异，需要秉持多元化和精细化的分级分类管理思路。

---

❶ 专利价值分析指标体系是指一套能够反映所评价专利价值的总体特征，并且具有内在联系、起互补作用的指标群体。它是专利在交易中的内在价值的客观反映。一个合理完善的指标体系是对专利价值进行评估与分析的先决条件。

五、结　语

新营商环境下应当强调对知识产权特别是专利权的保护和引导，因为各领域尤其是电子信息和生物制药企业的市场拓展，越来越受各种分散的专利权或各行业标准的影响。"技术专利化、专利标准化、标准许可化"的趋势在技术密集型行业中愈演愈烈。通过对专利权的分级分类管理和入池筛选，可以高效安全地破解企业创新发展中的风险危机和成本难题。此外，针对我国目前高新技术产业园区、经济开发区及相关中小型企业在专利池运营中产生的恶意垄断、虚假诉讼和欺骗隐瞒行为，仍然需要单行法规和司法解释的新一轮规制和完善，以实现专利池更稳固的维护和拓展。

后　记

本书是在整理和编辑参加"新时代知识产权的发展与变革"知识产权金陵学术研讨会的青年知识产权人提交的论文的基础上形成的，是基于新时代经济社会发展的新形势对于知识产权提出的新要求而进行深入探讨所形成的系列作品，凝聚了主编和26位作者的共同劳动。

本书中的成果得以面世，首先要感谢组织和承办"新时代知识产权的发展与变革"知识产权金陵学术研讨会的南京理工大学、南京理工大学知识产权学院、江苏省知识产权发展研究中心、江苏省知识产权思想库、江苏省版权研究中心、知识产权与区域发展协同创新中心以及南京理工大学国防知识产权研究中心，它们的精心工作为优秀成果的集聚和思想火花的迸发提供了较好的平台和适宜的环境。

本书收录的作品得以展现，要诚挚地感谢为参会论文进行评阅的多位全国知名知识产权专家，他们的精心遴选对于提高出版成果的质量发挥了重要作用。同时，感谢南京理工大学知识产权学院的徐升权老师、曹佳音老师、吴亚星同学为本书的出版所做的诸多辅助工作。

本书的顺利出版还要感谢知识产权出版社给予的大力支持，特别是要感谢刘江编辑，他在本书出版的全过程中给予了高度专业的帮助和热情周到的服务。

本书是我们在过去两年集中推出青年知识产权人努力成果的基础上所做的再一次尝试，我们相信这种持续性的工作可以有效激发青年知识产权人的创作活力，加快培育知识产权研究的新生力量，不断营造浓厚的知识产权学术氛围，使更多的知识产权学人能够通过自己的研究成果推动经济的转型升级和创新发展，为知识产权强国建设和经济社会发展战略目标的实现贡献自己的力量。